学校生涯教育丛书

奠基精彩人生

中小学生涯教育
理论与实务

沈之菲　主编

华东师范大学出版社
·上海·

图书在版编目(CIP)数据

奠基精彩人生:中小学生涯教育理论与实务/沈之菲主编.—上海:华东师范大学出版社,2022
(学校生涯教育丛书)
ISBN 978-7-5760-3061-7

Ⅰ.①奠… Ⅱ.①沈… Ⅲ.①职业选择-教学研究-中小学 Ⅳ.①G633.932

中国版本图书馆CIP数据核字(2022)第152959号

学校生涯教育丛书
奠基精彩人生:中小学生涯教育理论与实务

主　　编	沈之菲
责任编辑	彭呈军
特约审读	洪昱珩
责任校对	郑海兰
装帧设计	卢晓红

出版发行	华东师范大学出版社
社　　址	上海市中山北路3663号　邮编200062
网　　址	www.ecnupress.com.cn
电　　话	021-60821666　行政传真 021-62572105
客服电话	021-62865537　门市(邮购)电话 021-62869887
地　　址	上海市中山北路3663号华东师范大学校内先锋路口
网　　店	http://hdsdcbs.tmall.com
印 刷 者	上海商务联西印刷有限公司
开　　本	787毫米×1092毫米　1/16
印　　张	17.75
字　　数	310千字
版　　次	2022年12月第1版
印　　次	2022年12月第1次
书　　号	ISBN 978-7-5760-3061-7
定　　价	62.00元

出版人　王　焰

(如发现本版图书有印订质量问题,请寄回本社客服中心调换或电话021-62865537联系)

学校生涯教育丛书编委会

主　　任　沈之菲
副 主 任　杨彦平
委　　员（按姓氏拼音）
　　　　　蔡素文　程永琛　姜企华　李　攀
　　　　　钱婷婷　沈之菲　王　震　王红丽
　　　　　魏超波　吴俊琳　谢怀萍　杨红梅
　　　　　杨彦平　张　珏　章学云　钟向阳

一切为了学生的终身发展(丛书总序)

"生涯"一词有"道路"之意,可以引申为个人一生的发展路径,涵盖个体一生的发展历程,是一个人在一生中所从事的工作、承担的职务、担当的家庭和社会角色的总和。生涯是伴随个体终身发展的动态发展过程。

"生涯"一词古已有之,庄子就说过:"吾生也有涯,而知也无涯。"孔子回顾自己的一生说:"吾十有五而志于学,三十而立,四十而不惑,五十而知天命,六十而耳顺,七十而从心所欲,不逾矩。"这是孔子对自己生涯的总结,也是对弟子们的教诲。

1971年美国联邦教育署署长马兰博士(S. P. Marland)正式提出了"生涯教育"概念,这标志着现代生涯教育的开始。生涯教育作为一种教育活动可以有以下几方面的理解:

生涯教育是一项有目的、有计划、有组织的教育活动。生涯教育的最终目的是促进个体生涯的全面发展,活动之前要制订详细的活动方案或计划,并围绕最终目的予以组织和实施。

生涯教育是系统的、持续的、动态发展的教育活动。从受教育者的角度看,接受生涯教育应伴随其生涯的始终;从教育者的角度看,生涯教育应着眼于受教育者的终身发展,教育活动的设计与实施应持续不断地贯穿受教育者生涯的全过程。而且随着社会、经济、就业环境的变化以及受教育者自身知识、能力、期望水平等的提升,生涯教育需要不断调整其教育目标及实施途径和方法。

生涯教育是综合性的教育活动。生涯教育是引导学生规划自我生涯,并将规划转化为现实的综合性教育活动。具体包括:与生涯发展有关的学生核心素质的培养;学生对社会的认知;对社会职业的了解和体验;自我兴趣和个性的探索、自我能力和特征的分析;自我规划生涯意识与技能培养等。

2014年,国务院印发《关于深化考试招生制度改革的实施意见》,选择在上海市、浙江省开展高考综合改革试点。新高考改革是全面贯彻党的教育方针,践行社会主义核心价值观,坚持立德树人,以有利于促进每一个学生的终身发展、有利于科学选拔和培养人才、有利于维护社会公平公正为基本出发点,按照国家总体要求,通过深化改革,构建更加公平公正、更加科学合理的高等学校考试招生制度,为率先实现教育现代化提供支撑服务。

国务院《关于深化考试招生制度改革的实施意见》中还提出了"分类考试,综合评价,多元录取"的招考模式改革,上海具体实行"6选3"的"选择高考科目"改革,不分文理。对广大学生(包括家长)而言,这就面临着"如何选"的现实需求。选择的多元和范围的扩大,对学生综合能力,特别是选择能力提出了要求,从而倒逼社会、学校和家庭思考学生能力、个性、兴趣与未来职业的匹配程度,生涯教育由此又成为了教育关注的热点问题。

基于此,上海市教委自2015年起全面开展系统化、项目化生涯教育的理论探究和实践推进,从高中项目学校开始,全面探索中小学生涯教育的实施途径和方法,生涯教育开始初显成效。目前上海高中的生涯教育已经全面开展,各区高中、初中、小学一体化的生涯教育模式正在探索之中,小学、初中生涯教育的全面开展已见端倪。

为了进一步贯彻落实《国家中长期教育改革和发展规划纲要(2010—2020年)》中关于"建立学生发展指导制度"的意见精神,依据教育部和上海市相关文件要求,上海市教委于2018年3月推出了《关于加强中小学生涯教育的指导意见》,提出要率先推行中小学生涯教育的全覆盖。

中小学生涯教育是运用系统方法,指导学生增强对自我和人生发展的认识与理解,促进学生在成长过程中学会选择、主动适应变化和开展生涯规划的发展性教育活动,也是促进学生终身发展的重要的教育实践活动,其本质是对人的发展的关怀。联合国教科文组织《学会学习》中指出:"人类发展的目的在于使人日臻完善;使他的人格丰富多彩;使他作为一个人、一个家庭和社会的主要成员,作为一个公民和生产者、技术发明者和有创造性的理想家来承担各种不同的责任。"生涯教育就是达成此目标的教育活动。

生涯教育旨在满足社会发展对人才的需求,满足学生全面、个性与终身发展的需要。生涯教育不单单是学生毕业时指导其升学对策和就业方向,更是根据人身心发展的不同阶段,实现不同的生涯发展任务。学校通过各种指导活动,使学生能正确认识职业与自己,能明智地规划和选择自己理想的职业与生活道路,并且自主地作出选择和决定。生涯教育的重点是找到自己,做自己,而不是他人;重点是开拓无限的可能性,而不是定位;重点是培养选择的能力,而不是考分。生涯教育对实现个人和社会共赢,将实现自我价值融入中华民族的伟大复兴进程中有着重大意义。

沈之菲教授是我们上海市教育科学研究院的一位资深研究者,她在研究生涯初期就开展了"初中毕业生升学与就业指导的研究",曾出版过《生涯心理辅导》专著,是国内比较知名的生涯教育专家。她主持的"学生生涯辅导研究和实践指导团队"是我们教科院的重点团队。该团队一直在持续推动生涯教育在中小学的探索与实践,《学校生涯教育丛书》就是其多年来研究成果的汇总。这一系列成果,理论与实践并重,充分体现了教科院"服务教育决策,关注教育民生,引领教育发展"的智库理念,我为沈教授及其团队取得的成绩感到由衷的高兴。

整套丛书既有关于中小学生涯教育如何推进的理论、方法、课程、活动、教师队伍培养、家庭和社会资源利用的指导手册,也有新高考背景下生涯教育的理论探索,还有全面反映高中学校开展生涯教育的鲜活经验,更有广大中小学进行生涯教育的活动案例,可以说全方位地呈现了上海生涯教育的总体架构、理论基础和实践经验,是上海近年生涯教育全面、全方位开展的结果呈现,内容充实,丰富了生涯教育的理论和实践应用,可以为中小学进行生涯教育提供借鉴,为生涯教育教师提供帮助和支持,为推进教育综合改革起到实践引领作用。

可以说,加强中小学生涯教育,是深化教育综合改革、实施新时期德育与心理健康教育的必然要求,是将学生发展的个体性和社会性相结合,促进学生全面而有个性发展的有效举措,是为每一名学生健康成长提供最适合的教育的重要途径,也是为学生精彩人生奠基的基础性工作。希望借助于这套丛书的出版,能引起社会各界对学生生涯发展教育的更多关注与重视,吸引更多的同道投身到学生生涯教育中来,从而促进每一个学生的终身发展。

是为序。

桑标

教授、博士生导师

上海市教育科学研究院院长

编者的话

《奠基精彩人生：中小学生涯教育理论与实务》是上海市教育委员会"中小学生涯教育项目推进"的研究成果。

随着新高考改革的实施，中小学生涯教育在很多学校得以开展，首先是在高中阶段大力推进，初中小学阶段也在不断拓展。2015年开始，上海学生心理健康教育发展中心牵头"中小学生涯教育"项目的研究与推进，同时组织承担市教委试点项目的区心理教研员，成立了"中小学生涯教育推进与研究小组"，共同对中小学生涯教育的政策文件、学校实施、课程建设和教师培养、社会资源利用等方面进行研究与实践。2015—2017年，该项工作主要聚焦高中学校如何适应新高考改革进行生涯教育，总结高中学校开展生涯教育的实践经验和特色，并且进行了中小学实施的政策文件研究，汇编《上海高中学校生涯教育实践案例》，辅助推出"上海市教育委员会关于加强中小学生涯教育的指导意见"；2018—2020年，项目组继续进一步推进大中小一体化的区域生涯教育实践和生涯教育在初中、小学的实施以及上海生涯教育的课程大纲与文本的制定。本书就是项目研究团队的重要成果之一。2021年开始，市区在生涯教育中的探索进一步拓展，包括生涯课程系列的建设、全员导师制背景下的生涯教育、不同群体学生的生涯教育、家校生涯教育的进一步协同、区域生涯教育资源的进一步整合等。

经过多年的实践，我们进一步思考了生涯教育的众多理论在中小学的适用性？怎样才能更好地为中小学校的实际和中小学生的发展服务？本书是我们"学校生涯教育丛书"系列中最后推出的一本，也是最具有理论思考的一本，对整个中小学生涯教育的理论进行了总体的分析提炼和深入思考，是上海中小学生涯教育的理论深化和探索性的成果。

本书的撰写我们力图突出以下几点：

1. 对中小学生涯教育理论丰富拓展

本书第二到第十五章共涉及了中小学生涯教育的十四个理论，这些理论总括了比较经典的生涯教育理论，有特质因素理论、类型理论、生涯角色理论、生涯混沌理论、叙事理论；还包括了中小学生涯团体辅导中所适用的体验式学习理论、团体动力理论；还涉及了社会学习理论、心理资本理论和胜任力理论，进一步拓展了生涯学习的内容和多维度的视角；本书中生涯发展的量化评价和质性评价，涵盖了生涯活动和学生个人特质的过程性和结果性评估；另外，本书还包括交叠影响域理论和生态系统理论，更是从学校—家庭—社会来看学生生涯的发展和我们生涯教育的因应。

本书涉及的理论是丰富而全面的，能反映出我们对整个中小学生涯教育理论认识比较全面、理解比较深入，也反映了上海生涯教育实践的广度和深度，是上海市生涯教育更具内涵性的体现。

2. 将生涯教育理论在中小学中适切适用

目前生涯教育的书籍或读本不少，但是在理论介绍上很多是大学生以上成人适用，中小学如何开展，理论适用适切性如何，比较少涉及。本书的十四个理论都经过了中小学的实践应用，可以是课程实施、活动开发、个案和团体辅导，或是家校协同、资源利用、平台拓展等多方面，这些理论经过实践，是在实践的基础上进一步整理、总结、反思、提炼后而选用的，体现了理论在中小学学校和学生中应用的适切性和适用性。

3. 实现生涯教育理论和实践间的融合转化

我们对中小学生涯教育的理论转化与实践的融合，是基于我们对时代精神和学生需求的把握，也是基于我们对项目实施和项目拓展本质要求的认识。本书在撰写上采用"时代背景""主要观点""实践应用"和"注意要点"的体例，力图凸显我们对理论和实践在整合上的重视。理论指导实践，但实践也是理论的本源，理论和实践是相互结合、融合共进的。在中小学生涯教育中，我们重视理论对实践的科学指导性，更重视理论在实践应用上的合理性和生成性，更关注现实的问题和问题的解决。更关注理论和实践间融合转化对学生发展的促进性和实效性。

自"上海市中小学生涯教育推进与研究小组"成立起，我们就在实践第一线，推进市区生涯教育的开展，边研究边实践，不断与学校与教师一起策划、分析和讨论推进实践的开展,对开展状况进行提炼和总结。本书的内容立足于我们上海的实践,立足于我们自己的研究,立足于中小学校和学生的实际,具有理论的探索性和实践的原创性,更适切于中国文化背景下我国中小学校的现实与实际。书中的观点和方法,来源于实践,经过提炼与总结,丰富了生涯教育的理论,是对目前中小学生涯教育理论和实务的全面探索,具有现实的指导性。

本书的具体编写分工如下:

第一章由上海市教育科学研究院沈之菲撰写;

第二章由上海市宝山区教育学院钱婷婷撰写;

第三章由上海市崇明区教育学院姜企华撰写;

第四章由上海市浦东教育发展研究院吴俊琳撰写;

第五章由上海市静安区教育学院杨红梅撰写;

第六章由上海市奉贤区教育学院张珏撰写;

第七章由上海市奉贤区教育学院谢怀萍撰写;

第八章由上海市静安区教育学院钟向阳、上海市民立中学刘懿撰写;

第九章由上海市宝山区教育学院蔡素文撰写;

第十章由上海市虹口区教育学院王红丽撰写;

第十一章由上海市教育科学研究院杨彦平撰写;

第十二章由上海市闵行区教育学院李攀撰写;

第十三章由上海市宝山区教育学院王震撰写;

第十四章由上海市崇明区教育学院魏超波撰写;

第十五章由上海市浦东教育发展研究院程永琛撰写。

全书由沈之菲统稿、定稿。

本书得以完成,感谢上海市教育委员会的项目扶持,感谢市教委德育处领导的大力推动,感谢上海市教育科学研究院和上海学生心理健康教育发展中心的大力支持,感谢编委会成员多年来不间断的讨论和项目促进,感谢全体项目学校的尽心尽力,也感谢华东师范大学出版社教育心理分社彭呈军社长对本书出版的细心编辑和鼓励。

愿我们一起促进生涯教育在更广泛的范围内,更加多元、更有系统、更为有效地实施,让更多的学校、教师、家长参与其中,有更多的企业和社会资源加入,家校社进一步协同,共同努力促进学生的终身可持续发展,让每一个学生开启他们未来的理想之路。

沈之菲

上海市教育科学研究院教授

上海学生心理健康教育发展中心副主任

上海中小学心理辅导协会理事长

2022年8月　于上海

目 录

第一章	**新高考背景下的中小学生涯教育体系建设**	1
第一节	时代背景	1
第二节	主要观点	7
第三节	实践应用	11
第四节	注意要点	14
第二章	**帕森斯的特质因素理论与应用**	17
第一节	时代背景	17
第二节	主要观点	20
第三节	实践应用	22
第四节	注意要点	33
第三章	**霍兰德职业类型论与应用**	35
第一节	时代背景	35
第二节	主要观点	37
第三节	实践应用	42
第四节	注意要点	56
第四章	**生涯混沌理论与应用**	60
第一节	时代背景	60
第二节	主要观点	63

	第三节 实践应用	66
	第四节 注意要点	77

第五章 叙事理论与应用 … 79
   第一节 时代背景 … 79
   第二节 主要观点 … 81
   第三节 实践应用 … 83
   第四节 注意要点 … 94

第六章 生涯角色理论与应用 … 99
   第一节 理论背景 … 99
   第二节 主要观点 … 100
   第三节 实践应用 … 102
   第四节 注意要点 … 114

第七章 生涯社会学习理论与应用 … 116
   第一节 时代背景 … 116
   第二节 主要观点 … 118
   第三节 实践应用 … 126
   第四节 注意要点 … 132

第八章 体验式学习理论与应用 … 134
   第一节 时代背景 … 134
   第二节 主要观点 … 136
   第三节 实践应用 … 140
   第四节 注意要点 … 147

第九章 心理资本理论与运用 … 150
   第一节 时代背景 … 150
   第二节 主要观点 … 152

第三节　实践应用　　　　　　　　　　　　　155
　　　第四节　注意要点　　　　　　　　　　　　　163

第十章　团体动力理论与运用　　　　　　　　　165
　　　第一节　时代背景　　　　　　　　　　　　　165
　　　第二节　主要观点　　　　　　　　　　　　　167
　　　第三节　实践应用　　　　　　　　　　　　　175
　　　第四节　注意要点　　　　　　　　　　　　　183

第十一章　生涯发展的量化评价与应用　　　　　185
　　　第一节　生涯量化评价的背景　　　　　　　　185
　　　第二节　生涯量化评价的主要观点　　　　　　188
　　　第三节　实践应用　　　　　　　　　　　　　203
　　　第四节　注意要点　　　　　　　　　　　　　206

第十二章　生涯发展的质性评价与应用　　　　　209
　　　第一节　时代背景　　　　　　　　　　　　　209
　　　第二节　主要观点　　　　　　　　　　　　　211
　　　第三节　实践应用　　　　　　　　　　　　　215
　　　第四节　注意要点　　　　　　　　　　　　　219

第十三章　胜任力理论与应用　　　　　　　　　221
　　　第一节　时代背景　　　　　　　　　　　　　221
　　　第二节　主要观点　　　　　　　　　　　　　222
　　　第三节　实践应用　　　　　　　　　　　　　229
　　　第四节　注意要点　　　　　　　　　　　　　235

第十四章　交叠影响域理论与应用　　　　　　　237
　　　第一节　时代背景　　　　　　　　　　　　　237
　　　第二节　主要观点　　　　　　　　　　　　　240

第三节　实践应用　　　　　　　　　　　　　245
　　　第四节　注意要点　　　　　　　　　　　　　249

第十五章　生态系统理论与应用　　　　　　　　　252
　　　第一节　时代背景　　　　　　　　　　　　　252
　　　第二节　主要观点　　　　　　　　　　　　　254
　　　第三节　实践应用　　　　　　　　　　　　　256
　　　第四节　注意要点　　　　　　　　　　　　　263

第一章　新高考背景下的中小学生涯教育体系建设

第一节　时代背景

一、恢复高考后上海中小学生涯教育的开展

我国在生涯教育方面有着非常丰富的中小学生涯教育实践,生涯教育在我国是一项持续推进的工作。恢复高考制度以后,我国就启动了生涯教育的研究、政策制定和实践推进等工作。

(一) 恢复高考制度以后的生涯教育推进

1977 年底恢复高考,计划招收大中专学生,并给予毕业生合适的就业机会,一些学校开始关注学生的就业指导。对中小学生涯教育而言,上海市教育科学研究院普通教育研究所 80 年代就开始了此项研究工作。

早在 1984 年,上海市教科院普教所(原上海市教育科学研究所)就开始了"初中毕业生升学与择业指导"的前期研究;1986 年,普教所教育心理研究室成立后,由顾天祯、高德建、邬庆祥、沈之菲连同田洪瑜、余天华、龚仲平、华炜、施铁军、刘远扬六位教师,组建了"初中毕业生升学与就业指导"课题组,开展对初中生升学与就业指导的研究,研究着重解决普通中学如何对初中阶段的学生开展升学与就业指导的问题,即根据学生内在素质特征和社会需要相结合的原则,合理地指导每一个中学生选择最能发挥其内在优势、较有可能获得成功的升学与就业方向,最大限度地提高社会效益和社会劳动生产率,并使学生的个性和能力得到较充分的发展,课题研究成果为上海市区及与之相似地区的中学开展初中毕业生升学与就业指导提供了一套科学的、系统的工具和方法。

"初中毕业生升学与择业指导的研究"1987 年被评为第三届上海市普教科研成果

一等奖,在全国引起了较大的反响。普教所通过办班、推广心理测验等方式将成果辐射到上海及全国很多地区。1989年12月,由当时担任普教所副所长的蔡多瑞任主编,出版了《初中学生升学和择业指导读本》[①],更是扩大了此项成果的辐射。课题的研究为2000年出版的生涯教育方面的专著《生涯心理辅导》[②]打下了坚实的基础。

同期还有很多学校的研究和实践,比如1987年,国家教委将"职业指导理论研究与实验"列为重点课题[③]。北京、上海、广州等地,在教育行政部门和教育科研院所、学校的共同努力下,生涯研究和实践取得了一定的进展,这为我国生涯教育的开展打下了一定的基础,也积累了一些实践经验。

(二) 一系列文件的制定和课程的实施

1990年代,国家教委制定了一系列纲领性文件,我国的生涯教育实践也得到政策方面的大力支持,中小学教材也有比较好的使用。1992年国家教委基础教育司颁发了《普通中学职业指导教育实验纲要(草案)》[④],1995年国家教委基础教育司再次颁发了《普通中学职业指导纲要(试行)》[⑤]。纲要指出:在普通中学开展职业指导,是适应社会主义市场经济体制的建立,深化基础教育改革,落实人力资源合理配置的一项措施,有助于"教育为社会主义建设服务"方针的落实。对于帮助学生和家长了解社会需要及自身的优势,促进学生的全面发展,发挥学生潜在的特长合理引导分流,提高教育的社会效益以及维护社会安定团结都具有十分重要的意义。2002年,中华人民共和国教育部颁发了《中小学心理健康教育指导纲要》[⑥],并与2012年进行了修订,其中明确将生涯教育作为心理健康教育的内容之一,提出要让学生在充分了解自己的兴趣、能力、性格、特长和社会需要的基础上,确立自己的职业志向,培养职业道德意识,进行升学就业的选择和准备,培养担当意识和社会责任感。

(三) 恢复高考后上海中小学生涯教育的特点

1. 心理健康教育课中生涯教育的内容有落实

在一系列政策文件和心理健康教育的推进中,生涯教育的课程和相关活动实施都得到了很好的体现。如1998年12月,上海市教委制定了《上海市中小学心理健康教

[①] 蔡多瑞.初中学生升学和择业指导读本[M].上海:百家出版社,1989.
[②] 沈之菲.生涯心理辅导[M].上海:上海教育出版,2000.
[③] 李洋修,戴香.我国当代职业指导的理论研究与实验概述[J].中小学管理,2013(8).
[④] 国家教委基础教育司.普通中学职业指导教育实验纲要(草案)[J].课程·教材·教法,1992(2).
[⑤] 国家教委基础教育司.普通中学职业指导纲要(试行)[J].课程·教材·教法,1995(6).
[⑥] 教育部.中小学心理健康教育指导纲要(2012年修订)[Z].教基一[2012]15号.

育大纲》①等文件,里面就包含了职业生涯教育的内容。根据此大纲,2000年由夏秀蓉任主编,张志刚等人组织上海心理健康教育的专家和教师编写了《心理健康自助手册》②三册(小学生、初中生、高中生各一册),并与2003年进行了修订;2012年吴增强、张跃进主编了《学生心理健康教育自助手册(试验本)》③,上述手册都已被正式列入上海市中小学教材,在小学、初中和高中教材中都有生涯教育的相关内容。

2. 中小学还没有全面开展,但有部分高中学校成果显现

部分高中学校在生涯教育还没有全面开展的情况下,自主进行了相关的探索和实践。比如上海交通大学附属中学徐向东主持的"让学生在行动中终身受益——优质高中生涯发展教育模式的研究与探索"和天山中学郭兆年主持的"高中生涯发展指导课程的构建与实施",都对高中学生的生涯教育课程做了比较深入的探索,这两所学校因此获得了2013年上海市级教学成果奖④,其中交大附中的"自主探索,体验引导——优质高中《生涯规划》课程的建构与实施"还获得了全国教学成果奖⑤。这两个学校通过成果出版⑥、交流展示等活动,在全市乃至全国都有一定的影响。

3. 开始了生涯启蒙的探索

除了上海市教科院普教所的研究外,上海市学生德育发展中心刘华老师主持的"构建上海市中小学生职业启蒙与职业规划教育实施体系的理论与实践研究"⑦项目联合了黄浦、虹口、普陀、闵行等区教师进修学院和中小学20多个单位,成立了上海市中小学生职业启蒙与职业规划教育试点攻关课题组,共同致力于中小学生职业启蒙与职业规划教育的研究与实施。课题组运用了德育中的综合实践模式,探索了学生生涯体验的开展,包括小学阶段的实践。同时设计了不同学段开展职业启蒙与职业规划教育的目标、内容、途径和方法,在实验校试运行,为本市全面推行中小学职业生涯规划

---

① 上海市教育委员会德育处学生处.上海学校心理健康教育工作会议文件与材料[Z].1998.
② 上海中小学课程教材改革委员会.心理健康自助手册(小学生、初中生、高中生)[M].上海:上海教育出版社,2003.
③ 吴增强,张跃进.学生心理健康教育自助手册(试验本)(小学一二年级、小学三—五年级、初中、高中)[M].上海:上海教育出版社,2012.
④ 上海市教育委员会,上海市人力资源和社会保障局.关于批准2013年上海市级教学成果奖获奖项目的决定[DB/OL].http://edu.sh.gov.cn/web/xxgk/rows_content_view.html?article_code=401042014011.
⑤ 中华人民共和国教育部.教育部关于批准2014年国家级教学成果奖获奖项目的决定[DB/OL].http://old.moe.gov.cn/publicfiles/business/htmlfiles/moe/s7000/201409/174749.html.
⑥ 郭兆年.高中生涯发展指导[M].上海:华东师范大学出版社,2010.
⑦ 此材料来源于原上海市学生德育发展研究中心,现上海市科技艺术教育中心刘华提供的"构建上海市中小学生职业启蒙与职业规划教育实施体系的理论与实践研究"研究报告(内部).

教育奠定理论和实践基础。

二、新高考背景下上海生涯教育的大规模拓展

(一)新高考改革,助推高中学校的生涯教育全面开展

2014年9月《国务院关于深化考试招生制度改革的实施意见》①的出台意味着新一轮高考改革的启动,新高考改革首先选择了上海市、浙江省作为高考综合改革试点,并逐步推进。

实施意见中指出:把促进学生健康成长成才作为改革的出发点和落脚点,扭转片面的应试教育倾向,坚持正确育人导向,践行社会主义核心价值观,深入推进素质教育,培养德智体美全面发展的社会主义建设者和接班人。

新高考打破了传统高考"一考定终身"和"唯分数论"的评价模式。常规模式统一标准的打破使得学校陷入了迷茫,特别是面对新的考试招生制度,教育工作者和管理者在学校转型和蜕变过程中应该如何自我定位,如何引导学生客观地看待自己,用何种态度去看待自己的发展。因为有对于这些问题的回应,生涯教育很快就成为了学校的抓手。

新一轮高考改革把高中生涯教育推上至关重要的位置,一方面,已实施新高考的地区需要开设该课程来指导高中生应对选考及志愿填报工作;另一方面,新一轮高考改革也倒逼着即将实施新高考的地区提前开设该课程,以指导学生进行学习规划与志愿填报,同时积累相关经验与教训来更好地迎接新高考的到来。学校教育在促进学生终身成长和发展上需要承担起更多的责任,开展生涯教育成为现代学校必备及必须的工作。

更重要的是,新高考改革"从选拔到选择,从课堂到课程,从成绩到成长"的导向实际上蕴含着一个深远的教育变革:使学生能够认识自己和社会,可以谋划未来,主动顺应社会发展的生涯教育,成为新高考改革背景下学校教育的重要内容,也是提升学生核心素养的重要组成部分。

对于与新高考改革相配套的生涯教育与学生指导服务,高中学校的准备是不足的。笔者2010年为上海市教育信息调查队做过当时高中学校生涯辅导的现状及满意度调查,调查结果显示,36.4%的高中学生不知晓自己的特长;在对大学专业的了解程

---

① 国务院. 国务院关于深化考试招生制度改革的实施意见(国发〔2014〕35号)[DB/OL]. http://www.gov.cn/zhengce/content/2014-09/04/content_9065.htm.

度上,仅 3.2% 的高中学生了解大学开设的专业,有 67.9% 的学生了解一点,还有 28.9% 的学生完全不了解;在学校专门指导服务方面,高中生中只有 4.9% 的学生感到学校有专门的职业指导,说明高中学校的生涯指导服务非常缺乏;高中学生对学校开展生涯指导感到非常满意和满意的仅为 18.9%,而与此同时,感到不满意和很不满意的为 19.9%。这些数据表明,高中学校缺乏专门的生涯教育和指导,不能满足学生的现实需求,亟需学校进行广泛和专业的实施。

为了推进全市高中学校进行生涯教育实践,累积经验,形成特色,上海市教委自 2015 年起设立了"高中生涯教育项目试点学校",2015—2017 年间主要探索高中学校的实践经验,这些学校的经验与特色被收录在《点燃心中梦想——高中生涯教育案例集》①中。本案例集收录了来自这期间承担了生涯教育推进项目的 29 所试点高中学校的实践案例。与此同时,一些非项目学校为了适应新高考改革新政,或主动、或被动地都投入到高中生生涯教育和发展指导项目中,一些学校取得了出色的成果,如上海市建平中学"普通高中学生'深度职业体验'的建平探索",上海市风华中学"自主选择,适性发展——高中学生成长系统的创建与应用"②,上海市闵行中学"高中学生'生涯与发展'课程体系和实践模式"和上海市七宝中学"高中生生涯发展导航系统的设计与实践研究"获得 2017 年上海市教学成果奖③;其中建平中学和风华中学的成果还获得了 2018 年国家级教学成果奖④。作为全国两个高考试点区之一,上海的生涯教育为本地高考改革提供了强有力的保障,也为全国高考改革提供了经验。

(二) 以培养学生核心素养的综合素质提升成为生涯教育的关键点

现代社会科技高速发展,新兴产业和职业不断涌现,全社会劳动力市场快速变化,面对日新月异的社会与经济变革,全球许多国际组织、国家和地区都在思考如何培养未来的公民,在全世界范围内,让学生能够更好地适应 21 世纪的工作与生活,面对不确定的未来社会,学生所应具备的,能够适应终身发展和社会发展需要的必备品格和关键能力,成为研究的热点问题。2016 年 9 月 13 日上午,北京师范大学举行了中国学

---

① 沈之菲. 点燃心中梦想:上海高中学校生涯教育实践案例精选[M]. 上海:华东师范大学出版社,2019.
② 曹凤莲,朱瑜. 高中生生涯辅导实践操作[M]. 上海:华东师范大学出版社,2017.
③ 上海市教育委员会. 关于公布 2017 年上海市教学成果奖获奖名单的通知[DB/OL]. http://edu.sh.gov.cn/html/xxgk/201804/401042018007.html.
④ 中华人民共和国教育部. 教育部关于批准 2018 年国家级教学成果奖获奖项目的决定[DB/OL]. http://www.moe.gov.cn/srcsite/A10/s7058/201901/t20190102_365703.html.

生发展核心素养研究成果发布会,正式发布了《中国学生发展核心素养》①。《中国学生发展核心素养》,是以科学性、时代性和民族性为基本原则,以培养"全面发展的人"为核心,内容分为文化基础、自主发展、社会参与三个方面,综合表现为人文底蕴、科学精神、学会学习、健康生活、责任担当、实践创新六大素养,具体细化为国家认同等十八个基本要点。

在教育界内部,适应社会发展变化的新格局,促进学生终身发展,增加学生选择权,深化新课程改革,推进教育公平成为新一轮高考改革的动因。要把核心素养从理论转化为教育实践,让学生学会选择,让教育尊重学生的个性差异,促进学生个性化发展,使学校更加丰富多彩,充满活力,让全体学生能够在学校的教育教学中找到自己的目标和方向,在未来社会的需求里面也能找到自己的位置。因此,在强化综合素质评价、学生自主权扩大背景下,生涯教育有了更大的发展和推进。

(三) 文件的率先推出,引领上海生涯教育小学、初中和高中一体化的实施

2018年,作为政府文件推出的"上海市教育委员会关于加强中小学生涯教育的指导意见"②,让上海市率先实现了中小学生涯教育的全覆盖,这在全国具有领先示范作用。指导意见明确提出:中小学生涯教育主要内容包括自我认识、社会理解、生涯规划三个方面,小学、初中、高中、中职校各有侧重。学校通过开设生涯教育课程、组织生涯教育活动、提供生涯发展辅导、建立学生成长档案、开展家庭教育指导五大途径保障生涯教育内容的实施,为学生终身发展助力。自此,上海市生涯教育的探索有据可依,有法可循,有道可为,一体化的生涯教育宏图徐徐展开。上海中小学生涯教育不只在高中全面开展,初中和小学也更大程度地参与到学生生涯意识的启蒙和生涯教育探索实践中来。

在本轮生涯教育的推进过程中,上海市教育科学研究院、上海学生心理健康教育发展中心起了很大的作用。除了总结高中学校开展生涯教育的实践经验和各自的案例,还进行了中小学实施的政策文件研究,汇编了《上海高中学校生涯教育实践案例》,为《上海市教育委员会关于加强中小学生涯教育的指导意见》编写了实施指南③;2018—2020年,项目组继续推进大中小一体化的区域生涯教育实践和生涯教育在初中、小学的

---

① 《中国学生发展核心素养》正式发布[DB/OL]. https://www.sohu.com/a/114389183_100928.
② 上海市教育委员会. 上海市教育委员会关于加强中小学生涯教育的指导意见(沪教委德〔2018〕8号)[DB/OL]. http://edu.sh.gov.cn/html/xxgk/201803/402152018002.html.
③ 沈之菲. 开启未来之路:中小学生涯教育实施指南[M]. 上海:华东师范大学出版社,2019.

实践以及上海生涯教育的课程大纲与文本的制定,其中"中小学生涯教育活动方案设计"是项目组推进的重点工作①,并且活动案例都是学校开发并且实施过的,具有原创性和实践性。本书的撰写是中小学生涯教育理论的进一步深化与应用探索与总结。

第二节 主要观点

一、生涯教育理论概览

生涯教育理论众多,本书阐释了其中的十四个生涯辅导理论的观点及在中小学的应用,这些理论都对学生的生涯教育有指导意义。其中帕森斯特质因素理论和霍兰德职业类型论从匹配的角度指导学生的生涯选择;生涯混沌理论、叙事理论和生涯角色理论强调生涯选择的不确定性和发展性;体验式学习理论、团体动力理论为生涯课程和团体辅导提供了理论依据;社会学习理论、心理资本理论和胜任力理论为学生的生涯学习内容和视角提供多维度的参考,生涯发展的量化评价和质性评价,涵盖了生涯活动和学生个人特质的过程性和结果性评估;交叠影响域理论和生态系统理论更是从学校-家庭-社会来看学生生涯的发展和我们生涯教育的因应。

(一) 帕森斯的特质因素理论

帕森斯的特质因素理论又称帕森斯的人职匹配理论,其指导原则:第一步是评价求职者的生理和心理特点;第二步是分析各种职业对人的要求,并向求职者提供有关的职业信息;第三步是人-职匹配。指导者在了解求职者的特性和职业各项指标的基础上,帮助求职者进行比较分析,以便选择一种适合其个人特点又有可能得到并能在职业上取得成功的职业。

(二) 霍兰德职业类型论

霍兰德的类型理论将人和职业分为六种类型:实际型、研究型、艺术型、社会型、企业型与传统型。人们寻求能充分施展其能力与价值观的职业环境,每一特定类型人格的人,都会对相应职业类型中的工作或学习感兴趣。

(三) 生涯混沌理论

生涯混沌理论从非线性科学的视角深刻揭示了生涯发展的不确定性本质。这种不确定感会带来生涯选择困难、生涯适应不良、人生意义缺失等,让学生理解面对生涯

---

① 沈之菲.扬起理想风帆:中小学生涯教育活动方案设计[M].上海:华东师范大学出版社,2020.

的不确定,可以提高学生的生涯适应能力。

(四) 叙事理论

叙事理论认为每个人的经历都是独特的,一个人的生涯主题会在其生命故事中得到呈现。因此,教师可以以"生涯故事"探索为轴,综合运用叙事的理论与技术,如生命线、角色楷模、生涯幻游、价值方格等技术引导学生,从学生的经历和成长中探寻他们的兴趣、性格、能力、价值观,帮助学生从故事中找到新的资源和力量。

(五) 生涯角色理论

舒伯把职业生涯的发展看成是一个持续渐进的过程,它将伴随个人的一生。舒伯在生涯规划中加入了角色理论,并将生涯发展阶段与角色彼此间交互影响的状况,描绘出一个多重角色生涯发展的综合图形。舒伯认为人在自己的一生当中必须扮演的角色,依次是:子女、学生、休闲者、公民、工作者、持家者六个不同的角色,他们交互影响交织出个人独特的生涯类型。

(六) 生涯社会学习理论

生涯社会学习理论是以社会学习的观点来解释人类生涯选择的行为,特别强调社会因素和学习经验对生涯选择的影响。基于对环境影响作用的重视,社会学习理论认为生涯的选择是一种相互的历程,这种选择不仅反映了个人自主的选择结果,也反映了社会所提供的就业机会与要求。因而,必须在教育与生涯辅导中重视生涯决策技巧的教导。

(七) 体验式学习理论

体验式学习理论认为学习不是内容的获得与传递,而是通过经验的转换从而创造知识的过程。大卫·科尔布的体验式学习模型包括四个步骤。第一,实际经历和体验:完全投入到当时当地的实际体验活动中;第二,观察和反思:从多个角度观察和思考实际体验活动和经历;第三,抽象概念和归纳的形成:通过观察与思考,抽象出合乎逻辑的概念和理论;第四,在新环境中测试新概念的含义:运用这些理论去作出决策和解决问题,并在实际工作中验证自己新形成的概念和理论。

(八) 心理资本理论

心理资本理论认为个体在成长和发展过程中表现出来的是一种积极心理状态即心理资本。心理资本是超越人力资本和社会资本的一种核心心理要素,包含自我效能感、希望、乐观、坚韧、情绪智力等。人的生涯发展潜力离不开人的心理资本,心理资本是促进个人成长和效能提升的心理资源。

(九)团体动力理论

团体动力理论认为人既是个体的存在,也是团体的存在。勒温认为团体是一个动力整体,个体的心理和行为随着动力场的变化而变化,因此,个体会受到团体氛围的影响,接受团体规范,共同实现团体目标,增强团体凝聚力。同时,利用个体在团体中的相互作用达到团体的改变,进而推动个体的改变。勒温根据实验得出结论:如果首先使个体所属的社会团体发生相应的变化,然后通过团体来改变个体的行为,这样做的效果远比直接改变个体更好。

(十)生涯发展的量化评价

量性评价方法是根据教育目标,通过编制试题、量表等对学生进行测试,并按照一定的标准对测试结果进行量化分析的一种评价方法。心理测验等是量化性评价,量化评价的优点是逻辑性强,标准化和精确化程度较高,能对学生的生涯发展作出比较精确细致的分析,结论也较为客观和科学,能为学生生涯发展提供有益的参考。

(十一)生涯发展的质性评价

质性评价是评价信息的收集、整理与评价结果的呈现都充分发挥自主性和过程性的评价。观察、访谈、自我反思等都是重要的质性评价方法。质性评价不强调在评价开始就对评价问题进行理论假设,假设可以在评价过程中形成,也可以随着评价的进行而改变,因此质性评价过程很重要,评价中还可以进一步发现和发展学生内在的价值。

(十二)胜任力理论

胜任力是指在特定工作岗位、组织环境和文化氛围中绩优者所具备的可以客观衡量的个体特征,以及由此产生的可预测的、指向绩效的行为特征。这些特征力是个体具有的、为了达成理想绩效而使用的。这些特征包括知识、技能、自我形象、思维模式以及思考、感知和行动的方式。生涯胜任力模型也为学生的生涯能力培养提供基础。

(十三)交叠影响域理论

交叠影响域理论指学校、家庭、社区三者合作对孩子的教育和发展产生叠加影响的过程。合作伙伴关系不仅将家庭和学校看作家校关系中的平等成员,而且还强调了社区对儿童发展和成长的影响和作用;不仅将学校和家庭看作是家校关系中的成员,而且还将学生自身也看作是家校关系中的重要一员,并强调了学生在家校关系中的主体地位和作用。

(十四)生态系统理论

布朗芬布伦纳的生态系统理论对个体发展的环境作了比较详细明确的描述,他认为生物因素和环境因素交互影响着人的发展。布朗芬布伦纳认为,自然环境是人类发展的主要影响源,这一点往往被人为设计的实验室里的研究发展的学者所忽视。他认为,环境是"一组嵌套结构,每一个嵌套在下一个中,就像俄罗斯套娃一样",发展的个体处在从直接环境到间接环境的几个环境系统的中间或嵌套于其中,每一系统都与其他系统以及个体交互作用,影响着发展的许多重要方面。

二、中小学生涯教育理论的应用

(一) 面向全体

生涯教育的根本目的是促进每个人生涯的发展,所以它是面向全体学生的。生涯教育理论及应用不应局限于部分寻求帮助和指导的学生,而应该面向每一个学生。生涯教育是让每一个学生成长成人成才,只有这样才能真正发挥生涯教育的价值,所以要有制度设计的保障,以促进全体学生得到生涯教育。

(二) 各个学段侧重不同

生涯教育在各个学段侧重不同,小学阶段生涯教育侧重于生涯启蒙,初中阶段生涯教育侧重于生涯探索,高中阶段的生涯教育则侧重于生涯规划,是螺旋式增进学生的自我认识,增强学生的社会意识和社会参与能力,培养学生学业和职业规划能力的过程。中小学更突出生涯理论的应用,其中生涯教育课程和生涯教育体验活动是生涯教育最重要的载体。

(三) 匹配论和发展论兼顾

从中小学生涯教育的理论指导来说,匹配理论和发展理论是两大方面主要理论,都具有引领和指导作用,需要兼顾应用而不是择一而行就可以了。中小学生生涯教育需要带着不确定性,需要提供中小学生生涯建构的观念和丰富的实践体验,让学生带着发展创造的观点为自己的生涯发展负责,同时生涯也需要规划教育,学生在初中和高中毕业阶段需要选择,匹配理论也是不可或缺的。

(四) 扩大学生的选择

中小学生涯教育与大学生生涯教育最大的区别在于:如果说大学阶段的生涯教育在于让学生"准确定位,缩小学生生涯选择的范围",那么中小学生生涯教育的定义则在于"提升意识,扩大学生生涯选择的道路",让学生在生涯教育过程中唤醒,寻找自己心理资本的优势,看到社会大环境的变化和需求,会扩展学生对生涯的认知,生涯教育为学生开启未来之路,让学生内心的梦想得以实现,这是中小学生涯教育的根本。

第三节 实践应用

近年来,上海各区在生涯教育中努力创建特色。闵行区侧重于给予不同成长阶段的学生以适切的指导,促进学生在自我发展、学业规划、生涯探索三个方向螺旋上升和成长,建立了"启蒙·探索·选择"面向未来的小、初、高一体化生涯教育体系。静安区更重视整合学校生涯体验活动的经验,梳理了区域职业探索资源,编制了《静安区生涯地图实用手册》,促进学生的生涯探索、生涯体验和个性发展。奉贤区将生涯教育贯穿全程,为每个学段的学生提供相应的生涯教育,促使学生在实践探索中激发内驱力,将学习与社会及职业选择连接起来,成为一个既能适应当下的学校生活又能胜任未来生涯发展的自己。宝山区则基于陶行知的"生活教育"理论,以开发宝山属地文化及社区、学校资源为开展生涯教育的路径,致力于在小初高的综合实践活动中培养学生认识社会、认识自我,以及在社会坐标中确定自我定位的生涯规划素养。浦东新区积极开发区域社会资源用以学生生涯教育的实践,企事业、高校和中职学校,都成为学生生涯探索的实践基地。崇明区中小学聚焦乡土文化资源,围绕生态文明建设,设计具有崇明本地特点的生涯体验活动,帮助学生走近乡土文化,主动了解、熟悉其中的职业人,发展生涯意识和能力。全市"横向体现学生年龄特征,纵向符合人生成长规律"的生涯教育体系框架基本构建。

一、生涯教育课程体系

案例　　课堂主阵地　活动创特色——虹口区小学初中高中形成系列[①]

（一）依托校内主题活动,开展小学生涯教育

主题活动因其生动、有趣、体验性强等特点而特别适合小学生和小学教育。如何依托校内已有的丰富多彩的主题活动,开展启蒙教育是小学生涯教育工作的重点之一。虹口区各小学在这个方面做了探索,积累了成功经验。

如广灵路小学依据多元智能理论开展"自定目标、自选方式、自主实践、自我评价"的四环节教育活动,并对应开设"我承诺　我负责""我选择　我喜欢""我行动　我反思"

[①] 本案例由虹口区教育学院王红丽老师提供.

和"我成功 我幸福"4节生涯教育课。学校结合学生社团开展"生涯体验日"活动,设计游园卡,增设"活动调查"板块,如思考和活动有关联的职业有哪些等,启发学生的生涯规划意识。

(二)抓住课堂主阵地,开展初中生涯教育

课堂成为生涯教育的主阵地不仅实现了生涯教育的全员化,更赋予了生涯教育旺盛的生命力和可持续性。

澄衷初级中学根据学生的特点与现实需求开展生涯教育,形成"以学生自主探索为核心,以课程学习和生涯体验为两翼"的澄初生涯教育模式。学校通过唤醒所有学科老师的生涯教育意识,开发校本课程,挖掘并利用学科的课程资源,在日常课堂教学中融合生涯教育与指导,拓宽了学生的受益渠道。学校整合校内外教育资源,基础型课程、生涯辅导课程和实践体验课程形成三足鼎立之势,创设多元化的学习场景,提供多样化学习经历,引导学生发现—探索—培养兴趣,激发学生学习动力,培养学生学习能力,让学生综合能力在体验中螺旋式提升。

(三)结合校园重大节庆活动,开展高中生涯教育

很多中小学都具有自己的校园文化节、校庆、纪念日等重要活动。这些重大节庆活动既深受学生喜爱又蕴含着丰富的生涯教育资源。因此抓住"节庆"的有利契机,以契合节日主题的丰富途径开展生涯体验活动将会事半功倍。

华东师大一附中的"大夏科创节",借力校友资源、衔接校园与社会,通过前沿讲座和专业论坛,让学生感受社会发展和科技进步;"世承体艺节"从社会角色分工出发,提炼和凸显每个项目下隐藏的角色工作,促进学生在体育、艺术等专项特色活动中完成自主选择、团队磨合与竞技比赛,点燃内在生涯探索动力;"光华读书节"鼓励学生在深度阅读中求证自我、探索世界,并通过班会、论坛等方式展示他们由实践重回理性规划的再思考。

案例分析:中小学生涯教育从面向内部还是外部可以分为内部的个人探索和外部的社会理解;从教育途径的不同可以分为校内探索和校外体验。中小学生绝大部分时间都是在校内学习中度过的,因此校内的生涯体验是中小学生涯教育的主阵地。虹口区依托丰富的校内生涯教育资源,在充分开发、合理使用的基础上创造性地、因地制宜地开展学生生涯教育活动,形成了自己的特色,并涌现出一批具有校本特色的做法。

二、区域生涯教育整体设计

案例　　　走进职业场　感受有深度——闵行区生涯教育一体化设计①

闵行区围绕"为了每一个学生的终身发展",依据区域生涯教育基础,研究不同学段学生身心发展特点,2017年制定了《闵行区中小学生涯教育若干建议》,重点指导学生认识和发现自我价值,主动开发自身潜能,理解生涯意义,学会有效管理自己的学习和生活,小学侧重"启蒙",初中侧重"探索",高中侧重"选择",开展分层递进式生涯教育,提高生涯发展的基本技能,帮助学生发展成为有明确人生方向和有生活品质的人。

区域积极引入生涯教育优质资源,并进行"闵行化"的实践,建设了生涯教育平台,集生涯测评、生涯档案、个性化生涯辅导与咨询、大学专业资源介绍、生涯教育课程资源等为一体。区域积极创建生涯微课,利用场地设施,拓展家长资源,有层次、有重点建构了区域特色生涯教育资源群。

(一) 模块化、灵活化的系列微课

选取时下学生关注度高的热点,提炼其生涯教育内涵,形成生涯教育系列微课。目前已有12节微课,累计时长73分钟。

(二) 行业化、体系化的生涯活动

区域积极探索各街镇行业特色资源,梳理成生涯教育课程配套的体验活动资源。此外根据区域层面整体设点布局,创设更加丰富多元的生涯体验活动资源,如在友爱中学建设闵行区科创体验中心,上闵外学校建设语言文化体验中心等。

(三) 系统化、整体化的家长资源

生涯教育需要开发多方资源,综合各方力量,家长资源和力量便是其中之重。闵行区引导学校着力构建系统化、整体化的家长资源。如莘庄中学"家长生涯讲师团",借助家长资源,创造职业体验机会,开设家长讲座,帮助学生明确各种职业创造的社会价值,激发对职业的向往;如七宝明强小学的"彩虹爸爸课堂",系统梳理家长资源,建立"家长资源库",在爸爸们的带领下,学生了解了爸爸的职业,走进爸爸们的单位,去体验感受不同行业不同的魅力,并与爸爸们进行关于职业、关于劳动的深度对话,对学生和家长都是很好的生涯教育。

---

① 本案例由闵行区教育学院李攀老师提供.

案例分析：闵行区作为上海市生涯教育的项目区，发布了区域生涯教育指导文件，通过顶层整体设计，围绕队伍建设、平台建设、课程建设、资源建设、家校协同进行全面持续的探索，给予不同成长阶段的学生以适切的指导，促进学生从自我发展、学业规划、生涯探索三个方向上的提升成长，建立了"启蒙·探索·选择"面向未来的小、初、高一体化生涯教育体系。

第四节 注意要点

社会的飞速发展推动着生涯教育事业的发展，学生的需求引导着生涯教育的不断深化。展望未来，生涯教育将会在以下几方面得到拓展。

一、小学和初中生涯教育的普及化

生涯教育贯穿人一生发展的过程，而生涯启蒙和探索活动需要在小学和初中阶段有目的有计划地实施，这样学生到了高中阶段才能水到渠成地更清晰地了解自己的个性特点、兴趣爱好和能力特长，才能更真实地了解和理解社会职业，不至于到高中要选择志愿和生涯规划的时候一片茫然。或者是对职业和自己的了解，并不建立在实践体验的基础上，而是更多在想象和虚拟的层面，职业的理想意象和现实真实的生活脱节，自我同一性难以达成。所以，小学和初中阶段的生涯启蒙和生涯探索非常重要，是学生生涯规划的必要的基础性工作。

目前高中学校普遍开展生涯教育，但是小学和初中学校的生涯教育远未达到普及化水平，初中的生涯教育，会随着《关于印发〈上海市初中学生综合素质评价实施办法〉的通知》[①]的落实，以及32课时（平均每学期半天，其中在本市职业院校的职业体验不少于16课时）职业体验活动的实施，会有很大的推进。但是小学的生涯启蒙活动，受到学生年纪比较小、家长不放心等综合因素的影响，实际实施会有一定的难度。所以，中小学生涯教育的全面开展，还需要更大力度地推进。

二、生涯体验活动的课程化

学生生涯成熟度的提升具有一定的情境性、实践性和统整性。陶行知说过：教育

---

① 关于印发《上海市初中学生综合素质评价实施办法》的通知[DB/OL]. http://edu.sh.gov.cn/html/xxgk/201904/424042019003.html.

要通过生活才能发出力量而成为真正的教育。学生的生涯教育如果没有和学生的日常生活联系起来，没有学生生活实践的参与与认识，没有在实践中产生真情实感，是难以达成生涯教育的目标的。

目前有些学校把很多的德育活动都归入到生涯教育活动，如值日活动、志愿者活动、义卖、学工、学农、学军、职业体验日等，其实这些活动不能简单等同于生涯教育活动，很多活动只是某一岗位的简单模仿和体验，还构不成对一个职业的深入了解。要了解一个职业，就不能仅对某一方面的活动了解，如厨师就是做菜的，教师就是上课的，其实职业包括了方方面面的信息，不仅有职业从事的一般性活动，还有职业知识、职业技能的具体要求、职业的工作环境和组织环境、从事职业的工资、职业在劳动市场的信息、职业前景、职业对工作者个性上的要求和继续教育要求、时间要求等等，所以中小学生的生涯辅导活动不能满足于简单的岗位体验，而需要对具体职业进行广泛深入地探索，尤其是需要让学生掌握一定的方法来对某一职业进行剖析，需要构建"活动目标—活动过程—活动学习单—活动评价"这样一个课程设计链，学生才能对职业有更深入的理解，从而达成生涯体验活动的目标，也更能达成促进学生生涯成熟和生涯适应的目的。

三、学生教育对象的多元化

生涯教育能够满足社会发展对人才的需求，满足学生全面、个性与终身发展的需要。生涯教育不单单是在学生毕业时指导其掌握升学对策和明确就业方向，更是根据人身心发展的不同阶段，实现不同的生涯发展任务。学校通过各种指导活动，使广大学生能正确认识职业与自己，能更明智地规划和选择自己理想的职业与生活道路，并且自主地做出选择和决定。生涯教育的重点是认识自己、找到自己、做自己而不是做"别人"；生涯发展的重点是开拓自己无限的可能性，而不是定位，生涯辅导的重点是培养选择的能力，而不是考分。

所以生涯教育需要针对不同群体、不同兴趣特点、不同能力倾向的学生提供适合学生发展的辅导，要发挥每个学生主动发展的内在动力，在职业平等价值的引领下，包括优秀学生，也包括一般学生、留守儿童、进城务工农民工子女等，让每个学生都能在习近平新时代中国特色社会主义思想引领下，在大国工匠、创新性人才培育、成才立交桥等强国战略和实施计划指引下，找到适合自己的发展方向。

四、素养培育的通用化

《21世纪核心素养教育的全球经验》[①]报告从全球范围内选取了有代表性的5个国际组织和24个经济体,构建了21世纪核心素养框架,将29个素养框架中的相关内容进行了拆分,再将涵义相近、层级相当的项目合并,共归纳为18个素养条目,大体反映了全球范围内不同组织或经济体的政策制定者对未来公民所应具备的核心素养的基本判断和整体把握。在这18项素养条目中,有9项都与某个特定内容领域密切相关,称之为"领域素养",另9项超越特定领域的素养称之为"通用素养"。报告对各素养进行分析发现:沟通与合作、创造性与问题解决、信息素养、自我认识与自我调控、批判性思维、学会学习与终身学习以及公民责任与社会参与等七大素养为各国际组织和经济体高度重视,这里面除了信息素养是领域素养,其他六个都是通用素养。

生涯教育的落脚点是提升学生的综合素养。社会在发展变化,"变"可能是唯一不变的因素。学生已经不能只学到一些东西就足以终身受用,终身学习、终身发展是每个人发展的现实。在中小学阶段,需要更多聚焦于培养学生的通用素养,让学生有更好的基础来适应社会的发展和变化。

[①] 黄全鲁克.21世纪核心素养教育的全球经验[N].中国教育报,2016年6月10日,第五版.

第二章　帕森斯的特质因素理论与应用

1909年,帕森斯的《选择职业》(Choosing a Vocation)一书出版,书中第一次系统阐述了科学的职业选择理论,即特质因素论,这个理论对于今天的生涯教育仍具有重要的指导意义。该书被认为是西方第一本关于学生职业指导方面的书籍,在书中,帕森斯首次使用了"指导"(guidance)一词①。国外教育史学界一般把1908年波士顿职业局的创立及1909年《选择职业》专著的出版作为学生生涯教育诞生的标志。正是由于帕森斯极富创意的工作及其所产生的深远影响,他被后人尊称为"职业指导之父"②。

第一节　时代背景

一、当时的社会背景

16世纪到18世纪中叶,西方社会逐渐进入资本主义工厂手工业时期,生产上产生分工协作是其主要特征。新职业的大规模产生开始于18世纪的产业革命。蒸汽机和其他各种机器的发明创造与使用,产生了成百上千的新职业。19世纪发生的第二次工业革命,以电力的广泛应用为特点,使世界跨入了电气时代,美国的工业生产突飞猛进。1850年~1860年,工厂数目由12万发展到14万,投资额由5亿美元发展到10亿美元,工业生产总值由10亿美元增加到20亿美元。③

---

① Jean Guichard. A Century of Career Education: Review and Perspectives [J]. International Journal for Educational and Vocational Guidance, 2001, p.156.
② 沈之菲. 开启未来之路——中小学生涯教育实施指南[M]. 上海:华东师范大学出版社,2019.
③ 杨光富. 美国增地学院发展历史研究[D]. 华东师范大学2004年硕士学位论文,第10页.

工业的发展促使生产劳动部门增加,电力的应用产生了许多新的工业部门,给一切旧有的工业部门带来了新设备、新工艺,出现了普遍的生产技术和生产管理上的革新,工业生产开始采用标准化、系统化、自动化和流水作业等新的生产方法,新的技术层出不穷。资本主义生产无论在深度上或广度上都跃上了一个新的阶段。大工业生产使生产场所从家庭中分离,青年人不再只有跟从父母学习劳动技能这一种选择,日益复杂的劳动世界使青年人越来越难以了解职业的信息和要求。为了使年轻一代找到适合个人情况的就业机会,就需要给予他们必要的职业指导和职业准备。

二、职业指导运动兴起

19世纪上半叶美国进入了工业化时代,随着工业经济的发展,社会经济取得了巨大的进步,并促进了社会的转型。当然也出现了许多严重的社会问题。如:妇女儿童问题、工业化加速发展带来的工伤事故问题、移民和穷人的住房问题等等。

19世纪中后期,美国大力发展基础教育,但是取得的成效有限。统计数据显示,当时中学入学率尽管相比过去十年增长了近一倍,但是只占适龄青少年总数的11.4%。在波士顿的小学毕业生中,能够顺利完成中学学业的,每16人中也不足1人。因此,绝大部分学生在初中,甚至小学毕业后就进入了就业市场,由于当时的学校很少对学生进行职业教育和职业指导,导致毕业生既缺乏职业技能,也无法找到适合自己的工作,同时企业也苦于招不到合适的员工。大量的人力资源被浪费,由此带来的失业、贫困和劳动力流失造成了社会的不安定。

19世纪末20世纪初,美国经济进入迅速发展的时期,随着工业化的逐步深入,无数农民、小作坊的手工业者纷纷破产,大批农村人口开始向城市迁移。科学技术的不断进步,迫使大批工人由落后的产业部门转向新兴的产业部门,在这个转换的过程中,工人并不清楚新工作的要求,致使大量工人被迫处于待业状态,一度造成了非常混乱的局面:一方面大量的劳动后备军进入劳务市场等待就业,另一方面每一类职业的不同要求又限制了人们的选择。如何妥善解决这一问题引起了社会各方的关注,职业指导正是为了适应这种相互选择的需要而产生,并迅速掀起一阵职业指导运动的浪潮[①]。

与此同时,美国恰好兴起了心理测验运动,应用心理学迅速兴起并被广泛地运用到社会生活的各个领域。因此,结合以上几方面的因素,以心理测量开展人格测试为

---

① 杨光富.社会转型与西方中学学生指导制度的建立[J].外国中小学教育,2012(9).

基础，分析职业市场的特质因素理论得以出现在公众面前，并成为职业指导的代表性理论，并经久不衰。

三、波士顿职业局的由来

帕森斯一生先后做过铁路工程师、公立学校的教师、律师、大学教师等工作。由于受经济大萧条的影响，他大学毕业后经历过多次失业及寻找工作的痛苦经历，这对他后来创立职业指导机构，帮助青年人寻找合适的工作有着重大的影响。帕森斯曾说："除了选择丈夫或妻子之外，人生再没有第二种选择比职业选择更重要的了。"

早在1894年帕森斯就提出过：明智的工业体系应该让每一个人都能从事最适合他天性的工作。帕森斯忧心于美国当时人职不能匹配的现状，认为这种情况必须改变。

1905年，帕森斯受邀成为公民服务社布拉德温纳协会（the Breadwinner's Institute）主任，该协会有一个成人教育项目，帕森斯和别人一起承担了"工业历史""经济与生活的法则""实用心理学方法"等课程，这是他第一次从事成人教育工作，在授课过程中，他对青年人的就业产生了浓厚的兴趣。

1906年，帕森斯发表了主题为《理想城市》（the Ideal City）的演讲，他强调，为青年提供科学的职业教育和择业之道是实现理想城市不可或缺的条件之一。他认为，未来理想城市不仅仅是为青年人寻找到一份工作，更重要的是真正帮助他们，让他们学会选择一份适合自己的工作。彼时任职于波士顿公民服务社的梅耶·布洛姆菲尔德（Meyer Bloomfield）也应邀参加了演讲，并深受帕森斯演讲的启发[①]。

1907年春天，布洛姆菲尔德在公民服务社的楼顶花园安排了一场座谈会，特别邀请帕森斯与一批即将从高中毕业的男学生探讨他们的职业规划问题。参加研讨的有即将从高中毕业的60多名男生及几名正在社区周边服务的工人。当帕森斯问在场的听众"将来想从事什么职业"时，有20个毕业生希望未来能成为律师，20个希望成为医生，12个计划继续读大学，还有一些毕业生没有回答。布洛姆菲尔德在旁观察后写道：大部分毕业生的职业规划不切实际，更多的毕业生对未来的职业选择无所适从[②]。研讨中，帕森斯针对毕业生们提出的问题给予了中肯的建议，毕业生们纷纷表示赞同，还有几位毕业生要求在会后和帕森斯单独交流。应该说，当时的那场座谈会取得了很好的效果。

---

① 杨光富.弗兰克·帕森斯与现代学生指导制度的建立[J].贵州大学学报(社会科学版),2017(2).
② 杨光富.弗兰克·帕森斯与现代学生指导制度的建立[J].贵州大学学报(社会科学版),2017(2).

研讨结束后,布洛姆菲尔德深受启发,力邀与帕森斯共同创立一个职业指导机构,以帮助到更多的青年人,并且说服帕森斯为这个机构设计一套指导实施方案。1907年底,指导实施方案终于完成,并获得了当地慈善家的资金支持。经过大半年的筹划,1908年1月23日,波士顿职业局(Vocational Bureau of Boston)正式成立,该局隶属于市民服务社,主要的工作内容是为青年人提供职业咨询方面的服务。帕森斯担任首任局长,这也是美国历史上第一所专门的学生职业指导机构[1]。

第二节 主要观点

一、特质因素论的涵义

1909年5月,帕森斯的《选择职业》(Choosing a Vocation)一书出版,该书第一次系统地阐述了科学的职业指导理论。该书的核心思想就是著名的"特质因素论",也称为"人职匹配"理论。

该理论认为,每个人都有自己独特的人格模式,即"特质"。所谓"特质",就是指人格的各种特征,包括能力倾向、兴趣、价值观和人格类型等等,人的特质可以通过心理测量工具进行测量。

所谓"因素",是指在工作上要取得成功所必须具备的条件或资格,这点可以通过对工作的分析来进一步了解。而某种人格"特质"又与某种特定的职业"因素"互相匹配。帕森斯认为,每种人格"特质"都有与其相适应的职业类型,即"特质-因素"模型。

帕森斯把职业指导看成帮助个体去研究自己与可能职业之间相互关系的过程,并根据自己的能力、兴趣和机会选择一个适合自己的工作。

二、选择职业的三条基本原则

帕森斯反对没有准备、漫无目的地选择职业,强调在学生进行职业规划的过程中专家和辅导教师具有重要的作用。"每个青年人都需要别人的帮助,他需要所有的信息及他所能得到的帮助。他需要被人指导,需要职业教育指导教师。在人生做出重要抉择时,他需要来自有经验的人系统的帮助。"[2]

---

[1] Mark Pope. A Brief History of Career Counseling in the United States [J]. Career Development Quarterly, 2000(3).
[2] Frank Parsons. Choosing a vacation [M]. Boston: Houghton Mifflin, 1909.

在《选择职业》一书中,他把职业指导过程分为个人分析、职业分析、个人与职业的结合三个阶段,这就是帕森斯提出的选择职业的三条基本原则,这也是特质因素论的核心思想。具体来说,这三条基本原则是[①]:

第一:清晰地了解自己,如态度、能力、兴趣、志向、智慧、局限及其原因;

第二:了解各种职业所必备的条件及获得成功所需要的知识,在不同岗位上所具有的优势、不足及弥补,不同的行业有哪些机会及前途如何等;

第三:对前两个原则之间的关系进行深入的分析,做到人职匹配。

三、人职匹配的两种类型

这里的人职匹配(matching men-and-jobs)可分为两种类型:

类型1:因素匹配(活找人)。例如需要有专门技术和专业知识的职业与掌握该种技能和专业知识的择业者相匹配;或者是脏、累、苦,劳动条件很差的职业,需要有吃苦耐劳、体格健壮的劳动者与之匹配。

类型2:特性匹配(人找活)。例如,具有敏感、易动感情、不守常规、个性强、理想主义等人格特性的人,宜从事审美性、自我情感表达的艺术创作类型的职业。

四、特质因素理论用于职业指导的三个步骤

特质因素论在一百多年的发展中,得到了不断的发展和完善,形成了职业选择和职业指导过程的三个步骤:

(一) 测评

对学生的情况进行分析评价,全面了解其生理和心理特征。可以通过心理测量及其他测评手段,全面了解学生的身体状况、能力倾向、兴趣爱好、气质与性格等方面的个人资料,并通过会谈、调查等方法获得有关求职者的家庭背景、学业成绩、工作经历等情况,并对这些资料进行评价。

(二) 提供信息

分析职业对人的要求,并向学生提供有关的职业信息,包括:

1. 职业的性质、工资待遇、工作条件以及晋升的可能性;
2. 求职的最低条件,诸如学历要求、所需的专业训练、身体要求、年龄、各种能力

---

① Frank Parsons. Choosing a vacation [M]. Boston: Houghton Mifflin, 1909.

以及其他心理特点的要求；

3. 为准备就业者而设置的教育课程计划，以及提供这种培训的教育机构、学习年限、入学资格和费用等；

4. 就业机会。

（三）人职匹配

指导老师在了解学生特性和各种职业要求的基础上，帮助学生进行比较分析，帮助学生选择一个既合适自己特点又有可能得到的未来理想的职业[①]。

帕森斯鼓励青年人要了解自身不断增长的自我意识和不断提升的专业能力。而职业指导老师或职业指导专家则应该尽可能全面地考虑到青年人的年龄、性别、专业背景、资历、种族、家庭情况等相关信息，以寻找到每个青年人基本需要之下的"独特需要"。

第三节 实践应用

基于帕森斯的特质因素理论，目前，我国中小学生生涯辅导的方式主要集中于以下三个方面：首先引导学生运用个性测评、职业兴趣测评、职业能力测评等方式对自我有更多元的了解，接着通过了解社会、了解职业来认识周围的世界，最后通过"模拟招聘会"等形式帮助学生提前体验"人职匹配"，为未来职业选择打下坚实基础。

特质因素论以其经典的理论和多样的形式被融合进了多种生涯教育的手段里，如：生涯教育课堂、学校生涯体验活动、生涯辅导个案、班级生涯辅导活动等。在学生的生涯教育中，不仅要引导学生探讨个人兴趣、能力以及增加对社会和职业世界的了解，还应切实促进学生有更多的机会感受真实的生活，将生涯体验融入到学生生活的方方面面。

一、帮助学生认识自己

案例　　　　　　　一个希望了解自己优势智能的学生[②]

1. 基本信息

小徐，女，12岁，外来务工随迁子女。家中共五口人，分别为爸爸、妈妈、奶奶、姐

[①] 杨光富.国外中学学生指导制度历史演进[M].上海：华东师范大学出版社，2015.
[②] 本案例由奉贤区未成年人心理健康辅导中心提供.

姐和小徐。小徐的爸爸岁数偏大,年近50岁,在市区上班,工作比较忙碌,两周回来一次。平时小徐和姐姐由妈妈和奶奶照顾。小徐的妈妈是专职的家庭主妇,负责照顾小徐、姐姐和奶奶。小徐和姐姐就读于同一所学校,两人关系还不错。

2. 辅导诉求

小徐觉得目前的学习状态还可以,每门学科的学习成绩较为平均,对于将来想要做什么,没有具体的想法,她希望对自己多一些了解,知道自己的优势和潜能,并挖掘自己的兴趣所在。

【辅导过程】

(一)第一次辅导

通过亲切的交谈,生涯教师了解了小徐的基本信息。之后,生涯教师让小徐进行自我对话,用两分钟时间仔细思考自己所具备的个人特质,然后根据实际情况,用"我是一个_____的人"写20个表述。在写的过程中,小徐思考了多次,最终写满了20个个人特质,它们分别是:

我是一个自恋的人。
我是一个开心的人。
我是一个活泼的人。
我是一个喜爱植物的人。
我是一个热爱大自然的人。
我是一个爱看书的人。
我是一个口才极好的人。
我是一个向往未来的人。
我是一个孝敬奶奶的人。
我是一个喜欢姐姐的人。
我是一个喜欢唱歌的人。
我是一个音调不准的人。
我是一个英文发音不准的人。
我是一个讨厌看一堆阿拉伯数字的人。
我是一个讨厌写作文的人。
我是一个作文写得好的人。

续表

我是一个爱看作文书的人。
我是一个喜欢睡觉的人。
我是一个喜欢吃饭的人。
我是一个喜欢做饭的人。

在小徐完成表述后,生涯教师请小徐读一读自己写的这些特质,小徐有些害羞,但仍然认真地完成了任务。结合小徐写的特质,生涯教师询问了小徐的学习状况,小徐的语文成绩较为优异,数学和英语成绩也较好。

(二)第二次辅导

生涯教师采用了适合小学生的霍兰德职业兴趣测评和多元智能测评工具进行第二次辅导,以便让小徐对自己的兴趣和能力有进一步的认识。

1. 多元智能测评结果

小徐的多元智能测评报告显示其优势智能是:语言智能、视觉空间智能和内省智能。也就是说,小徐能够有效地运用口头语言或书面文字表达自己的思想并理解他人,对色彩、线条、形状、形式、空间关系很敏感,喜欢独立思考。

2. 职业兴趣测评(儿少版)结果

小徐的霍兰德测评(儿少版)报告中得分最高的三个类型是:艺术型、常规型、调研型(ACI),显示小徐是个有创造力,喜欢新颖和与众不同的事物,渴望表现个性,实现自身价值的人,抽象思维能力强,肯动脑,善思考。同时,她尊重权威,遵守规章制度,细心、有条理,习惯接受他人的指挥和领导。

两个测评的结果具有较多的一致性,听完生涯教师对测评报告的解读,小徐认为测评结果比较符合自己的日常表现:做事细心,关注细节,肯动脑,也善于思考,比较在意他人的看法,习惯接受他人的指挥,会压抑自己的创造力和求知欲。

(三)第三次辅导

经过前两次的交流后,生涯教师邀请小徐进行OH卡游戏和"捏一个我"的活动,继续深入探索内心世界。

1. OH卡游戏

生涯教师请小徐抽取一张OH卡代表现在的自己,抽取一张OH卡代表未来的自己。小徐在挑选过程中显得比较犹豫,还询问了同学的意见。

最终,小徐挑选了一张圆脸、带刘海的少女代表自己,并表示是因为双方有共同点刘海和圆脸。

她又挑选了一张短发的女生代表未来的自己。

该卡片与本人形象反差较大。小徐说自己的眼皮是一单一双,图片中女孩是双眼皮,希望未来自己两只眼睛都是双眼皮。此外,她还表示自己一直想留短发,所以最终选择了短发女生。

在OH卡游戏过程中,小徐有改变自我的尝试和向往,但显得犹豫和不自信。

2."捏一个我"

生涯教师请小徐用橡皮泥捏了一个自己。小徐运用了黑色、白色、橘色和黄色四种橡皮泥作为道具进行了创作。

生涯教师：请你介绍一下你的作品吧！

小徐：这是我捏的自己。我喜欢天蓝色，所以将它的衣服做成了天蓝色。我喜欢盘头发，所以也给它盘了个头发。我喜欢做饭，就给它戴上了个围裙。

从上图作品中可以看出，小徐的动手能力较强，能够创作出生动的作品，整个作品的形象和小徐本人的形象非常接近，作品丰富的色彩，能让人感受到小徐内心的积极、阳光与和谐。

（四）第四次辅导

生涯教师带着小徐和其他同学一同参观了上海天阳钢管有限公司。在参观过程中，小徐对于公司内放养的藏獒、白鸽和孔雀表现出了极大的兴趣。

回校后，生涯教师请小徐回顾前几次的辅导，重新完成"我是一个_____的人"。小徐想了想，进行了填写，内容如下：

第一次辅导	第二次辅导
我是一个自恋的人。	我是一个喜爱植物的人。
我是一个开心的人。	我是一个想要有巨大改变的人。
我是一个活泼的人。	我是一个事多的人。
我是一个喜爱植物的人。	我是一个想象丰富的人。
我是一个热爱大自然的人。	我是一个爱吃的人。
我是一个爱看书的人。	我是一个爱睡的人。
我是一个口才极好的人。	我是一个话痨的人。
我是一个向往未来的人。	我是一个喜欢桃红色的人。

续表

第一次辅导	第二次辅导
我是一个孝敬奶奶的人。	我是一个讨厌运动的人。
我是一个喜欢姐姐的人。	我是一个活泼的人。
我是一个喜欢唱歌的人。	我是一个开心的人。
我是一个音调不准的人。	我是一个想变成男孩的人。
我是一个英文发音不准的人。	我是一个想留短发的人。
我是一个讨厌看一堆阿拉伯数字的人。	我是一个爱玩的人。
我是一个讨厌写作文的人。	我是一个喜爱作文书的人。
我是一个作文写得好的人。	我是一个讨厌写作文的人。
我是一个爱看作文书的人。	我是一个讨厌写字的人。
我是一个喜欢睡觉的人。	我是一个作文写得好的人。
我是一个喜欢吃饭的人。	我是一个贪财的人。
我是一个喜欢做饭的人。	我是一个喜欢幻想的人。

生涯教师请小徐再把自己的特质读一读,这次小徐很大方地进行了分享。从上表可以看出,小徐对自我的了解,较之前更多了一些。

案例分析: 本篇案例为小学生的生涯个案辅导,来访者小徐的诉求为希望多了解自己,知道自己的兴趣和优势所在。指导老师在个案辅导中运用了多种方法,让小徐进行自我探索,如:自我特质探索、生涯测评、OH卡、泥塑自我形象等,其中运用的主要方法就是帕森斯提出的对自我特质的探索。

指导老师在第一次辅导时请小徐思考2分钟,并写下自我的特质,小徐思考了多次,写出了20个特质,经过了两次辅导之后,在第四次辅导时又让小徐写一写自己的特质,小徐经过简单思考就写下了20个新的特质。比较前两次书写特质的活动,可以看出经过生涯个案辅导,小徐发生了以下变化:

1. 更加了解自己:相较第一、二次书写的速度明显加快,说明小徐对自我有了更多的了解。

2. 更加悦纳自己:第一次所写的20个特质都是比较表面的,是别人眼中小徐乖巧的样子,而第二次的20个特质则更多地表达出了小徐内心的真实感受,说明小徐也在接受一个更真实的自己。

3. 更加多元地认识自己：在第二次书写的20个特质中，除了很多"我是一个开心的人""我是一个活泼的人"等积极特质，也有一些表明小徐正在进行自我同一性探索的特质，如："我是一个想变成男孩的人""我是一个贪财的人"等等，这表明小徐对自我有了更深刻、更多元的认识。

二、课堂职业探索

案例　　　　　　　　　　身边的职业①

教学流程：

1. 情景导入

教师：小朋友，今天庄老师带来了两位新朋友，贤贤、小莉。你们听！他们在聊些什么呢？

贤贤：我爸爸是一名销售员，每天早出晚归，工作很辛苦，向客户推销公司的产品。我妈妈是一位住院部护士，打针的技术很棒，而且性格很好，病人都喜欢她。

小莉：我妈妈是幼儿园老师，在幼儿园教小弟弟小妹妹们学本领。我爸爸是一名警察，虽然经常加班不回家，但我还是为爸爸是一个警察感到自豪！

小莉和贤贤在交流爸爸妈妈的工作呢，同学们，你们知道自己爸爸妈妈的职业是什么吗？具体的工作内容是什么？

有的同学对爸妈的职业很了解，有些同学还不是很清楚，我们今天就来聊聊"身边的职业"。

2. 讨论交流、认识职业

（1）职业对对碰

四字成语，你来猜猜是哪个职业？

法官——铁面无私　　医生——救死扶伤

律师——能言善辩　　营业员——欢迎光临

厨师——众口难调　　消防员——十万火急

理发师——改头换面

（2）职业小考场

你们知道职业的定义是什么？

---

① 本案例由奉贤区思言小学庄祎提供.

职业的定义：职业是人们在社会中运用自己擅长的本领在岗位上从事劳动,为社会服务,并能为自己获得相应的报酬。

（3）职业辨一辨

学生分小组讨论各个场所中出现的职业。

场景1：学校

（预设：警察、保安、老师、保洁、厨师、食堂工作人员、园丁）

场景2：医院

（预设：医生、医技师、护士、护工、保洁、保安）

场景3：警察局

（预设：民警、交警、协管员、刑警、特警）

场景4：小区

（预设：物业、保安、清洁工、快递员、居委会工作人员）

场景5：公园

（预设：售票员、保安、警察、摄影师、画家、小商贩）

（4）职业名片DIY

挑一个你熟悉的职业,为这个职业设计一张名片。

职业名片	
职业名称	
工作内容	
工作地点	
工作时间	

学生分享交流自己设计的职业名片

教师：职业很辛苦,医生需要专业知识；售货员一站就是八小时以上,还要保持热情的微笑；我们的漂亮校园就是建筑工人一砖一瓦建起来的；司机在开车的途中,精神需要高度集中；厨师的工作主要在厨房,大夏天即使大汗淋漓,还在为我们做可口的饭菜；每个职业要有责任心,都是非常辛苦的,真的不容易！

3. 实践体验、体验职业

在我们生活中出现困难和麻烦时,我们可以找谁？请设计这个职业名片的同学来演一演？

情景一:你走在小区里,看到红花小区24号6楼着火了,你应该怎么办?

学生1:拨打119找消防员,或找物业。

学生2:着火了,有人受伤了,此时该找谁?拨打120,请医生、护士来帮忙。

情景二:你在马路上迷路了,身边没有电话,该找谁?那在公园里迷路了呢?商场里迷路了呢?

学生1:交警、警察、环卫工人。

学生2:售票员、保安、警察、小商贩

学生3:服务员、保安、营业员、保洁阿姨

教师课堂总结:

社会职业真是丰富多彩,每项职业都有具体内容,每个职业都有自己的价值,只要努力,任何职业都可以发光发亮。我们要尊重各行各业,感谢所有正在奋斗的人们,为我们带来方便和幸福。

案例分析:这是一节小学三年级的生涯教育课,任教老师很好地把握住了这个年龄段学生的认知水平和发展特点,从"身边的职业"入手,用熟悉的视角让学生更加有话可说,从爸爸妈妈的职业谈起,让学生对爸爸妈妈的职业产生兴趣、增进了解。

在活动中,运用了头脑风暴、闯关游戏、职业体验等方法,方法有趣多元,贴合学生年龄特点。课堂设计环环相扣,进一步激发起学生了解职业的内在动力。本节课不仅让学生对身边的职业有了更深层的了解,更让孩子们感受到我们这个社会上的各行各业的重要性,认识到所有的职业都在为社会创造财富,每一种职业都值得被尊敬。整节课不仅让学生了解了更多的职业,也为他们树立了正确的职业价值观。

三、建立职业场馆

案例　　　　　　　　小学校园里的职业博物馆[①]

为了让全校学生都能更为直观地了解更多职业,上海市第一师范学校附属小学在开展"老爸老妈进课堂"活动的基础上,策划了别具特色的职业展览,布置了一个小型的职业博物馆。

[①] 本案例由上海市第一师范学校附属小学曹琳珠提供.

（一）家长参与，做好活动准备

我们向一年级的全体家长发放了邀请函，介绍了学校生涯体验项目的内容、目的、意义，邀请家长们参与到项目中来。

我们预先设计了家长填写的反馈表，请家长先在表格中用孩子们能听懂的话来简要介绍一下自己从事的职业、具体的工作岗位，职业的自豪和有趣之处，并说明打算捐赠的能够代表其职业特点的小物件，选择这个小物件的理由（该物件的功能和在职业中发挥的作用）。通过调查、摸底了解家长的职业分布和参与意愿。

（二）细节入手，布置职业展览

我们共收到了三百余份反馈表，按照职业类型进行了整理，并根据物品是否适合展出、是否符合小学生特点，最终筛选出十大类、八十多种职业，不仅包括警察、会计、法官、工程师等传统职业，还有很多具有时代特征的新兴职业，如国际物流、创意设计师、股票交易员等，以及不少学生特别感兴趣的职业，如配音演员、餐厅经理、军人等。

入选职业展览的家长将职业物品捐赠给学校，并为职业物品专门制作了一份介绍海报，包括职业名称、职业工作内容、职业的自豪和有趣之处，以及职业物品的名称、在职业中发挥的作用等。为了让孩子们直观地了解职业，家长们还在海报中加入了很多实际的工作场景的照片，让孩子们能身临其境地学习体验。

（三）积极投入，开展体验式学习

最终近百件职业物品在学校心理室统一展出，附小校园中的小型职业博物馆就这样诞生了。在午休、快乐活动日等时间，学校安排组织各班级学生有序地到心理室进行参观学习。与以往只能看不能摸的展览参观不同，我们鼓励每一位走进职业博物馆的孩子，不仅能用眼睛欣赏，还可以把职业物品拿起来仔细观察、触摸，也可以根据海报上的介绍，亲手体验这些职业物品的使用。对于感兴趣的职业，鼓励学生结合海报详细了解职业知识，课后通过网络搜索、查阅资料、实地走访等途径继续深入探索。

孩子们对于这个别开生面的职业展览非常感兴趣，他们仔细琢磨展品，认真阅读介绍海报，在活动中体验不同职业的魅力。在后续的主题班队会活动中，个别班级还进行了体验感受的分享，帮助学生对体验感受进行梳理。

案例分析：一师附小的学校生涯活动方案有以下几个特点：

1. 在活动主题上，选题适切得当。所选择的主题符合小学生生涯发展的需要，活动设计贴近学生年龄特点。通过邀请自己的爸爸妈妈进入课堂介绍职业，有效地激发了学生对于父母的自豪感、对于学校的归属感、对于未来职业的期待感。

2. 积极挖掘生涯教育资源。一师附小充分挖掘家长资源,在前期对家长职业进行调查之后,选择让家长捐赠一件能够代表其职业特点的小物件,并且写明选择这个小物件的理由,调动了家长参与的积极性,增加了家长对于自己职业的认同感,这种认同感也会让学生在无形中形成对职业的积极认知。

3. 在活动的形式上,搭建创意平台：通过在学校心理室开设职业博物馆的形式,将家长的"职业物品"进行展示,并鼓励同学们将职业物品拿起来进行仔细观察、触摸,亲手体验这些物品的使用。

四、职业招聘会

案例　　　　　"直击招聘现场　探索未职世界"
——上海大学附属中学学生赴上海大学参加招聘会活动①

(一)活动说明

积极借助临近上海大学的独特属地资源,上海大学附属中学为学生提供与职业"亲密接触"的机会。通过组织高二年级学生参加上海大学的春季招聘会,让学生在观察与访谈中了解各职业发展的真实情况,企业的招聘要求,以及学长学姐们在求职过程中遇到的困难,从而积极反思自身情况与理想职业员工要求的差距,重新调整合适目标,制定较为详细的学习计划,为美好的未来做好准备。

(二)活动过程

1. 活动准备

(1)与高校对接：与上海大学联系,汇总可提供的招聘会资料。

(2)学生分组：根据高二年级学生的人数和招聘会单位数,将学生分成5—8人为一小组,学生根据自身兴趣和学习情况选择小组任务。

(3)组内分工：每组学生选出组长和副组长,分配前期准备事宜,进行任务分配和职责确认。

组长负责活动准备以及后续工作,包括组员工作岗位安排,任务分发,做好前期调研,担任小组任务负责人。

副组长负责活动间组员安全保障、纪律秩序、组员的联络与集合等工作,协助组长。

各组专设拍摄及摄像人员,以便课题研究时所需。

---

① 本案例由上海大学附属中学生涯实践项目组提供,顾敏霞执笔.

其他组员活动工作及小组任务由两位组长分配。

2. 活动启动

组织学生参与活动培训。通过老师对项目的介绍,学生对活动内容、任务、注意事项形成初步了解。培训还邀请了来自上海大学基础教育集团的副主任李志芳老师,为参加活动的附中学子举行了精彩的演讲,"中远海运集装箱运输股份有限公司"等优秀的企业HR也与学生们分享实习、工作经验和志向选择的过程,激发学生探索职场、规划人生的动机。

培训同时进行了任务的分配,将班主任、学校生涯指导老师所擅长的不同领域与学生调研的不同方向,进行项目导师的结对。同时发放了项目手册,针对手册填写内容进行了细致培训,对学生的疑惑也进行了详细解答,为项目活动的开展做好了充足的准备。

3. 活动实施

本校高二年级学生在学校老师和高校学长学姐的带领下,前往上海大学参加校园招聘会。5—8人为一组进入招聘市场,采访五名求职者与五家用人单位,并完成调查学习单,1:高校就业招聘会活动调查单(求职者版)和学校单;2:高校就业招聘会活动调查单(用人单位版)。

采访任务完成后,同学们针对所收获到的内容进行讨论、分享、总结,完成活动反思评价表,并进行团队成果展示。

案例分析:上大附中通过让高二年级的学生到上海大学参加招聘会的形式,提前让学生体验了"人职匹配"。同学们在真实的招聘会现场,认识到了真实的求职世界是什么样的,感受到了自己的职业能力、职业兴趣和未来理想工作所需条件之间的差距,更明晰了他们接下去在高中和大学阶段应该奋斗的目标。

更可贵的是,有的同学在现场不仅感受到了自己的能力与未来理想工作所需条件的差距,更意识到了未来的职业竞争需要的"软实力",如:沟通能力、临场应变能力、逻辑思维能力等等。这样的体验可以为同学们未来的职业选择奠定更坚实的基础。

第四节 注意要点

一、要关注时代变化

全球化的世界经济趋势、迅速发展的信息技术和多元化的环境文化对职业个体不可避免地产生着影响。个人的职业生涯经常被组织重组、并购、裁员等现象打乱,因此,年轻人需要对自己的职业生涯规划进行动态化管理。

年轻人要能接受自己的职业生涯是一个动态变化的过程,因为随着终身学习理念的普及,每个人的职业兴趣和职业能力也在不断刷新迭代,更不用说不断出现的新兴职业了。2020年,世界经济论坛发布了一份报告,名叫《未来的工作》。报告中说,预计到2025年,现在的8500万个工作岗位会消失,或者被机器人取代,但同时也会产生9700万个新工作。报告中还提到,新工作都需要与机器人合作。

二、要关注求职动机的变化

在帕森斯的时代,能对工作"从一而终"的人无疑是幸运的,很多人都被动失去了工作而不得不"转换跑道"。然而,对于当今瞬息万变的社会,工作的变化日新月异,人们对于职业的态度也发生很大的转变。

一方面,许多结构化低技能的职业已经被机器人取代,如流水线工人。而富有创造性、需要情感互动交流的工作越发被看重。另一方面,人们更多地因为内在原因而主动选择跳槽。2017年一项题为"哪些原因导致员工跳槽"的调研结果显示:"73%的跳槽行为是由内因主导的",如:"工作中学不到新知识""早上醒来不再为要去上班而感到兴奋"等,可以看出,现在的求职者们不再单纯看中"薪资的高低"。而更在意职业发展能否匹配自己内在的成长需求。

三、要关注职业指导重心的转变

生涯教育离不开特质因素,但绝不是单纯地人与职业的匹配,而是应该更多地让学生走出学校、走进社会,更多元地进行自我探索,体验不同职业角色的感受,在体验中才能实现更优化的匹配。

以前职业指导的重心在于要让学生找到适合自己的工作,而在当今生涯教育普遍开展的年代,学生们会从小学开始就认识到各式各样的职业,在中学参加各种各样的职业体验,有的还会定期去心仪的公司进行短期实习。在这样的大背景下,职业指导的重点就从原来的找到工作转变为在动态发展的职业环境中找到平衡,并通过自我认识、体验职业、迭代经验、刷新能力,帮助学生看到未来职业目标的价值,激发学生不断成长的动力。

第三章 霍兰德职业类型论与应用

约翰·霍兰德(John Holland)是美国约翰·霍普金斯大学的心理学教授,著名的职业指导专家。他于1959年提出了具有广泛社会影响的"人境匹配论",强调人与环境之间存在着相互影响的关系。1969年,他根据在实务经验上的观察与研究,进一步发现并明确了人与环境两者的关系,于1973年提出了六边形理论。经过50多年的发展,职业类型论已经成为影响最大的职业生涯理论之一,在学生生涯教育中被广泛运用。

第一节 时代背景

一、"特质因素论"的影响

早期的职业辅导理论在很长一段时间一直受到"特质因素论"的影响。特质因素论又称帕森斯的人职匹配理论,是最早的职业辅导理论,它是美国波士顿大学教授弗兰克·帕森斯(Frank Parsons)1909年在其著作《选择一个职业》中提出的。帕森斯认为,人与职业相匹配是职业选择的焦点,每个人都有自己独特的人格模式,每种人格模式的个体都有其相适应的职业类型。"特质"的意思,就是指能够用心理测量工具测得的个人人格特征,包括能力倾向、兴趣、价值观和人格等;"因素"的意思,则是指个人在工作上要取得成功所必须具备的条件或技能,这可以通过对工作的分析而了解。

帕森斯第一次定义了什么是"好的职业",他提出"适合的才是最好的"。当时,随着工业的大扩张和科学技术的繁荣发展,职业分工越来越精细化,对工人的胜任能力要求也越来越高。特质因素论就是研究个人心理特质与职业因素相匹配的理论,强调个体所具有的特性与职业所需要的素质与技能之间的协调和匹配。帕森斯最早提出了在职业决策中进行人职匹配的思想，他认为一个人不能只是找一份能够赚钱的工作，而是要选择一个能够体验成功的职业。特质因素论强调的人职匹配从一定程度上推动了心理测量在职业选拔与指导中的运用和发展，为人们的职业选择提供了最基本的原则。而随后诞生的各种心理测量工具和大量的职业信息书刊也为特质因素论提供了良好的支持，特质因素论也因其具有较强的可操作性，成为当时被广泛采用的职业理论。

但是，特质因素论强调的人职匹配论中，人格相对稳定的静态观点和现代社会的职业变动规律有不相吻合的部分，它忽视了社会环境因素对职业设计的影响和制约作用。而霍兰德在长期职业指导和咨询的基础上，对该理论不断完善发展，强调人与环境之间存在相互影响的关系，并由此提出了职业类型论和六边形理论。

二、生涯辅导的广泛发展

第二次世界大战爆发后，大规模动员所需的人才分类与训练，以及战后复员人员所需要的就业安置，使得生涯辅导在军方和民间的需求都非常强烈。并且，战争结束后大量的青年需要进入大学和社区学院继续学习，这些青年需要有系统的生涯辅导以选择合适的学校和合适的专业。而大量的青年从各类学校毕业，想要寻找合适的职业和工作，也需要生涯咨询的帮助，这些工作都亟需较为完善的生涯理论作为指导。

严格地说，帕森斯的三个经验法则，即：第一，要清清楚楚地了解自己，包括了解自己的能力倾向、能力、兴趣、雄心、资源及限制，以及这些特质的成因；第二，要明白地知道各种工作获得成功所必须具备的条件和要求、优点和缺点、待遇、就业机会与发展前途；第三，要实实在在地推论以上这两组事实之间的相关情形。[①] 这些只能被视为实施职业辅导工作的指导原则，并不符合理论的形成条件。直到 20 世纪 50 年代，生涯辅导才有了自己的理论。舒伯（D. Super）是重要的先驱人物，他的生涯发展理论，带动了研究的热潮，也刺激出更多新的生涯辅导服务计划。霍兰德职业类型论也正是在这个时候提出的。

三、职业兴趣测验的兴起

对职业兴趣测验的研究最早可以追溯到 20 世纪初，1912 年桑代克对兴趣和能力

---

① 金树人.生涯咨询与辅导[M].北京：高等教育出版社，2017.

的关系进行了探讨。1915年,詹姆士开展了一个关于兴趣的问卷调查,标志着对兴趣测验系统研究的开始。1927年,斯特朗编制了"斯特朗职业兴趣调查表",这是最早的关于职业兴趣的测验。1939年,库德发表了库德爱好调查表。而霍兰德职业类型论的发展,很大程度上源自他对当时这些职业兴趣测验在使用过程中的质疑,他从质疑中产生突破的动力,进而发展出自己的理论。

早期的测验在生涯咨询中的运用一般都遵循以下三个步骤,柯来兹(Crites,1981)曾将它调侃为"三次面谈,一团迷雾"(three interviews and a cloud of dust)。即:第一次的面谈,一般是先搜集当事人的背景资料,再分析需要,决定要采取哪一种测验,然后在下一次面谈前完成测验的实施。第二次面谈就是测验解释,主要是一些心理测量方面的概念、百分等级、标准分等,包括让当事人考虑自己内在各种特质的差异,从而了解自己在团体中的位置。第三次面谈则是根据测验的结果,指导当事人作适当的生涯选择,咨询师也会提供一些相关的职业数据,以建议对方进一步探索工作的世界。而咨询结束以后,当事人是否会继续进行自我探索?是否做了一些测验,当事人就能对未来工作或者选择的走向茅塞顿开?这些都不得而知。因此,那个时期在职业辅导上使用的测验有一个很大的缺憾,即测验归测验,工作归工作,两者之间缺乏很好的联结。[①]

霍兰德的职业类型论和六边形理论是根据他在实务经验上的观察和研究提出的,不难看出,在霍兰德职业类型论提出之前,关于职业兴趣测试和个体分析是孤立的,是霍兰德将二者有机结合起来了。霍兰德职业类型论在职业咨询和研究方面的影响长达半个世纪。

第二节 主要观点

一、霍兰德职业类型论的基本假设
(一)人有六大类型,职业兴趣也可以相应分为六大类型
职业兴趣是兴趣在职业方面的表现,是指人们对某种职业活动具有的比较稳定而持久的心理倾向,使人对某种职业给予优先关注,心向往之。兴趣是一种无形的动力,每个人都会对他感兴趣的事物给予优先关注和进行积极的探索,并表现出心驰神往。

[①] 金树人.生涯咨询与辅导[M].北京:高等教育出版社,2017.

职业兴趣是指一个人对待工作的态度和对工作的适应能力,具体表现为有从事相关工作的愿望和兴趣,拥有职业兴趣将增加个人的工作满意度、职业稳定性和职业成就感。

霍兰德认为大多数的人都可以分为六种类型:常规型、艺术型、现实型、研究型、社会型、企业型,我们每个人都是这六个类型不同比例的组合,而职业也可以相应的分为这六大类型,每个职业也都是这六个类型不同比例的组合。

(二) 六种不同类型的人,会倾向于寻找和选择与自己类型相同的职业

霍兰德认为人都会追求某类工作环境,这类环境可以施展个人的技术与能力,可以展示个人的态度与价值,可以胜任问题的解决与角色扮演。所以,不同类型的人会倾向于选择与自己类型相同的职业,因为这样他们才可以具有获得感、价值感、胜任感。

(三) 个人职业满意度、职业稳定性和职业成就,取决于个人的人格与工作环境之间的适配性

良好而稳定的兴趣使人在从事各种实践活动时,具有高度的自觉性和积极性。个人如果根据稳定的兴趣选择某种职业,兴趣就会提高个人积极性,促使个人在职业生活中做出成就。反之,如果对所从事的职业不感兴趣,会影响积极性的发挥,就难以从职业生活中得到心理上的满足,不利于工作上的成就。

因此,在霍兰德的理论中,兴趣是个体和职业匹配过程中最重要的因素,直到现在,霍兰德职业兴趣理论仍是最具影响力的职业发展理论和职业分类体系。他认为个人职业兴趣特性与职业之间应有一种内在的对应关系,人的人格类型、兴趣与职业密切相关,兴趣是人们活动的巨大动力,凡是符合职业兴趣的职业,都可以提高人们的积极性,促使人们积极地、愉快地从事该职业。

(四) 个人的行为由人格与环境的交互作用所决定,个体人格和环境模式的不同匹配可以预测此个体的行为,如职业选择、工作变化,等等

事物是普遍联系的,一切事物都处在相互影响、相互制约的关系中。人格的发展受到环境的影响,同时个人又积极主动地作用于环境。因此,人的行为由人格与环境的交互作用决定,人格的发展又是个体与环境不断交互作用的结果。人们通常倾向于选择与自我兴趣类型相匹配的职业环境,如具有现实型兴趣的人希望在现实型的职业环境中工作,可以最好地发挥个人的潜能。但职业规划对兴趣的探讨不能孤立地进行,应当结合个人的、家庭的、社会的因素来考虑。

因此,霍兰德认为个体人格和环境模式的不同匹配,如个人的特质、家庭的因素、社会的需求可以预测一个人的行为,如职业选择、工作改变,等等。①

二、霍兰德职业类型分类

霍兰德把人分为六大类型:艺术型、常规型、企业型、研究型、现实型、社会型。②

(一)艺术型(Artistic)

艺术型的人直觉敏锐、开放自由、富有想象力、喜欢创新和表现。他们喜欢通过色彩、声音、文字、图像等形式来表达自己的情感和创造力。他们在与朋友交往的时候比较随性、自由,喜欢独立创作或者做事,喜欢无拘无束的工作环境和氛围,但同时又希望被看到。这种类型的人往往具有某些艺术技能,如拥有艺术、音乐、表演、写作、绘画等方面的潜能,富有表达能力和创造能力。他们常常把创造不平凡的事作为生活的目标,喜欢从事艺术性工作,如音乐,舞蹈,歌唱等。

典型专业列举:舞蹈、表演、戏剧、动漫、摄影、音乐、服装与服饰、设计。

典型职业列举:音乐家、作曲家、乐队指挥、美术家、漫画家、作家、诗人、舞蹈家、演员、戏剧导演、广告设计师、室内装潢设计师。

(二)常规型(Conventional)

常规型的人个性谨慎、小心、保守、细致,做事情讲究规则规范,做事利索、很有条理、有耐性,喜欢根据指令工作。他们做事情的时候照章办事、精打细算,给人踏实、有效率,仔细、可靠、守信的感觉。他们往往拥有数字处理和文书整理的潜在能力。他们喜欢稳扎稳打,有条不紊地工作和生活,喜欢在室内工作,乐于整理、安排事务。他们不喜欢改变和创新,不喜欢冒险,也不喜欢领导他人,而更喜欢配合与服从。他们喜欢从事传统性的工作,如银行、会计、秘书、编辑以及测算等工作。

典型专业列举:会计学、资产评估、信息数据处理、人力资源管理、档案学、图书管理学、金融学。

典型职业列举:税务专家、会计师、银行出纳、簿记员、行政助理、秘书、档案文书、计算机操作员。

(三)企业型(Enterprising)

企业型的人爱好户外交际,精力充沛、生活节奏快,喜欢冒险、喜欢竞争,做事有计划、执行力强。不愿意花太多的时间仔细研究,希望拥有权利去改变现状。他们往往

---

① 徐国民,杜淑贤,钱静峰.中小学生涯教育理论与实务[M].上海:上海交通大学出版社,2017.
② 吴沙.遇见生涯大师[M].北京:北京大学出版社,2017.

拥有语言沟通、谈判辩论、社会交往、组织管理等方面的潜在能力。他们希望可以吸引他人注意、被他人关注,希望自己的表现能被他人肯定,成为团队的中心人物。他们通常不安于现状,有进取心、努力上进,常常要求团队成员和自己一样努力上进。他们喜欢从事管理、销售、司法、管理、经营等方面的工作。

典型专业列举:工商管理、市场营销、国际商务、公共事业管理、城市管理、国际政治。

典型职业列举:董事长、经理、营业部主任、推销员、律师。

(四)研究型(Investigative)

研究型的人善于观察、思考、分析和推理,这类人通常具有较高的数学和科学研究能力,他们逻辑性强、谨慎、好学。他们喜欢用头脑思考,根据自己的节奏来解决问题,喜欢刨根问底。他们喜欢独立工作,不喜欢别人指导他们合作,工作的时候也不喜欢有很多的规定限制和时间压力。解决问题的时候,拥有科学分析和数学方面的潜在能力,能提出新的想法和策略,但对实际解决问题的细节较无兴趣。他们不是很在乎别人的看法,喜欢与有相同兴趣或者专业背景的人打交道,否则宁愿自己看书或者思考,较缺乏领导才能。喜欢各种研究性工作,如生物、医学、数字、天文等。

典型专业列举:数学、物理学、天文学、化学、生物医学、药学、心理学、经济学、信息工程。

典型职业列举:数学/物理/化学/生物学等自然科学工作者、计算机编程人员、研究员、心理学家、教授。

(五)现实型(Realistic)

现实型的人情绪稳定,做事稳健、坦诚,不习惯自我表露。他们喜欢在实际操作性质的环境中从事明确固定的工作,以具体的实用的能力解决工作或者其他问题。这类人通常具有机械技能和体力,喜欢户外工作,乐于使用各种工具和机器设备,喜欢同具体的事务而不是人打交道的工作,如机械维修、木匠活、烹饪、电气技术,以及农、林、牧、副、渔等相关工作,也称"体能取向""机械取向"。

典型专业列举:机械工程、运动训练、土木工程、地质学、考古学、材料学、测绘工程、消防工程。

典型职业列举:机械师、电工、制图员、园艺师、军官、飞行员、工程师、考古学家。

(六)社会型(Social)

社会型的人友善随和、助人为乐,有责任心、热情,他们善于合作、富于理想、友好、善良、慷慨、耐心。他们比较关心自己和他人的感受,具有较高的同理心和洞察力,喜欢倾听和了解别人,也愿意付出时间和精力去解决别人的问题,喜欢教导别人,并帮助他人成长。这类型的人一般具有觉察他人、了解他人、帮助他人的潜在能力。他们重视社会规范和伦理价值,喜欢周围有别人的存在,喜欢团队合作,一起工作,一起为集体尽力,关心团队里的人多过于关心团队的工作,不喜欢竞争。他们喜欢社会交往性工作,如教师、咨询顾问、社会工作、医护,等等。

典型专业列举:社会学、教育学、护理学、公共医学管理、学前教育、劳动和社会保障。

典型职业列举:教师、社工、社会学家、社会学工作者、心理咨询师、教授、护士。

三、霍兰德六边形理论

霍兰德所划分的六大类型,并不是并列的,它们之间有着明晰的边界。同时,大多数人都并非只有一种类型,比如,一个人的职业类型中很可能同时包含着社会型、现实型和研究型三种类型。霍兰德认为,这些类型越是相邻,越是相似,相容性也越强,那一个人在选择职业时所面临的内在冲突和犹豫就会越少。为了更好地描述这种情况,霍兰德建议将这六种类型分别放在一个正六边形的一角。因此,1973年,霍兰德等人提出六边形理论(如图3-1),以六边形标示出六大类型之间的关系。

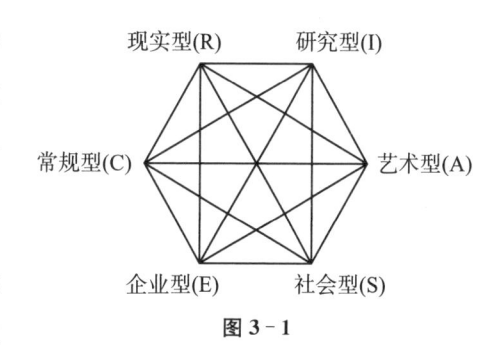

图 3-1

在霍兰德的六边形模型中,最关键的一点是理解六个角之间的关系,同时这也是霍兰德理论精华之一。通过把每一种类型以特殊的顺序放在六边形的各个角上,我们可以看到,各种类型之间的关系得到了最佳呈现。从现实型开始,然后按顺序排列研究型、艺术型、社会型、企业型以及常规型,从这种顺序安排可以看出每种类型之间的相似程度。

类型与类型之间有相邻、相对、相隔三种关系。其中,相邻职业兴趣类型之间关系最紧密,相对最远,相隔居中。[1]

相邻关系:如 RI、IR、IA、AI、AS、SA、SE、ES、EC、CE、RC 及 CR。属于这种关系

---

[1] 沈之菲.生涯心理辅导[M].上海:上海教育出版社,2004.

的两种类型的个体之间共同点较多,比如现实型 R 和研究型 I 的人就都不太偏好人际交往,这两种职业环境中也都较少有机会与人接触,而社会型 S 的人和企业型 E 的人都有较强的沟通能力和语言表达能力,这两种类型的职业环境中都需要与人打交道。

相隔关系:如 RA、RE、IC、IS、AR、AE、SI、SC、EA、ER、CI 及 CS,属于这种关系的两种类型个体之间共同点较相邻关系少。

相对关系:在六边形上处于对角位置的类型之间即为相对关系,如 RS、IE、AC、SR、EI 及 CA 即是,相对关系的人格类型共同点少,比如现实型与社会型最远,说明具有社会型与实际型特征的人不论是在行为方式还是性格特征上都相距甚远。因此,一个人如果同时对处于相对关系的两种职业环境都兴趣很浓的情况较为少见。

在六边形模型中,同时存在横轴与纵轴两条线,两条线的两极分别代表着事务处理、心智思考、与物接触、与人接触四个维度。这表明,横轴以上的区域,特别是现实型与研究型的人或环境,与物接触的较多,与人打交道的较少;横轴以下的区域则正好相反。纵轴亦是如此,其左边的现实型、常规型、企业型三种类型,经常处理一些事务性的工作,执行、遵守较多;而纵轴右边的研究型、艺术型、社会型三种类型则反之,经常从事这些创造性的劳动,心智思考较多。由此也从另一个角度证明了六边形模型的核心所在,有助于学生更好地研究此模型。

第三节　实践应用

生涯教育是一门体验课程,强调学生在课程中的参与和体验,在主体的参与和体验中思考和探索自己的生涯兴趣、生涯发展和生涯规划。所以霍兰德职业类型论在生涯教育中可以尝试用生涯团体辅导课程、生涯活动课程、生涯测试等不同的途径开展。本章将和大家分享几个实践应用的具体案例。

一、了解霍兰德职业分类

案例　　　　　　　　"快乐冒险岛"课例

教学流程:

(一) 情景呈现

亲爱的同学们,有这样六个岛屿,请你仔细感受。

S 岛:温暖友善的岛屿,岛上居民个性温和、十分友善、乐于助人,社区自成一个密切互动的服务网络,人们互助合作,重视教育,充满人文气息。

R岛:自然原始的岛屿,岛上保留了热带的原始植物林,自然生态保护得很好,也有相当规模的动物园、植物园、水族馆。岛上居民以手工见长,自己种植花果蔬菜、修理房屋、打造器物,制作各种工具。

C岛:现代秩序井然的岛屿,岛上的建筑十分现代化,是进步的都市形态,以完善的户政管理、地政管理、金融管理所见长。岛民个性冷静保守,处事有条不紊,善于组织规则。

A岛:美丽浪漫的岛屿,岛上充满了美术馆、音乐厅,整个岛上弥漫着浓厚的艺术文化气息。同时,当地的原住民还保留了传统的舞蹈、音乐与绘画,许多艺术和文艺界的朋友都喜欢在这里找寻灵感。

I岛:深思冥想的岛屿,岛上人迹较少,建筑物多偏处一隅,平川绿野,适合夜观星象。岛上有多处天文馆、科博馆,以及科学图书馆等。岛上居民喜好沉思、追求真知,喜欢和来自各地的科学家、哲学家、心理学家等交换心得。

E岛:显赫富足的岛屿,岛上居民热情豪爽,善于经营和贸易。岛上的经济高度发展,处处是高级饭店、俱乐部、高尔夫球场。来往者多是企业家、经理人、政治家、律师等。

(二)我的选择

1. 如果你必须在以上六个岛中的一个岛上生活一辈子,成为这里的岛民,你会选择哪一个岛?

2. 请大家根据你的选择,坐到相应的岛屿。

3. 现在我们每个岛屿都是有着相同选择的岛民,那么请你想一想:

(1) 你为什么会来到这个小岛?它最吸引你的地方在哪里?

(2) 在这个小岛上生活的这段时间里,你将用什么方式谋生?

4. 请和你的岛民朋友们一起交流一下你们的想法,并推选一位代表和我们交流你们的想法。

5. 团队交流。

(三)为岛屿代言

1. 目前正在举办一个"我为岛屿代言"的活动,需要你们拍一个2分钟的小视频,向大家宣传一下你们所在岛屿的生活、工作状态,要求如下:

(1) 在2分钟内客观地展现出你们岛屿的特色和优势;

(2) 可以结合演、说、唱、图等各种形式;

(3) 有感染力,但不能虚假宣传;

(4) 要求全员参与。

2. 各岛屿内的岛民小组合作、齐心协力准备各自展示的内容。

3. 各岛屿轮流展示。

(四) 岛民大搬迁

1. 你在你的小岛上住了一段时间,现在你有一个机会可以换一个岛屿生活,当然,可能会是一辈子。

2. 你是否准备搬迁?如果搬迁你将会搬迁到哪个岛屿?

3. 如果你选择搬迁,请说说你搬迁的理由,并说说你选择新岛屿的原因。

4. 如果你选择继续住下去,也请聊聊你的感受。

5. 交流分享。

(五) 教师总结

案例分析:"快乐冒险岛"是一堂引导学生在活动中了解霍兰德职业兴趣分类及内涵,激发学生探索职业兴趣意识的经典活动课。本堂课通过"我的选择——为岛屿代言——岛民大搬迁"三个环节,层层递进、逐步深入,让学生在活动中感受霍兰德职业兴趣六种类型的特点和内涵,并积极探索自己的职业兴趣。活动设计的亮点就在于"为岛屿代言"这个环节。在这个环节中,学生参与积极性和主动性高涨,主动地分配任务和接受挑战。整个过程学生们各显神通,脑洞大开,通过情境片段、造型定格、宣传画、说唱等各种演绎来吸引大家,而演绎的过程,正是学生不断领悟每个兴趣岛不同特点和内涵的过程,岛外的学生仿佛也随着他们身临其境地去各个小岛遨游,在遨游中体会霍兰德职业兴趣类型。而在最后岛民大搬迁的环节中,每位学生在思考是否搬迁、搬迁到哪里的过程,正是不断澄清自己职业兴趣的过程,整堂课生动、活泼、有趣、有效。

二、探索自己的职业兴趣

案例	"我的职业兴趣"课例

教学流程:

(一) 活动导入

假设现在的你已经大学毕业,马上要走入社会、踏上职场,如果有以下六个岛,让你选择其一在上面工作生活一段时间,你会选择哪一个?

用动画或者图片的形式呈现六种类型的岛屿(现实型、研究型、艺术型、社会型、企业型、常规型)。

(二) 知识锦囊

<h3 style="text-align:center">兴趣</h3>

兴趣是人认识某种事物或从事某种活动的心理倾向,它是以认识和探索外界事物的需要为基础的,是推动人认识事物、探索真理的重要动机。兴趣和人的积极情感相联系,培养良好的兴趣是推动人努力学习、积极工作的有效途径。

兴趣的分类:兴趣可以分为感官兴趣、自觉兴趣和志趣,三者一般呈金字塔状排列。

金字塔最底层的是感官兴趣。感官兴趣就是通过直观的感官刺激产生的兴趣,比如我们喜欢喝咖啡、吃火锅、看球赛、和朋友聚会,日常生活中我们喜欢做的事情很大一部分都属于感官兴趣。感官兴趣让我们处在当时的环境中感到很放松、愉悦,然而它却无法让我们集中在其中一个事物上,继而形成能力。

金字塔的第二层是自觉兴趣,又称为乐趣。自觉兴趣是指在情绪参与下,把兴趣从感官推向了思维,由此产生了更加持久的兴趣。我们喝咖啡后,开始对咖啡的种类、不同的口感甚至冲调制作产生兴趣,这就是自觉兴趣。事实上,生活中很多科学和艺术都是自觉兴趣的成果,他们不一定是谋生的工作,但我们愿意花费很多时间去研究、实践,并乐在其中。

金字塔的最顶层是志趣。感官兴趣不稳定,容易转移,持续时间短,自觉兴趣相对稳定且持久,但仍然只是生活中的调剂。但有一类兴趣能产生足够的动力,让人愿意倾注一生去体验,这类兴趣我们称之为志趣。志趣的特点不仅在于有感官和认知能力,还具有更深一层的内在动力——志向与价值观。

(三) 主题活动:兴趣面对面

看一看:

在生活中,你可能会遇到志同道合的朋友,你们对同一事物感兴趣。然而,即使是这样,你也有可能是不一样的职业兴趣类型。以足球为例:

兴趣类型	可能产生兴趣的原因
现实型(R)	足球运动
研究型(I)	足球技能以及比赛规律
艺术型(A)	足球运动中的竞技美感

社会型(S)　　　　　足球运动中的人际互动
企业型(E)　　　　　足球运动产生的周边商业价值
常规型(C)　　　　　足球比赛的规则及事务安排

所以,当探索自我兴趣的时候,不妨多问问自己这样的问题:为什么会对这件事感兴趣？对这件事中哪个具体部分感兴趣？

想一想：

我的兴趣　　可能产生兴趣的原因　　属于的职业兴趣类型

聊一聊：

教师列举几项兴趣,同学们以小组为单位聊一聊如何将这些兴趣和职业有机地结合：

兴趣一：爱拍照

兴趣二：爱买衣服并尝试不同的搭配

兴趣三：喜欢打电竞游戏

兴趣四：喜欢化妆

兴趣五：喜欢旅游

兴趣六：喜欢搭各种各样模型

兴趣七：喜欢各种美食

兴趣八：喜欢八卦

(四) 我的霍兰德代码

教师：结合"霍兰德职业兴趣类型",把自己的霍兰德职业代码写下来。

思考：

1. 经过进一步的自我兴趣探索,你对自己兴趣类型的判断是否有变化？此刻,你的霍兰德兴趣代码前三位分别是：(　　)、(　　)、(　　),这三个代码在六边形上的位置是怎样的？

2. 你的霍兰德职业兴趣代码对你现在的学习、选科以及将来选择院校、专业甚至职业意向有什么影响和启发吗？

(五) 教师小结

案例分析： 对高中学生来说,如何了解自己的职业兴趣和特长,并在此基础上结合自己的兴趣、能力、学业、价值观,制定自己的成长目标、确定自己的专业方向至关重要,因而激发学生探索自己职业兴趣的意识,提升探索自我的能力是学校生涯教育的重要任务。而在本课例中,教师通过主题活动,引导学生感悟感官兴趣、自觉兴趣、志趣三种不同层次的兴趣类型对生活和职业的影响,寻找兴趣、职业兴趣类型、职业之间的联结,探索自己的兴趣和霍兰德职业兴趣类型,并积极尝试将自己的兴趣、学业和职业以及后面的"+3选科"和志愿填报的考虑因素进行联结,从而提升学生生涯规划的能力。课堂设计紧贴学生的实际和需求,关注学生的内心感受,有效地将枯燥的理论与学生的生活紧密结合,以符合学生的认知特点和成长规律。

三、进行霍兰德职业兴趣测试

案例　　　　　　　　霍兰德职业兴趣测试及个案指导

(一)霍兰德职业兴趣测试问卷

测验指导语

本问卷共68道题目,每道题目都是一个陈述,请您根据自己的真实情况对这些陈述进行评价,如果陈述符合实际情况就在相应的选项上打"√",不要漏答。

1. 我喜欢把一件事情做完后再做另一件事。　　　　　　　　是　　否
2. 在工作中我喜欢独自行动,不愿受到别人干涉。　　　　　是　　否
3. 在集体讨论中,我经常保持沉默。　　　　　　　　　　　是　　否
4. 我喜欢做戏剧、音乐、歌舞、新闻采访等方面的工作。　　是　　否
5. 每次写信我都一挥而就,不再重复。　　　　　　　　　　是　　否
6. 我经常不停地思考某一个问题,直到想出正确答案为止。　是　　否
7. 对别人借我的和我借别人的东西,我都能记得很清楚。　　是　　否
8. 我喜欢抽象思维的工作,不喜欢动手的工作。　　　　　　是　　否
9. 我喜欢成为人们注意的焦点。　　　　　　　　　　　　　是　　否
10. 有时候,我不会原谅那些曾经有意伤害过我的人。　　　是　　否
11. 我喜欢不时地夸耀一下自己所取得的成就。　　　　　　是　　否
12. 我渴望有机会参加探险活动。　　　　　　　　　　　　是　　否
13. 独处时,我会感到更加愉快。　　　　　　　　　　　　是　　否
14. 我喜欢在做事情前,对该事做出细致的计划。　　　　　是　　否
15. 我讨厌修理自行车、电器一类的工作。　　　　　　　　是　　否
16. 我喜欢参加各种各样的聚会。　　　　　　　　　　　　是　　否
17. 我愿意从事尽管工资少、但比较稳定的职业。　　　　　是　　否

18. 听到喜欢的音乐能使我陶醉。 是 否
19. 我做事时很少思前想后。 是 否
20. 我从来不会无缘无故地发脾气。 是 否
21. 我喜欢经常请示上级。 是 否
22. 我喜欢需要运用智力的游戏。 是 否
23. 我很难做那种需要持续集中注意力的工作。 是 否
24. 我喜欢亲自动手制作一些东西,并从中得到乐趣。 是 否
25. 我有时很想打开别人的信偷看一下。 是 否
26. 我的动手能力很差。 是 否
27. 和不熟悉的人交谈对我来说毫不困难。 是 否
28. 和别人谈判时,我总是很容易放弃自己的观点。 是 否
29. 我很容易结识同性朋友。 是 否
30. 我有时也会讲别人的闲话。 是 否
31. 对于社会问题,我通常持中庸的态度。 是 否
32. 当我接受一项任务,在进行过程中即使碰到许多的困难,
    我也要坚决地将它完成。 是 否
33. 我是一个沉稳、不易动感情的人。 是 否
34. 当我工作时,我会尽量避免干扰。 是 否
35. 我有时会占别人的便宜。 是 否
36. 我的理想是当一名科学家。 是 否
37. 与言情小说相比,我更喜欢推理小说。 是 否
38. 有时我也喜欢打抱不平。 是 否
39. 我爱幻想。 是 否
40. 当别人的意见与我的想法不同时,我从不感到厌烦。 是 否
41. 我总是主动地向别人提出自己的建议。 是 否
42. 我喜欢使用锤子、榔头一类的工具。 是 否
43. 我乐于解除别人的痛苦。 是 否
44. 我更喜欢自己下了赌注的比赛或游戏。 是 否
45. 我喜欢按部就班地完成要做的工作。 是 否
46. 我希望能经常更换不同的工作来做。 是 否

47. 我总是会留出充裕的时间去赴约会。	是	否
48. 我喜欢阅读自然科学方面的书籍和杂志。	是	否
49. 如果能掌握一门手艺,并以此为生,我会感到非常满意。	是	否
50. 我有时候会嫉妒别人的好运气。	是	否
51. 我曾渴望当一名汽车司机。	是	否
52. 听到别人谈"家中被盗"一类的事,很难引起我的同情。	是	否
53. 如果待遇相同,我宁愿当商品推销员,而不愿当图书管理员。	是	否
54. 我讨厌跟各类机械打交道。	是	否
55. 我小时候经常把玩具拆开,把里面看个究竟。	是	否
56. 当接受一项新任务后,我喜欢以自己独特的方式去完成它。	是	否
57. 我有文艺方面的天赋。	是	否
58. 我喜欢把一切安排得整整齐齐、井井有条。	是	否
59. 我喜欢当一名教师。	是	否
60. 我从未故意用语言去伤害别人。	是	否
61. 和一群人在一起的时候,我总想不出恰当的话来说。	是	否
62. 看情感影片时,我常禁不住眼圈湿润。	是	否
63. 我讨厌学数学。	是	否
64. 在实验室里独自做实验会令我寂寞难耐。	是	否
65. 对于急躁、爱发脾气的人,我仍能以礼相待。	是	否
66. 遇到难解答的问题时,我常常选择放弃。	是	否
67. 大家都公认我是一名勤劳踏实的、愿为大家服务的人。	是	否
68. 我喜欢在人事部门工作。	是	否

计分方法:

1. 题目序号未打※各题选"是"计1分,选"否"计0分;题目序号打※各题选"是"计0分,选"否"计1分。请统计每一行的总分,即RISEAC各职业个性类型的分值。各职业个性分析请见之后的"知识驿站"。

	题序	题序	题序	题序	题序	题序	题序	题序	题序	题序	计分
R	1	14	※15	24	※26	42	49	51	54	55	
I	6	8	22	※23	34	36	48	※63	※64	※66	

续表

	题序	题序	题序	题序	题序	题序	题序	题序	题序	题序	计分
S	*2	*13	16	29	*31	43	*52	59	*61	67	
E	*3	12	*17	27	*28	32	41	44	53	68	
A	4	9	11	18	*37	38	39	56	57	63	
C	*5	7	*19	21	33	45	*46	48	58	65	
L	*10	20	*25	*30	*35	40	*50	60			

备注：L分数≥6分，测试无效。

请算出每种类型打"√"项目的总数，并将它填在下面的横线上：

现实型 R_____　　研究型 I_____　　艺术型 A_____

社会型 S_____　　企业型 E_____　　常规型 C_____

通过量表测验，可以得到六个不同的分数，分别代表六个类型的强度，按照六种类型得分高低由大到小取三种类型构成"三字母职业码"。

如果一个人的职业码三个字母都是相邻贴近的位置，表示这个人的"一致性"程度高，如 CRI、RIE 等。通常一个人的一致性程度越高，表示其内在兴趣范围的同质性越高。一致性程度的高低没有好坏之分，一致性程度低的类型与类型之间也不存在冲突，只是表示人们在这些类型方面，有强势弱势之分。打个比方，一个人的职业代码是 IES，就说明这个人在工作生活中 I 和 E 的兴趣类型比较明显，虽然这两种类型在六边形中是处在相对位置的，但这并不影响他既对研究型的事很感兴趣，也对企业型的事很感兴趣，两者并不冲突矛盾。他未来可以成为某专业领域的学者型企业家，或者说某个研究领域的企业家，当然也会有比较大的挑战。

假如一个人的六种类型得分差异比较大，代表这个人的分化性程度较高，反之则较低。这里的分化性指的是六种兴趣类型之间差别的程度。一个分化性高的人，表示他的兴趣比较集中；反之，分化性较低的人，表示其兴趣较为分散。一般来说，中小学生处于生涯探索阶段，探索中的青少年对不同职业都有一定的兴趣，分化程度相对会比较低。而成年人兴趣发展比较稳定，其分化程度则相对会比较高。

（二）"三字母职业码"适合职业列举

R 分值最高组合：

RIA：牙科技术员、陶工、建筑设计员、模型工、细木工、制作链条人员。

RIS：厨师、林务员、跳水员、潜水员、染色员、电器修理工、眼镜制作技术人员、电工、纺织机器装配工、服务员、装玻璃工人、发电厂工人、焊接工。

RIE：建筑和桥梁工程、环境工程、航空工程、公路工程、电力工程、信号工程、电话工程、一般机械工程、自动工程、矿业工程、海洋工程、交通工程技术人员，制图员、家政经济人员、计量员、农民、农场工人、农业机械操作、清洁工、无线电修理工、汽车修理工、手表修理工、管工、线路装配工、工具仓库管理员。

RIC：船上工作人员、接待员、杂志保管员、牙医助手、制帽工、磨坊工、石匠、机器制造工、机车(火车头)制造工、农业机器装配工、汽车装配工、缝纫机装配工、钟表装配和检验员、电动器具装配工、鞋匠、锁匠、货物检验员、电梯机修工、装配工、托儿所所长、钢琴调音员、印刷工、建筑工人、卡车司机。

RAI：手工雕刻、玻璃雕刻、制作模型人员、家具木工、制作皮革品、手工绣花、手工钩针纺织、排字工作、印刷工作、图画雕刻人员，装订工。

RSE：消防员、交通巡警、警察、门卫、理发师、房间清洁工、屠夫、锻工、开凿工人、管道安装工、出租汽车驾驶员、货物搬运工、送报员、勘探员、娱乐场所的服务员、起卸机操作工、灭害虫者、电梯操作工、厨房助手。

RSI：纺织工、编织工、农业学校教师、某些职业课程教师(诸如艺术、商业、技术、工艺课程)、雨衣上胶工。

REC：抄水表员、保姆、实验室动物饲养员、动物管理员。

REI：轮船船长、航海领航员、大副、试管实验员。

RES：旅馆服务员、家畜饲养员、渔民、渔网修补工、水手长、收割机操作工、搬运行李工人、公园服务员、救生员、登山导游、火车工程技术员、建筑工作、铺轨工人。

RCI：测量员、勘测员、仪表操作者、农业工程技术、化学工程技师、民用工程技师、石油工程技师、资料室管理员、探矿工、煅烧工、烧窑工、矿工、炮手、保养工、磨床工、取样工、样品检验员、纺纱工、漂洗工、电焊工、锯木工、刨床工、制帽工、手工缝纫工、油漆工、染色工、按摩工、木匠、农民建筑工人、电影放映员、勘测员助手。

RCS：公共汽车驾驶员、一等水手、游泳池服务员、裁缝、建筑工作、石匠、烟囱修建工、混凝土工、电话修理工、爆炸手、邮递员、矿工、裱糊工人、纺纱工。

RCE：打井工、吊车驾驶员、农场工人、邮件分类员、铲车司机、拖拉机司机。

I 分值最高组合：

IAS：普通经济学家、农场经济学家、财政经济学家、国际贸易经济学家、实验心理学家、工程心理学家、心理学家、哲学家、内科医生、数学家。

IAR：人类学家、天文学家、化学家、物理学家、医学病理、动物标本剥制者、化石修复者、艺术品管理者。

ISE：营养学家、饮食顾问、火灾检查员、邮政服务检查员。

ISC：侦察员、电视播音室修理员、电视修理服务员、验尸室人员、编目录者、医学实验定技师、调查研究者。

ISR：水生生物学者、昆虫学者、微生物学家、配镜师、矫正视力者、细菌学家、牙科医生、骨科医生。

ISA：实验心理学家、普通心理学家、发展心理学家、教育心理学家、社会心理学家、临床心理学家、目标学家、皮肤病学家、精神病学家、妇产科医师、眼科医生、五官科医生、医学实验室技术专家、民航医务人员、护士。

IES：细菌学家、生理学家、化学专家、地质专家、地理物理学专家、纺织技术专家、医院药剂师、工业药剂师、药房营业员。

IEC：档案保管员、保险统计员。

ICR：质量检验技术员、地质学技师、工程师、法官、图书馆技术辅导员、计算机操作员、医院听诊员、家禽检查员。

IRA：地理学家、地质学家、声学物理学家、矿物学家、古生物学家、石油学家、地震学家、声学物理学家、气象学家、原子和分子物理学家、电学和磁学物理学家、设计审核员、人口统计学家、数学统计学家、外科医生、城市规划家、气象员。

IRS：流体物理学家、物理海洋学家、等离子体物理学家、农业科学家、动物学家、食品科学家、园艺学家、植物学家、细菌学家、解剖学家、动物病理学家、作物病理学家、药物学家、生物化学家、生物物理学家、细胞生物学家、临床化学家、遗传学家、分子生物学家、质量控制工程师、地理学家、兽医、放射性治疗技师。

IRE：化验员、化学工程师、纺织工程师、食品技师、渔业技术专家、材料和测试工程师、电气工程师、土木工程师、航空工程师、行政官员、冶金专家、原子核工程师、陶瓷工程师、地质工程师、电力工程师、口腔科医生、牙科医生。

IRC：飞机领航员、飞行员、物理实验室技师、文献检查员、农业技术专家、生物技师、动植物技术专家、油管检查员、工商业规划者、矿藏安全检查员、纺织品检验员、照相机修理者、工程技术员、编计算程序者、工具设计者、仪器维修工。

C 分值最高组合：

CRI：簿记员、会计、记时员、铸造机操作工、打字员、按键操作工、复印机操作工。

CRS：仓库保管员、档案管理员、缝纫工、讲述员、收款人。

CRE：标价员、实验室工作者、广告管理员、自动打字机操作员、电动机装配工、缝纫机操作工。

CIS：记账员、顾客服务员、报刊发行员、土地测量员、保险公司职员、会计师、估价员、邮政检查员、外贸检查员。

CIE：打字员、统计员、支票记录员、订货员、校对员、办公室工作人员。

CIR：校对员、工程职员、海底电报员、检修计划员。

CSE：接待员、通讯员、电话接线员、卖票员、旅馆服务员、私人职员、商学教师、旅游办事员。

CSR：运货代理商、铁路职员、交通检查员、办公室通信员、簿记员、出纳员、银行财务职员。

CSA：秘书、图书管理员、办公室办事员。

CER：邮递员、数据处理员、办公室办事员。

CEI：推销员、经济分析家。

CES：银行会计、记账员、法人秘书、速记员、法院报告人。

E 分值最高组合：

ECI：银行行长、审计员、信用管理员、地产管理员、商业管理员。

ECS：信用办事员、保险人员、各类进货员、海关服务经理、售货员、购买员、会计。

ERI：建筑物管理员、工业工程师、护士长、农场管理员、农业经营管理人员。

ERS：仓库管理员、房屋管理员、货栈监督管理员。

ERC：邮政局长、渔船船长、机械操作领班、木工领班、瓦工领班、驾驶员领班。

EIR：科学、技术和有关周期出版物的管理员。

EIC：专利代理人、鉴定人、运输服务检查员、安全检查员、废品收购人员。

EIS：警官、侦察员、交通检验员、安全咨询员、合同管理者、商人。

EAS：法官、律师、公证人。

EAR：展览室管理员、舞台管理员、播音员、驯兽员。

ESC：理发师、裁判员、政府行政管理员、财政管理员、工程管理员、售货员、职业病防治、商业经理、办公室主任、人事负责人、调度员。

ESR：家具售货员、书店售货员、公共汽车的驾驶员、日用品售货员、护士长、自然科学和工程的行政领导。

ESI：博物馆管理员、图书馆管理员、古迹管理员、饮食业经理、地区安全服务管理员、技术服务咨询者、超级市场管理员、零售商品店店员、批发商、出租汽车服务站调度。

ESA：博物馆馆长、报刊管理员、音乐器材售货员、广告商售画营业员、导游、(轮船或班机上的)事务长、飞机上的服务员、船员、法官、律师。

A 分值最高组合：

ASE：戏剧导演、舞蹈教师、广告撰稿人,报刊、专栏作者、记者、演员、英语翻译。

ASI：音乐教师、乐器教师、美术教师、管弦乐指挥,合唱队指挥、歌星、演奏家、哲学家、作家、广告经理、时装模特。

AER：新闻摄影师、电视摄影师、艺术指导、录音指导、丑角演员、魔术师、木偶戏演员、骑士、跳水员。

AEI：音乐指挥、舞台指导、电影导演。

AES：流行歌手、舞蹈演员、电影导演、广播节目主持人、舞蹈教师、口技表演者、喜剧演员、模特。

AIS：画家、剧作家、编辑、评论家、时装艺术大师、新闻摄影师、男演员、文学作者。

AIE：花匠、皮衣设计师、工业产品设计师、剪影艺术家、复制雕刻品大师。

AIR：建筑师、画家、摄影师、绘图员、雕刻家、环境美化工、包装设计师、绣花工、陶器设计师、漫画工。

S 分值最高组合

SEC：社会活动家、退伍军人服务官员、工商协会事务代表、教育咨询者、宿舍管理员、旅馆经理、饮食服务管理员。

SER：体育教练、游泳指导。

SEI：大学校长、学院院长、医院行政管理员、历史学家、家政经济学家、职业学校教师、资料员。

SEA：娱乐活动管理员、国外服务办事员、社会服务助理、一般咨询者、宗教教育工作者。

SCE：部长助理、福利机构职员、生产协调人、环境卫生管理人员、戏院经理、餐馆经理、售票员。

SRI：外科医师助手、医院服务员。

SRE：体育教师、职业病治疗者、体育教练、专业运动员、房管员、儿童家庭教师、警察、引座员、传达员、保姆。

SRC：护理员、护理助理、医院勤杂工、理发师、学校儿童服务人员。

SIA：社会学家、心理咨询者、学校心理学家、政治科学家、大学或学院的系主任、大学或学院的教育学教师、大学农业教师、大学法律教师、大学工程和建筑课程的教师、大学数学、医学、物理教师大学社会科学、生命科学教师、研究生助教、成人教育教师。

SIE：营养学家、饮食学家、海关检查员、安全检查员、税务稽查员、校长。

SIC：描图员、兽医助手、诊所助理、体检检查员、娱乐指导者、监督缓刑犯的工作者、咨询人员、社会科学教师。

SIR：理疗员、救护队工作人员、手足病医生、职业病治疗助手。

(三)某高一男生的霍兰德测试结果分析

学生小凡，从小生活在艺术氛围浓郁的家庭，在艺术方面颇有兴趣和天赋，性格开朗、热情，富于想象力和创造力。他的霍兰德测评结果如下：

小凡的霍兰德六大职业类型得分排列前三位的是艺术型、社会型、研究型，属于ASI型。此类性格的人开朗、随和、友善，喜欢一切因为他们的喜爱而让别人感到更有趣的事物。喜欢行动并力促事情发生，他们了解正在发生的事情并积极参与，认为记住事实比掌握理论更为容易，在需要人情事理以及与人打交道的情况下表现最佳。

根据测试结果，小凡的优势是：

1. 对别人的情绪敏感，能理解、体会别人的心情，善于安慰、鼓励别人。

2. 对文字、语言敏感。

3. 善于分析、总结。

4. 善于从整体上把握事物。

5. 能理解复杂的理论概念，善于将事情概念化，善于从中推断出原则。

6. 擅长策略性思维。

而他的不足之处可能在于：

1. 有仅仅凭个人的好恶或价值观来决定事情，并希望别人也以同样的角度或标准来处理问题的倾向。

2. 有时他们心里老想着别人的问题，可能会过于陷在其中，以至于被其困扰。

3. 有时容易将别人或事情理想化，不够实际。

4. 不是特别善于管束和批评他人，尽管常常自我批评，有时会为了和睦而牺牲自己的意见或利益。

5. 有些"理想主义者",比较容易动感情,情绪波动较大。

综上信息,小凡比较适合的领域有:营销、计划、教育、咨询、健康护理、社会服务、商业等。具体包括人力资源经理(人力资源管理、行政管理)、广告客户经理(广告学)、文化产业管理(传播学)、广告撰稿人(广告学)、剧作家(戏剧影视文学、戏剧影视导演)、企业、团队培训师(人力资源管理、行政管理)、心理辅导和咨询人员(心理学、应用心理学)、演讲家(播音与主持艺术)等。

根据这份测评的综合描述和优势劣势分析,以及后续给出的建议,小凡可以对自己的特长、能力等有一个更全面综合的参考,对将来的选科和志愿填报都有着积极的指导意义。

案例分析: 霍兰德职业类型论在将职业兴趣分成六个类型的同时,也用同样的六个类型将专业和职业进行了分类,并形成了测试问卷。通过测试,学生可以比较直观地了解自己的霍兰德职业兴趣代码,并根据代码找到与自己的霍兰德兴趣类型相匹配的专业和职业类型,为自己后面选科、选专业、填志愿乃至选择职业时提供参考。因而,职业类型测试是高中生生涯辅导过程中绕不开的一个部分,往往学生也非常感兴趣。值得注意的是,霍兰德职业兴趣测试所得的代码并不完全对应学业和职业的选择,而代码本身也并不是一成不变的,可能会随着年龄、阅历、社会环境而变化发展,所以该测试只是为学生提供一种生涯探索的途径和可能性参考,实际的生涯抉择需要结合学生的实际情况和社会政策、制度以及需求等进行综合的考量。

第四节 注意要点

一、注意霍兰德职业类型论适用的学段和范围

霍兰德的类型论提供了一个重要的生涯辅导理念:把个人特质和适合这种特质的工作联结起来。生涯教育强调,生涯探索是对自我能力、兴趣、价值以及工作世界的探索,霍兰德巧妙地拉近了自我与工作世界的距离。借助霍兰德代码的协助,学生能迅速地、有系统地、并且有所依据地在一个特定的职业群里进行探索活动。它可以提供和个人兴趣相近而内容互有关联的多个职业群,而不是仅仅冒险地去建议个人选择一种特殊的职业或工作。此外,在生涯咨询中,霍兰德的职业性向论也可以出其不意地引导当事人走向一个主动、积极的行动方向,进行动态探索。得到自己的代码和有

关的职业群名称,来访者得以"起而行"地探查和自己将来有可能选择的职业相关的各种事务,包括工作内容、资薪收入、工作所需条件,等等。

所以,霍兰德职业类型论适用于高中、大学阶段和求职初期,那个阶段是生涯的探索阶段,学生可以尝试通过一些探索活动和一些自己感兴趣的职业活动,对自我的能力、兴趣进行探索澄清,在职业兴趣方面也会渐渐趋向于某些特定的领域。这个阶段可以在团体辅导、心理活动课、心理测试、生涯咨询等方面,运用霍兰德职业类型论,帮助个体不断地探索自己的职业兴趣。比如中学生可以通过卡牌测试、问卷、兴趣岛游戏等活动,将各类型的代表字母,按照个人感兴趣的程度从大到小地排列,通常前3个就是自己的霍兰德兴趣代码,以此来更好地探索自己的职业兴趣。

当然,企业招募人才、个体职业选择、更换以及满意度检测等方面都可以利用霍兰德职业类型论。经过多年的发展,职业兴趣测验已在教育、培训、企业管理等领域有了越来越多的应用。在企业招聘时,通过对应聘者职业兴趣的测试,判定其属于哪种类型,由此来决定录用什么职位。在企业的日常管理中,如果出现员工和职位不匹配的情况,可测试出员工的职业兴趣,再安排与其职业兴趣相匹配的岗位。由于霍兰德职业兴趣理论对于个人升学就业具有重要的指导作用,已成为众多职业咨询机构的重要工具。

值得注意的是,霍兰德职业兴趣测试所得的代码并不完全对应学业和职业的选择,它只是参考因素之一。测试只是提供了一种生涯探索的途径和可能,生涯抉择需要结合学生的能力、性格、价值观等因素以及社会需求等对学生进行综合的衡量。老师在生涯教育的过程中需要引导学生在兴趣的基础上确定目标、付出努力、培养能力。

二、把握好职业兴趣类型和职业选择的关系

教师在生涯教育中要引导学生把握好职业兴趣和专业选择以及未来职业选择的关系。虽然人们通常倾向选择与自我兴趣类型相匹配的职业环境,如具有现实型兴趣的人希望在现实型的职业环境中工作,可以最好地发挥个人的潜能。但在职业选择中,个体并非一定要选择与自己兴趣完全对应的职业环境。

一则,因为个体本身常是多种兴趣类型的综合体,单一类型显著突出的情况不多,因此评价个体的兴趣类型时也时常以其在六大类型中得分居前三位的类型组合而成,组合时根据分数的高低依次排列字母,构成其兴趣组型,如RCA、AIS等;一般来说,这些类型相容性越强,则一个人在选择职业时所面临的内在冲突和犹豫就会越少。

二则,因为影响职业选择的因素是多方面的,不完全依据兴趣类型,还要参照社会的职业需求及获得职业的现实可能性。因此,职业选择时会不断妥协,以寻求相邻职业环境、甚至相隔职业环境,在这种环境中,个体需要逐渐适应工作环境。但如果个体寻找的是相对的职业环境,意味着所进入的是与自我兴趣完全不同的职业环境,则我们工作起来可能难以适应,或者难以做到在工作时觉得很快乐,甚至可能会每天工作得很痛苦。

三、把握好职业兴趣类型与能力的关系

教师在运用霍兰德职业类型论帮助学生进行生涯探索的时候,还需要引导学生注意的是,兴趣不代表能力,一个人对某一特定职业有兴趣或者适合某种职业并不意味着这个人就能干好这个职业。同样,如果一个人具有从事某项工作的能力但缺乏兴趣,那么这个人在该职业生涯上取得卓越成就的可能性也不大。一般来说,只有一个人对某一种职业感兴趣,并具有该职业所要求的能力,才可能获得成功。

四、把握好职业兴趣测试和主观体验的关系

教师在指导学生全面了解自我、探索自己的职业兴趣类型的过程中常常会运用到霍兰德职业兴趣测试,通过测试结果了解自己的职业兴趣类型、特征、适合的专业、职业等,从而对自己今后的选科、高考专业选择乃至未来的职业选择提供一个更全面、更广阔的视野。但是我们的学生正处在发展阶段,如果过分依赖测试结果,往往会影响学生的自主发展和探索的动力。所以,在生涯兴趣探索方面既需要理性分析也需要体验感受。教师可以通过设计团体辅导、活动课程,引导学生在课程中参与和体验,进而提升学生探索自己职业兴趣的意识和能力,并试图为自己的生涯做一些规划,同时也了解一些规划的方法和步骤,为自主发展蓄势聚能。

五、关注对测试结果的发展性导向解释

霍兰德职业类型论运用于生涯教育中,必不可少地会运用到霍兰德职业兴趣测试,而测试结果是否可靠往往取决于实测过程是否标准,所以教师在进行相关测试的时候,要尽可能地了解测试的注意事项、指导语的使用和测试过程中对各个环节的把握。

对于霍兰德职业类型测试结果的解释,当然最精准的是教师与学生一对一进行解

释、分析、指导,但是基于学校教育的实际情况,教师很难做到与全体学生一对一地进行具体指导和解释,往往只是进行一些规律性的介绍。所以教师在指导的时候,要充分考虑到学生的多样性、发展性和这个阶段学生的不稳定性,在进行结果分析的时候,尽可能地运用发展性的语言,而不能贴标签。应该尽可能地引导学生往正向的、积极的方向发展自己,要让学生看到未来的无限可能、看到希望,而不是消极无望的结果导向。能够帮助对象更全面地了解自己,并更好地发展自己,也是测试工具真正的目标所在。

第四章 生涯混沌理论与应用

生涯混沌理论起源于20世纪90年代,是从化学、物理学等自然科学中的混沌理论发展而来的,是职业生涯理论的新兴科学。混沌理论起源于19世纪80年代,是由法国数学家庞加莱提出:存在一种非周期的轨道,该轨道不会永远增加,但也不会接近一个不动的点。这一重大发现奠定了混沌理论的基础,是混沌理论起源的萌芽。[①] 生涯混沌理论鼓励学生以积极的心态面对发展的不确定性,适度地进行生涯规划,注重生涯的定性分析,加强生涯应变的"元胜任力"。

第一节 时代背景

一、蝴蝶效应的提出

美国麻省理工学院气象学家爱德华·洛伦兹在1963年的一次试验中发现,由于误差会以指数形式增长,所以,一个微小的误差随着时间的不断推移会造成巨大的后果。1972年美国科学发展学会第139次会议上,他发表了题为"可预测性:巴西一只蝴蝶扇动翅膀,能否在得克萨斯州掀起一场龙卷风"的演讲。他说,一只南美洲亚马孙河流域热带雨林中的蝴蝶,偶尔扇动几下翅膀,可能两周后在美国得克萨斯州引起一场龙卷风。其原因在于:蝴蝶翅膀的运动,导致其身边的空气系统发生变化,并产生微弱的气流,而微弱气流的产生又会引起四周空气或其他系统产生相应的变化,由此引起一个连锁反应,最终导致其他系统的极大变化。他把这种现象称为"蝴蝶效应",意思是一件表面上看来毫无关系、非常微小的事情,可能带来巨大的改变。

---

① 朱士蓉.生涯混沌理论综述[J].高教文摘,2019(12).

蝴蝶效应的提出,打破了通过因果决定论来预测结果的做法,它对传统的预见性、匹配性和稳定性的思维方式提出了挑战,最终产生了当今世界最伟大的理论之一——"混沌理论"。

二、生涯发展的复杂性

没有人能精确地预言未来。首先,影响个体生涯发展的属性变量很多,布莱特等人(Bright,Pryor,Wilkenfeld 和 Earl,2005)提供的数据证实,包括父母、兄弟姐妹、朋友、教师、地理、媒体、电影、体育明星和政治家以及一系列情景的影响,甚至包括父母的职业与子女实际职业选择之间的客观关联都可能会影响一个人的职业选择。其次,生涯发展要整合过去、现在和将来的自我,在时间维度上也有复杂性。再次,在生涯历程演变中有诸多机遇因素,大多数人同意"机会""运气"或者"偶然事件"已经在他们的生涯发展中起了重要作用(Betsworth & Hansen,1996)。大多数研究也表明:偶然事件对职业生涯产生影响的概率占 64.7%(Hirschi,2010)到 82.3%(Bright,2009),并且偶然事件会发生多次,更多时候一次偶然事件会导致另一次偶然事件(Bright,2009)。[①]

上述因素经过时间的酝酿,系统的反复迭代循环,将大大改变事物的发展轨迹。所以,当我们试图让职业选择带领我们成功时,没有人知道这其中的所有可能性,个体生涯发展是一个复杂的适应性实体。

三、对线性生涯教育理论提出挑战

传统的职业生涯理论强调人职匹配,主要思想是让个体通过自我探索和职业探索,在了解自我和职业之后在两者之间搭起一座桥梁,从而找到并且确定"最适合"自己的职业目标。但现实情况是,随着科技的进步,经济全球化的发展,人们的工作形式和生活方式发生了改变。

(一)新工作模式

尽管全职雇佣仍然是主流的工作模式,长期的生涯仍然存在,但是在科层制的组织瓦解之后,临时的、兼职的工作越来越司空见惯。数字化革命要求组织在应对市场环境时变得更小巧、更敏捷、更迅速。通过精简决策层和移除职能单位之间的障碍,这

[①] 朱士蓉.生涯混沌理论综述[J].高教文摘,2019(12).

一目标得以实现并产生了一种新的组织,时任通用电气老总韦尔奇(Welch,1992)称之为"无边界"(boundaryless)组织。

组织形式的改变导致了生涯形式的改变。处于后现代的21世纪组织中的员工变得无束缚和无根基。现在的组织把标准的岗位(jobs)和非标准的任务(assignments)混合在一起。工作没有消失,但是岗位弱化已经影响了工作的结构——工作成了完成一项以项目开始并以产品结束的任务。工作作为一个项目,其最好的例子便是制作一部电影。为了完成这个项目,制片人集合了一个拥有不同技能专家的大团队,在一起工作一段时期来拍成一部电影。当这部电影拍摄完成时,这个工作团队也随即解散,每一个组员又会去寻求另一个项目的雇佣。对许多工作者来说,一项任务一般不超过两年。在美国,20世纪80年代出生的人群,超过一半的工作者首份工作不超过5个月(Saratoga Institute,2000)。不仅那些年轻人是如此,那些之前拥有稳定工作和家庭的人也是如此。年龄在33~38岁之间的工作者,他们所接手的工作有39%会在一年之内结束,70%的工作不会超过5年。有四分之一的工作者在他们现有的岗位上待的时间不超过一年(Bureau of Labor Statistics,2004)。①

(二) 不确定性

决策取决于信息,这是毋庸置疑的。如果有了完整而可靠的信息,可以不假思索的作决定。但随着量子物理的兴起,人们对于宇宙秩序的看法发生了变化。量子物理发现并没有一个"存在在那里的"物理世界,没有一件事情是绝对客观的。例如,尽管气象学家能识别出不同的天气和气候运行模式,但他们发现,要给出7至10天以后某天准确的天气预报几乎是不可能的。这种系统对变化的敏感性,使得它们操作的固有潜力可以随着时间的推移转变为另一种模式。

在过去,因为社会的发展过程比较缓慢,转变是渐进的、可预测的,传统的生涯理论更多的是遵循一条简单、直接、符合逻辑的路径,只需理性的规划和简单的匹配就能完成生涯的决策。在快速变迁的现在,海量的信息会迅速生成。例如,20世纪80年代初期,我国政治、经济改革迅速推进,职业数目迅速增加(1999年5月正式颁布的《中华人民共和国职业分类大典》将我国职业归为8个大类,66个中类,413个小类,1838个细类),国家分配的"铁饭碗"慢慢消失,个体选择职业的自由度大幅扩大,更换职业已成常事。进入21世纪,一些工作部门的职务说明在不断变更,一些职业变得过

---

① [美]马可·L.萨维科斯.生涯咨询[M].郑世彦,马明伟,郭本禹,译.重庆:重庆大学出版社,2015.

时甚至逐渐消失,而未预见到的职业正在被创造。昨日的事实,无论是知识、信念、理想、标准、甚至伦理,在今日就可能遭到质疑或被淘汰。时代的高速发展,使人们可以较往昔更快地得到更多的信息,但海量的信息往往又超过了人们处理信息的能力限度,选择范围的扩大意味着更多的不可控。人知道得越多,越了解到有更多不知道的知识。① 所以,人生发展与自我成长的历程,定格是暂态,变化是常态。

(三) 非线性

在线性系统中,综合所有因素的和就能得到整体,如同算术一样。而在一个非线性系统中,所有因素的总和却可能大于或小于整体,非线性意味着生涯发展不存在明显的因果关系,不是按照单一的线性模式发展变化,微小的改变可能造成巨大的变化,我们难以准确预测。

个体生涯发展中可能会表现出某些稳定的行为模式,如习惯、兴趣、人格特质、娴熟的技能、特定的价值观等,但我们并不能保证其行为一定会遵循基于这些信息的逻辑推导,要据此预测未来仍有诸多局限。更关键的是,影响职业生涯发展的并不一定是那些巨大的、长期的事情,一个不起眼的因素足以改变一切。例如:一位老师不经意的鼓励,可能会对一个学生造成极大的触动,增强了他的学习效能感,并最终改变了这个学生的生涯道路。更多潜在变量的复杂性、所获信息的局限性、未来事件带给个体的独特影响都预示着个体职业生涯并不一定呈线性趋势发展,很多情况下要出乎"人职匹配"的预设方案,不少大学毕业生按照"可接受"原则而非"最匹配"原则择业即说明了这一点。

第二节 主要观点

上述生涯现实的变化使得人们需要更多的、更完善的生涯理论去解决当下的生涯问题,这促使生涯心理学研究者以混沌理论为基础,重新审视全球化时代的人类生涯。比如布洛克(Bloch, 1999)将混沌理论引入生涯发展,并明确指出混沌理论可以更好地表现个体生涯发展特征。帕顿(Patton, 1999)的生涯发展系统论认为个体内部和外部环境的各种因素都会影响生涯发展,不仅如此,这些影响因素彼此之间也会互相影响,这使得生涯发展的复杂性和不可预测性大大提高。普莱尔(Pryor)和布莱特(Bright)

---

① 曾维希.大学生的生涯不确定感类型与症结研究[D]. 西南大学博士学位论文,2009年,第9,109—110,114页.

在21世纪初正式提出了生涯混沌理论(Pryor & Bright, 2003)。①

一、培养积极的不确定感

大多数人在很多时候总是希望自己的生活和职业是稳定的、可预测的以及可控的,而生涯混沌理论则强调职业生涯的初值敏感性,认为个体对初值条件十分敏感,个体后期的职业生涯抉择在很大程度上会受制于早期的某个因素。比如不少人的职业选择和父母的职业较为接近,这是自小受家庭环境影响的结果,而这种早期的家庭环境影响就是初值条件。职业生涯难以预测,无法根据确定的公式,通过测评、逻辑推导得出生涯发展的最终结果。通过对个体特质进行测量来预测其职业生涯只是微观层面的判断,很难产生持续性影响。因此,在对人的心理和行为做控制和预测时必须十分慎重,切不可盲目乐观和过于简单化。个体职业生涯是一个动态过程,具有明显的突创性特征,无论是个体处于生涯发展的哪一个阶段(少年、青年或成年),只要能获得新的信息,就有可能重新寻求或拒绝某一职业。这就是为什么人们的兴趣、人格、价值观等虽然具有连贯性、稳定性,可一旦遇到某些"偶发事件"就会迅速带来反转性的职业选择,表现出很大的突创特点。②

传统的生涯辅导很大程度上是减少职业决策不确定感的过程。个体因生涯决策困惑求助,生涯辅导老师往往习惯于通过心理测试等方式帮助个体了解适合的方向,并且提供一些指导与建议。然而当前的工作社会发生了巨大的变化,理性的规划和简单的指导已经满足不了生涯咨询的实际需要。面对不确定性,个体特别是青少年往往会不知所措,担心实现不了职业目标。

生涯混沌理论强调我们并不能控制一切。生涯发展的复杂性意味着我们不仅不能详尽地认识它,也不能完全地掌控它。无论人类多么富有组织性和积极性,仍然没有人可以保证未来。个体与职业环境是一个整体,不能割裂或分开理解。生涯辅导要充分捕捉现代世界的动态性和不确定性,宽容的对待个体的迷茫状态,对不合理的生涯期许做出澄清。让他们了解到长远的职业目标具有不可预测性,协助他们认识与面对生涯的复杂性与不确定性,帮助个体获得一种"积极的不确定感",即是以积极乐观

---

① 潘朵.生涯混沌团体对高中生生涯适应力及生涯不确定感的干预研究[D].华中师范大学硕士学位论文,2019年,第9—10页.
② 王献玲,常小芳.职业生涯辅导"混沌理论"与"人职匹配"之比较[J].职教论坛,2017(26).

的态度接纳做决定时不可避免的不确定性,引导他们将不确定性视为一种机遇与挑战。[①] 帮助个体在掌握尽可能多信息的前提下提高其应变能力和创造性,发展其个性化的生涯模式和应对模式。

二、进行适度的生涯规划

生涯混沌理论虽然认为影响生涯发展的因素众多,关系复杂,长期的生涯行为是难以预测的,但并不代表完全的无序混乱,不可捉摸。生涯历程在结构上也具有"三岁看小,七岁看老"的片段与整体的自相似性,被称为"分形特征"。在外部环境和内部动力的交互作用下,人们的生涯在不断变化,但人们总能通过学习,适应这些变化,将其生涯经历组织成自身的发展模式。这种模式的形成实际上就包含着从无序的生涯心理中产生有序的过程。包括个人特征、技能、劳动力市场、家庭影响和雇主偏见等,表面上看似杂乱无章的生涯轨迹,却具有自相似的特征。经典的生涯心理学理论中所假设的人格类型、职业兴趣类型、职业价值观等变量都是个体生涯心理发展的稳定点,具有一定的统计规律性,短期的生涯行为是可以把握的。其自身发展的模式,在一定范围内是有意义的、可理解和可控制的。

因此,生涯还是需要规划的,只是要适度,不要做太长久的规划,而是做中、短期的规划;规划可以有一个大体的方向,而不一定是具体的职业。

三、注重生涯的定性分析

因为传统的、经验的、理性的生涯辅导无法理解复杂的人类属性,如精神、意识和目的,所以,职业生涯辅导应以学生为主导,而不是以测评工具为主导,陷学生于被动地位。基于生涯发展的混沌状态,生涯混沌理论重视个体特质及职业环境的定性分析、个案研究,倡导用叙事、分析、隐喻等方法来帮助个体理解其生涯心理和生涯模式。这种定性分析虽然不能确定突发事件对个人的影响程度或个人是怎样对突发事件做出反应的,但它可以提供一种理解个体生涯心理变化过程的整体方法:识别个体的行为模式,并与过去的生涯经验相联系,使人们更深刻地理解他们的生涯是如何发生的,了解有哪些因素影响着他们的职业选择、哪种思维和行为模式在发生作用,进而对他

---

① 陈宛玉,叶一舵.生涯混沌理论及其对青少年生涯辅导的启示[J].南京航空航天大学学报(社会科学版),2018(2).

们未来的生涯探索提出在特质、意志、感情等方面都能兼顾到的较为全面的建议。这种方法与生涯混沌理论强调理解生涯心理过程和模式而不是界定或预测稳定的变量（如结果）是一致的。

四、加强生涯应变的"元胜任力"

生涯发展复杂多变，"元胜任力"是因应生涯角色变化并与之保持平衡的能力，是"以不变应万变"的核心竞争力。在其统领下，个体不断地学习新知识、新技能，产生新决策。在无边界生涯时代，个体在不同岗位、专业、角色和组织之间流动的难度减小，生涯转换变得常态化。因此，适应变化的能力，如人际沟通和学习能力就显得尤为重要，它帮助个体获得、保持和利用现有资源以应对不断变化的劳动力市场。从这个角度讲，生涯教育的目标之一就是要唤起个体的应变意识，促进其完善与提升生涯适应的"元胜任力"。[1]

就学生而言，在生涯发展的过程中会经历诸多的偶然及不可控事件，这些事件或积极或消极，但都可能提供意想不到的成长契机。在生涯辅导的过程中要指导学生更早地认识职业世界，帮助其拓展学习经验，主动创造机遇，拓展生涯探索的空间。可创设偶然因素导致变化的生涯体验情境，提供一些生涯转换成功的例子，促进其完善与提升生涯"元胜任力"。

第三节　实践应用

传统的生涯研究都集中在如何测试、匹配、预测以及如何减小生涯决策中的不确定感。目前我国中小学的生涯辅导主要在于引导学生运用生涯测验、各类职业分类信息表以及计算机辅助生涯辅导系统来帮助学生建立理想明确的生涯目标，使之与个人的特质相匹配，去达成"确定"状态。生涯混沌论为研究者开启了新的研究领域，可以提升人们对于生涯本质的认知，改进生涯辅导的实践活动。生涯之道，乃应变之道（金树人，2007）。在学生的生涯教育中，不仅要引导学生探讨个人的兴趣、能力以及对社会和职业世界的感知，还应该提升学生应对生涯不确定性的能力。

---

[1] 刘鹏志，金琦. 生涯混沌理论及其对生涯教育的启示[J]. 中小学心理健康教育，2016(9).

一、生涯故事访谈

传统的生涯指导回避了生涯发展过程中的种种不确定性,这对于长期接受追求生涯的确定目标和答案的人来说未必是好事。生涯辅导如果一味地追求"目标",那么在生涯发展的过程中,有些学生将始终无法确定生涯目标,他们可能会产生强烈的焦虑情绪。有些学生因为有了明确的生涯目标而拒绝了其他可能性,在面对计划之外的变化时,例如发现生涯目标与自身内部兴趣能力、外界社会不相符或某一生涯目标无法达成时,就有可能引发自我怀疑,甚至会将之前所作的生涯探索、生涯决策等全盘推翻。

所以,生涯混沌理论主张帮助来访者进行生涯心理和模式澄清的过程比确定生涯目标更重要。倾听来访者的故事,帮助个体寻找关系网中的联系,使个体认同自己而不仅仅是那些职业名称;帮助来访者认识到生涯的复杂性、变化性和不舒适性,用混沌理论的概念帮助个体摆脱理想生涯或完美生涯的观念,减少生涯变化过程中的不舒适感。[①] 让来访者理解生涯中微小变化的力量,并帮助他们鉴别其可能的尝试。承认工作中情感关系的必要性,为来访者留出讨论此问题的空间。其中一个经典的方法就是"生涯故事访谈"(Career Stroy Interview,CSI)。

生涯故事访谈也称作生涯风格访谈,是萨维卡斯(Savickas)以阿德勒治疗的理论为基础,借用建构主义取向的叙事疗法,创造的一种实用的生涯咨询方法。他精炼了5个刺激问题:"角色榜样""最喜欢的杂志""最喜欢的故事""最喜欢的座右铭""早期回忆",帮助来访者探明自己的生涯之路。

问题1:角色榜样

这个问题的目的是帮助来访者界定自我。咨询师如果直接要求来访者用语言表达自我概念,效果往往会不尽如人意。所以通过询问来访者敬佩的人物,描述榜样的特征,从而了解到来访者要把哪些特质整合进自我建构的蓝图中。

一般,咨询师会要求来访者举出三位角色榜样,榜样可以是著名人物、故事人物、卡通人物,也可以是来访者的亲戚、邻居或老师等。父母可能会被来访者选为角色榜样,但我们建议把他们看作指导者会更有用。

问题2:最喜欢的杂志

这个问题的目的是讨论来访者的职业兴趣。咨询师通过询问来访者最喜欢的杂

[①] 姜飞月.生涯混沌理论述评[J].职业技术教育(教科版),2006(22).

志、电视节目或者网站来评估其兴趣。通常,自我概念与职业兴趣之间是有一定联系的。例如,来访者的角色榜样是某著名设计师,他最喜欢的是时尚类杂志;来访者的偶像是某著名篮球运动员,他最喜欢看的电视节目是篮球赛事。

问题3:最喜爱的故事

第三个话题涉及的是生命脚本。从某种意义上说,第三个问题完成的是来访者自我和环境之间的连接。咨询师会要求来访者列举出他们最喜爱的故事,从而了解来访者会用哪些故事来塑造他们的生命。来访者最喜欢的故事中会谈及自己可能的未来,能清晰地描绘出他们核心的生活问题,以及他们认为可以用于处理这个问题的方法。

问题4:最喜欢的座右铭

座右铭代表着来访者对自己的建议。咨询师会要求来访者说出他们最喜欢的一句格言、或者谚语;如果没有现成的,也可以请来访者现场创造出一句。这些句子通常能够比较简洁地表达出来访者对自己的警醒或者激励。

问题5:早期回忆

这个问题是属于比较隐私的内容,反映出来访者的核心信念。咨询师和来访者经过之前四个问题的讨论,建立了良好的咨访关系。在此基础上,咨询师会问向来访者三个早期回忆,包括每个回忆当时发生的背景、活动和结果,了解来访者当下的情感,请他们为每个回忆撰写一个能捕捉到精髓的标题。

生涯故事访谈,重在对来访者生涯心理和生涯模式的澄清,而非确定目标;咨询师可以帮助来访者探明其生命中的重要洞见源自何处,寻找那些能为自己赋能的资源和策略。

案例　　　　　　　　　　小钟的生涯故事[①]

小钟(化名),男,16岁,高一年级学生。

1. 角色榜样

小学同学:热爱文学与国学经典,勇于挑战权威,直面失败。

初中同学:性格乐观,做事坚持,刚毅不屈,敢于挑战困难。

《实力至上的校园主义》一书中的男主人公凌小路:坚毅,严谨,勇于挑战权威。

2. 杂志、电视、书、电影

喜欢的杂志:《读者》里的励志类小说,能愉悦身心并鼓舞自己不断进取。

[①] 温文香. 生涯故事访谈在高中生涯辅导个案中的运用[J]. 中小学心理健康教育,2020(27).

喜欢的电视节目：《百家讲坛》，能让自己深入了解文学著作和文学知识。

休闲活动：看感兴趣的小说或文学作品，曾经尝试过创作小说并投稿。

3. 喜爱的故事

第一个故事：《百鬼丸的复仇》。从小被父亲献祭给鬼神的主角把握住机会，果断地作出选择，夺回自己的躯体，坚定不屈、善恶分明，勇于追求公平与理想。

第二个故事：《黑衣剑客》。被困于死亡游戏的主角独自与强大的怪物作斗争，敢于冒险、勇于创新，有计划性，有领导力，最终守护了无法战斗的人们，同时创造出自己的事业。

第三个故事：《落第骑士》。自从出生便被抛弃的主角在屡屡遭遇否定和挫败的旅程中依然对理想坚持不懈，勇于挑战困难，不惧失败，乐观地面对生活，最终得到认可，实现梦想。

4. 最喜欢的格言

为一切爱与信仰之物与全世界对抗到底。

5. 早期回忆

第一个回忆：小学三年级随父母由农村转到城里读书，因为成绩差而自卑，但幸好结识了几个学习认真、待人真诚的朋友，最终学习成绩提升并且名列前茅，自己也因此由孤独、自卑、沉默少言变得活泼向上。关于这个回忆，他给出的标题是"拥抱友情"。

第二个回忆：小学六年级时暗恋班上的学霸女生，为她学习写作，立志与她一起成为作家；匿名表白被拒绝，一蹶不振，变得自卑少言。关于这个回忆，他给出的标题是"疼痛的心"。

第三个回忆：进入初中，受尽白眼与歧视，得到曾经的挚友和妹妹的鼓励，重新振作，制定计划，重新找到为梦想奋斗的动力。关于这个回忆，他给出的标题是"奋起"。

在审视三个早期回忆的时候，小钟用"迷失只是为了觉醒"的标题串起了三个生命故事。

从小钟的叙述中，我们看到了一个渴望被认可、被尊重的孩子。在早期回忆中，小钟用了一个很关键的词语——"迷失"，这也恰恰浓缩了他在整个访谈中反复出现的执念和当下的核心问题：(1)在未来的职业选择上，母亲希望他成为公务员，但他自己的理想是成为一名作家(如何选择)；(2)曾经因为成绩差和告白被拒绝感到自卑、无助和迷茫，自此愈加渴望得到认同与尊重。

将小钟的角色榜样、早期回忆和喜爱的故事联系起来,显示出一个渴望被认可、被尊重的自我形象。在他对三个角色榜样的描述中,"勇气""挑战困难""坚定理想"等词语重复出现,可以看出,他从角色榜样中整合、勾画的自我似乎是这样的一个人——通过直面失败、克服困难、勇于挑战、坚定理想来获得认同。而这个勇于面对困难、坚守自我、坚定理想的自我,恰好与他喜爱的三个故事中的主角原型相吻合。当主角原型通过在故事中执行脚本、投入行动,解决了"为坚持理想而与权威对抗,并克服困难、勇于挑战、坚持不懈"的问题时,其实也为他在现实生涯选择上与母亲的冲突问题(选择)及自己的担心(承诺)提供了解决方案。同时,当与早期回忆中"迷失、自卑、无助"与"有勇气、敢于挑战困难"的角色榜样(自我概念)进行联结时,他的"迷失、自卑与无助"便向"奋起"转变。因此,从角色榜样身上映射出来的自我概念在本质上为他提供了解决问题的方案与能量,追踪了他变消极为积极的转变过程。

小钟喜欢的杂志和电视节目表明他愿意置身在历史类、文学类的艺术环境中,而霍兰德职业兴趣测试结果也表明,他偏好的职业环境是艺术型及企业型。这样来看,他的自我概念基本与喜欢的环境相匹配。他在高考的选考科目中选择了政治、历史和地理,希望从事作家这一职业,也与他的自我概念及环境偏好是相契合的。

小钟给自己的建议是"为一切爱与信仰之物与全世界对抗到底"。听起来是非常强烈的表达方式,恰好浓缩了他的强烈渴望:努力让自己的声音被母亲听到,并获得认可和尊重。这样的表达也正是他为了把陷入"瓶颈"的故事脚本推向下一个章节而为自己所发出的呐喊之声,是他为如何面对与母亲之间的关于职业选择的冲突所确立的下一步行动方向。

在对整个生命故事进行反思之后,小钟为自己写下了这样的"同一性声明":"当我达成目标、获得赞扬,得到认可和尊重的时候,我会感到快乐和成功。"在检视自己的生活时,他发现作家是他最渴望的职业,但他依然摇摆不定:一方面是不忍拒绝母亲,另一方面是不确定是否能够在作家这条职业道路上获得成功并因此获得尊重和认可。经过辅导,小钟将自己的理想和母亲的期待作了融合,找到了两者的平衡点:公务员能够给自己实现作家的职业理想提供经济支持,并且在公务员的岗位上可以兼顾写作,待时机成熟,实现作家梦想并非不可能。当意识到两个选择之间可以平衡和兼顾时,小钟的内心冲突减弱了,抛弃了最初的"对抗"思想。最后,他给了自己一个更好的建议:在高中阶段对"作家"与"公务员"两个职业做进一步了解,不断提高自己的文学与政治法律水平,并再次尝试创作投稿,以便将来更好地作出选择。

二、生命线

绘制生命线是生涯课上比较经典的活动。生涯老师引导学生回忆和叙述自己以往发生的印象深刻的事件,可以是自己以往人生高光和低谷时刻的事件。通过这个活动,学生们看到了预料之外的事件发生是生命中正常和必要的组成部分,在此过程中,我们可能要做无数的决定以应对意料之外的事件。学生们通过分析应对这些事件的成与败,得与失,思考事件对自己当时、现在和未来的影响。在这个过程中,试着提炼和总结积极的资源(内部资源包括能力、特质、品格等和外部资源包括人脉等),为自己赋能,习得应对困难更为积极的策略。

案例　　　　　　　　　《生命轨迹》课例[①]

教学流程:

1. 生命曲线的冥想

冥想指导语:

请同学们作好准备,闭上眼睛,找到让你自己觉得比较轻松的姿势,调整一下自己的呼吸。首先,老师请大家打开记忆的大门,回忆一下以前你曾遇到的印象最深刻的事情,它可能是让你欣喜的事,也可能是抓狂、烦心、悲伤的事,想想那时你在哪儿,发生了什么,以及当时你的感受,这件事给你带来的欢笑、激动、泪水或痛心。它可能是简单的第一次吃冰激凌,或是第一次住医院……

接着,放下过去的回忆,老师请大家想想未来可能发生什么?可能是你期望发生的好事,或是可能遇到的坏事。它可能是找到工作、环球旅行、结婚生子,也可能是考试失利、亲人离去……

请你带着这种放松的感觉慢慢回到现实中来,感受你坐着的椅子,呼吸一下屋子里的新鲜空气。如果你愿意的话,可以慢慢活动活动你的双手、你的双脚,不要着急,当你感到舒服的时候,可以慢慢睁开你的眼睛。

2. 描绘我的生命线

教师引导:相信大家在冥想活动中,脑海中都能够像放电影一样闪现出很多不同的画面,那现在我们就将这些内容记录在生命线上。PPT 上是老师的人生轨迹,可以给大家做一个参考。

[①] 刘玄佛. 刘老师的心理课——生命轨迹(2018-07-21)[2022-05-06]. [EB/OL]. https://mp.weixin.qq.com/s/gty-a1t2sDurNy9DdS9HWA.

注意：如果不给教师案例，孩子们可能很难落笔去写，因此教师适当地介绍自己的人生轨迹不仅能鼓励更多孩子积极参与到活动中去，同时也能使之后的分享环节进行得更加顺畅。

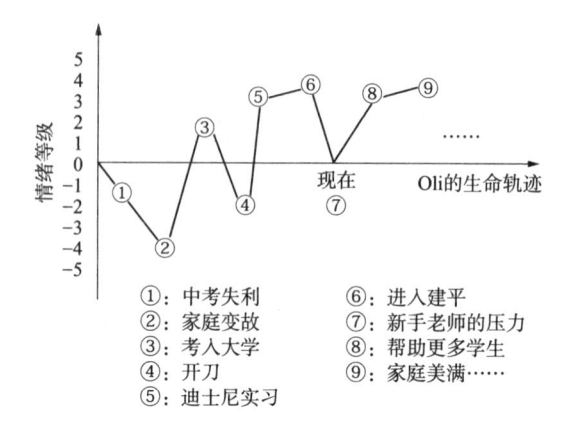

①：中考失利　　⑥：进入建平
②：家庭变故　　⑦：新手老师的压力
③：考入大学　　⑧：帮助更多学生
④：开刀　　　　⑨：家庭美满……
⑤：迪士尼实习

首先是回忆你曾遇到的愉快的事、悲伤的事；接着请大家写下你期望发生的事、或是可能遇到的一些挫折；用编号将这些事件标注在线条的上下两边，如果你觉得这件事给你带来的是积极情绪就标在上方，如果你觉得是消极情绪为主则标在下方；根据事件对情绪影响的程度决定偏离中间线条的距离；在线条下方写明每个编号所对应的事件；最后将这些事件依照时间顺序用线条连接起来，看看你的生命轨迹可能会是怎样的。

注意：此时可以播放一首轻音乐(5分钟)让孩子们沉静下来。

学生任务：孩子们完成自己的生命曲线，并讨论分享。

孩子们的生命线

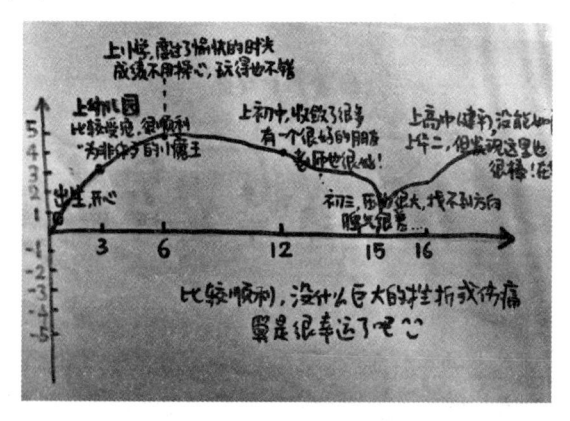

教师提问：

(1) 你的生命线总体是在这条线段的上方还是下方？

(2) 你的生命线是曲折的还是平静的？

(3) 你觉得你可以决定自己的人生轨迹吗？在多大程度上？

(4) 你觉得这些事件中,哪些是你自己可以掌控的？可以掌控多少？

3. 生命联结

教师引导：相信大家都在自己的生命线中有许多思考和感受,但我们的生命线不是孤零零的一根线。PPT上呈现的是老师和自己母亲的生命线,当回顾自己成长的每一步,我都能发现我们在互相影响着彼此。作为彼此最亲近的亲人,我发现在我难过的时候,母亲也会很着急,有时甚至会比我更悲伤,而如果我很快乐,她也会跟着快乐。

注意：时间允许的情况下,邀请学生在自己的生命线上画一条对自己很重要的人的生命线,从而使他们认识到每个人都拥有丰富的社会支持。我们这条唯一的生命线,其实是与我们周围的人的生命线交织在一起的,他人的线是我生命线的一部分,而我的线,也是我的家人、朋友生命线的一部分。

教师/学生总结：

今天画的生命线就这样一条,如果失去了就没有机会再画第二条。过去的线段我们无法改变,也无法重画,我们唯有反思,发掘自己的潜力,让未来的人生更加精彩。未来的线段还有无限可能,让我们一起努力,把握自己的未来人生。

以下问题来自陈海贤老师《幸福课：不完美人生的解答书》一书,作为本节课的课后思考：

√你人生最迷茫的阶段是在什么时候？你是如何走出来的？

√回想生命中经历的最重要的一次转变。为什么这个转变在那时候发生了？为什么它发生在你身上？(如果你现在正经历转变,为什么是现在？)

√在上一次转变中,你舍弃了什么？又获得了什么？最难舍弃的人或事是什么？这个舍弃和获得对你现在的意义是什么？

√你觉得自己现在需要经历一些转变吗？假如要经历转变,你最担心的事情是什么？最期待的事情又是什么？

√到目前为止,你在生命中最珍惜的一段时光是什么？

√人生的哪一刻,你觉得生活是充实而充满意义的？

✓ 生命结束之前,你希望自己能为这个世界留下些什么?
✓ 假如能成为一本小说中的人物,你希望自己是谁?为什么?
✓ 假如把人生看作一段旅程,你会怎么评价到目前为止的这段旅程?

心理课是学生打开"自我思考"的契机,而"生命线"则是众多活动中让孩子们感悟最深的。也许一节课的时间很短暂,但作为自己生命的主人,我们每个人都有对自己命运负责的义务,去回顾、去思考、去理解自己的经验与成长,才能逐渐与命运握手言和。

三、生涯人物访谈活动

生涯混沌理论认为,每个人的生涯发展历程都有其独特性,现实的复杂性和变量的充裕性使得我们无法对生涯的发展做出精确的预测和绝对的控制;对于事态发展的细节更多的是做事后的解释而非事前的预定;有时还会发生阶段性的状态转换(相变)。

"生涯人物访谈"活动可以帮助学生通过真实的生涯经历,多方面、多角度地了解和分析生涯发展的复杂性和非线性化等特点,进而认识到我们不应该局限于把自身与职业作简单的匹配分析,而应该集中精力应对变化。终身学习,有意识地应变,并从中获益。

案例　　　　　　　　　　职业采访活动提纲[①]

1. 采访人的基本信息

姓名_____　性别_____　班级_____　学籍号_____

2. 与被采访人的关系:_____

3. 被采访人职业:_____

4. 被采访人所学专业:_____

5. 被采访人当初选择该专业的想法:_____

6. 被采访人工作的具体内容和特点:_____

7. 被采访人认为从事这个职业所应具备的能力:_____

8. 被采访人一天的工作情况:_____

[①] 曹凤莲,朱瑜. 高中生生涯辅导实践操作[M]. 上海:华东师范大学出版社,2017.

9. 本次访谈带给采访人的启示和感悟：＿＿＿＿＿＿＿＿＿＿

10. 明确职业采访活动要求

(1) 让学生清楚职业采访活动的意义

职业访谈是为高中学生选择大学、专业以及将来从事职业的重要的实践体验活动，能够增加学生生涯体验的机会，促进学生自主意识的提升和自主能力的增强，帮助学生了解职业的内容、特点及能力要求，学习采访报道和编辑撰稿并提升相关能力，同时可以进一步改善家庭亲子关系。

(2) 学生采访自己感兴趣的一类或两类职业，可以采访父母或父母的同事，也可以采访亲戚朋友。

(3) 采访的方式包括访谈、录音、摄影、视频等。

(4) 完成两篇职业采访 Word 报告；做一份职业采访 PPT，需含有文字、采访照片、采访视频。

11. 安排职业采访作品交流活动

(1) 利用寒暑假组织学生进行"职业采访"活动。

(2) 组织班级交流活动，从中挑选出有代表性的，优秀的采访作品进行年级展示与汇报。

(3) 学校组织"职业采访报告会"，就学生的职业采访成果进行交流展示。并对班级优秀作品颁奖，鼓励学生对自我生涯发展的关注与投入。

12. 制定职业采访班级展示活动方案

为了增进班级交流的效果，保证公平性，可制定"职业采访班级展示活动方案"，以规范操作过程。

13. 分享职业采访成果

"职业采访"是学生生涯实践体验的一种方式，同学们在假期积极投入到职业采访活动中，得到了家长的大力支持，出现了很多优秀的职业采访报告。为了丰富成果，很多同学还辅之以精心剪辑的视频。

在"职业采访实践体验活动"中，每个学生采访两种职业，全班同学采访的职业合计有几十种。以某班"职业采访"结果为例，全班学生采访的职业包括：银行职员、人力资源经理、会计、出纳员、外科医生、护士、中学教师、幼儿园教师、律师、导游、翻译、记者、销售经理、销售顾问、销售员、医疗销售、机械工程师、结构工程师、软件工程师、纺织工程师、设备工程师、弱电系统工程师、生产工程师、IT 工程师、飞行器设计工程师、网店店主、制冷技术工、会务管理人员、酒店话务员、银行信贷员、造价师、空姐、牙科医生、农民、消防员、监控员、清洁工人、税法公务员、泵站管理员、设备维修师、心理咨询师等近50种。学校可以把学生的职业采访成果汇编成册,让同学们的努力和对职业的探索留下成长的印迹。

也许一位同学眼中再熟悉不过的职业,对于其他人来说却是新鲜又陌生的,相互交流让学生发现不一样的职业世界,帮助学生了解更多职业,使学生对生涯规划有更加具象化的了解,认识到志向、理想这些远大的人生目标,最终都将化作职业与社会连接,激励学生规划自我成长,促进学生作出进一步的生涯选择,同时锻炼学生的能力,培养社会责任感和职业道德意识。

摘录分享同学的职业采访报告:

药剂师职业访谈报告

这里是口服西药配置区域,这里所有药品都整齐地陈列着。各种各样的药,琳琅满目,整齐陈列的场面,让人感觉到医学的严谨。我问药剂师:"那么多药,你怎么记得住每种药的位置啊?"他笑了笑,说:"起初,我也总是记不全,在实习的时候,负责指导我的老师对我说,其实这些药都是按照一定的类别摆放的。"说着,他拿起一盒阿莫西林,"像阿莫西林这类的抗生素,我们有指定的摆放位置""看,那一区域呢,是放外服的药膏药水之类的。这边的一块区域,是放止痛药这类的抑制性药品……"他边说边用手指着对应的区域,我光是用眼睛扫,都觉得分不清楚。我想,这些药品的所有细节大概都印在他的脑海里,估计这辈子也抹不去了吧!在我心里,药剂师和医生一样,他们所做的一切都是与生命紧紧相连。

当我问他喜不喜欢这个职业时,他环视了四周,然后对我说:"说实话,最喜欢的职业不是医疗这个专业。但是因为自身能力有限,不能按照自身所愿去从事自己喜欢的职业。所以就按照自己能力情况和社会需要选择了这份职业。然而在就业的不断实践过程中,我渐渐喜欢上了这个职业,也从心底萌发了对这个职业的热爱,无论是工作环境、工作伙伴,还是工作任务,我都怀着一颗热忱的心去认真对待。"

本次访谈,让我深刻地认识到了工作的不容易。每一个我们看似简单的职业,从业人员其实都需要为之准备很多,从了解基本的专业知识到实践过程,都需要花费大量的精力与时间。想要得到一个好的工作职位,并且在这个职位上长期地工作下去,并不是我们简单地以为取得一张大学毕业证就可以胜任的。所以,我们要充分地利用时间,利用一切可贵的机会锻炼自己的能力,为以后的就业作准备。

或许,现在让我们确定自己以后的职业岗位有点困难,但是通过访谈我也感受到:步入大学后就等于站在就业的边缘。细节决定成败,我们应在心里树立一个意识,从现在开始,我们要摆正心态,认真对待学习,对待自己该做的每一件事,提高动手能力和社会实践能力,培养人际交往能力,积极投入每次活动,去感受、去体验,为未来的就业打下基础。

我们每个人都满怀憧憬,希望在较短的时间内就能找到适合自己并能服务社会的理想工作。这就要求我们要了解社会现状、尊重客观规律,择业前要对自身素质进行一次彻底的了解和评价,对自己的专业特长、兴趣爱好、为人处世的能力以及个人的理想志愿等做一次全面充分的分析,对自己将来的事业发展有一个确切的定位。同时,也要根据社会对人才的基本要求塑造自己。这样,才能使自己在人才市场中有的放矢,在竞争中处于不败之地。

第四节 注意要点

一、生涯规划中确定性和不确定性的把握

生涯混沌理论打破了经典科学中决定论和还原论的线性世界观,是对科学认识论的革命。它揭示了真实世界是有序与无序、确定与不确定、稳定与不稳定并存的,他们是既对立又统一的辩证关系,遵循着相互转化的规律,其本质是探究无序中潜藏的生命意义与生命价值。生涯教育的最终目的是要使个体对自身的原发性质素和继发性质素都有客观的认识,并表现出高度的自我同一性。在混沌的生涯背景中以积极的心理动态平衡系统达成自组织的有序状态,最终获得自我实现。[①] 所以,在生涯规划和决策时,应合理考虑和利用现实职业生涯中的确定因素和不确定因素,以推进生涯的最优化发展。

二、在不确定中看到目标的价值

生涯混沌论强调了生涯的不确定性,但是并不意味着放弃生涯规划。缺乏前进的目标不但会导致生涯发展的迟滞,甚至进而引起个体自我认同的危机。多数实证研究

---

① 王丽丽.基于生涯混沌论的班级团体辅导对大学生生涯不确定感的干预研究[J].教育教学论坛,2015(48).

结果表明生涯不确定导致学生经常出现焦虑,目标与兴趣模糊不定,缺乏求学动机、学生角色投入不足、学习成绩偏低等现象。① 所以,为了避免"一个人不知道要去哪里,那么他哪里也去不了"的负面影响,生涯教育需要明确目标的价值,有目标才有希望。要鼓励学生通过自我认知、职业探索、环境分析,一定程度地预见未来,定位生涯的短期和中期目标,包括学科目标、智力因素和非智力因素改善性目标等。

三、引导学生进行生涯探索

生涯发展是个体毕生发展的一部分,所以个体需要对自己的生涯负责。生涯混沌理论帮助学生认识到世界是复杂多变的,提醒我们需要未雨绸缪,主动开启生涯探索之旅。增进对自我的觉察能力;学习新技能、新观念;创造生涯体验的机会;提升个人掌控和适应环境的能力。在面对生涯不利时,学习保持乐观开放的心态,不因不确定而迷茫和失去行动的力量。失败提供了最好的学习机会,暂时的失利也许孕育着更好的发展机遇。生涯探索是个体最终做出生涯选择的能量根源。

---

① 许小凤.大学生职业生涯规划及其干预述评[J].校园心理,2010(5).

第五章　叙事理论与应用

叙事理论深受后现代主义和社会建构理论的影响,强调每个人都是自己问题的专家,用讲述故事的方式建构积极的个体经验,以达到生命成长的目的。其主要技术包括外化对话、寻找特殊意义事件、重构故事等。这些观念与技术对目前中小学生涯教育中的生涯教育课程设计、生涯咨询与辅导等有很多启发,使生涯教育更具有弹性和希望感。

第一节　时代背景

一、后现代哲学思潮的产生

20世纪70年代,随着经济的发展,后现代主义的哲学思潮开始兴起。和现代主义认为世界有真实的客观真理、尊重专家知识不同,后现代主义对"真理"或者"真相"抱有谨慎的态度,认为过于强化和遵守所谓的专家知识,往往会影响个体对自己的塑造,以及对生活事件的行动和反应。

现代主义与后现代主义在很多观点上具有一定的差异,如:现代主义试图用常规的分类或者类型来区分个体,后现代主义则尝试寻找人们"我的故事"中的特殊细节;现代主义更看重专家知识,后现代主义则更看重实践知识,认为人们日常生活中的独特经验和智慧也具有价值;现代主义认为个体的生活是经由规划和社会规范来解释,并被赋予不同价值的,后现代主义则认为个体的生活是由他们如何拥抱过去的那些可能被期待的例外与独特结果来解释,并被赋予不同价值的;现代主义认为专家有能力或者有权利去帮助人们,后现代主义则认为要重视人们对自己生命知识的贡献,关注个体自己对过去生命事件的了解、计划未来行动方式的思考,关注自己存在的意义,避免单一的生活方式,从而看到不同的生活可能的存在。

后现代主义哲学思潮对叙事理论的影响,主要表现为"去中心化",强调"多重真实",尊重个体自己的生命经验和能力,注重帮助当事人增加动力,重获力量感和掌控感。

二、社会建构理论的提出

社会建构理论认为社会文化和规范会对人的认知、互动行为以及内在动力造成影响。在社会建构理论看来,社会文化、规范会渗透到人生活的方方面面,通过人际互动影响一个人的行为以及和他人的联结方式,从而影响行动。例如,在学校里,大多数时候,上课积极举手发言被认为是学习动力足、学习能力强的表现而被鼓励;相反比较沉思和内敛的学习行为,就可能被视作动力不足或者学习退缩,这也会影响到学生与老师之间的互动,影响学生自己对课堂学习行为的评价和动力。

在社会建构理论看来,自我认同不是一个固定不变的概念,而是在不同环境、不同时刻协商下的产物。因此,一个人的自我认同是主观的连续性和社会环境不断互动的结果[1]。例如,学校总是通过各种测评和反馈对学生的学业成绩和人际交往等表现进行评价,这些评价也容易被学生内化为对自己的看法,建构出关于"我是谁"的自我概念,并影响与他人的交往。但是,如果我们一起重新检视过去的生活经历就会发现,一个可能因为"女孩子不擅长理科学习"而感到困惑的女学生,其实在理科学习的过程中表现良好。解构这些主流的观点和论述,会促进一个人的自我认同、并为未来发展带来新的可能性。

受后现代主义和社会建构理论的影响,叙事理论于20世纪80年代末兴起,其创始人是新西兰心理学家迈克尔·怀特和澳大利亚心理学家大卫·艾普斯顿。迈克尔·怀特借用了故事的隐喻,认为每个人的生活都充满了许多故事。叙事理论用"厚或者薄""贫乏或者丰富"来描述生命经验,并且认为当事人在进行选择和述说的时候,往往只会选择其中主要的信息而遗漏一些片段。当事人在谈论自己的生活时若充满了消极的语言和故事,就会陷入痛苦之中。叙事就是要帮助当事人通过故事的重新讲述,去发现那些被忽略的支线故事,丰富自己的生命故事和经验,看到新的经验和生命的意义。

近年来,叙事理论在心理咨询领域获得了极大的关注,并在社会工作、医疗卫生领

---

[1] [英]Martin Payne. 叙事疗法[M]. 曾立芳,译. 北京:中国轻工业出版社,2012.

域以及学校得到了广泛应用。

第二节 主要观点

学校生涯教育的内容包括认识和探索自我、认识和探索职业,以及开展生涯规划和决策。在实施的过程中,生涯教育的理论众多,心理测验、职业资料的提供以及人职匹配的观点是适配理论重要的体验。但叙事理论认为,个体的自我认同是不断发展和建构的过程,不是一蹴而就的,也不是线性发展,而是受到众多不确定的偶然因素的影响。因此,叙事理论提供给生涯教育一些思考:我们生命的发展,是线性因果的关系,还是变化和不确定的关系?生命成长的目标,是寻找正确的位置,还是创造有意义的生活?对学生来说,生涯教育是让他们接受成人的教育,还是创造他们的人生?在生涯教育中,教育者与学生之间的关系是什么?有关社会职业的理解,是固定的标签,还是可以有多元的视角?叙事理论拓展了生涯教育的视野。

一、以故事补充测评

20世纪70年代兴起的职业辅导受到"特质因素论"的影响,强调个人心理特质与职业因素的匹配,通过让每个个体参与测评,帮助当事人和职业之间寻求最适当的位置。在适配理念下的生涯教育,往往非常看重心理量表,例如"兴趣""个性倾向性"都可以通过各种量表进行测评并加以解读。但事实上,现代心理辅导观念也越来越多地强调测量的主观性和局限性。

因此,叙事理念下的生涯教育,越来越重视意义的创造、自我故事的描述。在这样的状态下,生涯教育成了"当事人对自己的职业经验叙说故事与重编故事的过程"。从这个角度上说,生涯辅导是一种协助当事人练习对自己的生涯史进行叙说的过程[1],述说故事、梳理故事、编写故事是主要的方法。同时,对职业世界的了解,也不是简单地可以用标签进行概念化的过程,而是推动学生进入职业人的世界、了解职业人的喜怒哀乐,从而对职业有更加立体的认识的过程。

二、教育要以体验为主

生涯教育不是简单的知识传授,也不只是对能力倾向、兴趣和个性等心理特质方

---

[1] 金树人.生涯咨询与辅导[M].北京:高等教育出版社,2007.

面的测量与了解,更需要补充大量对自我的探索、对社会职业的探索,这需要学生通过活动、实践和练习等亲自体验的活动,才能了解和获得。因此,生涯教育更要注重体验式活动的设计和开展,关注学生的学习过程,关注学生的感性经验和真实经历,丰富学生生命成长的故事,从而让学生重新构建自己的知识经验,更真实地了解自己、了解职业、了解社会,增进生命成长的智慧,创造属于自己的独特生命经验。

三、注重给学生赋能

叙事理论深受后现代主义思潮的影响,认为世界是变化的、特定的而不是因果关系的,强调个人的观念、个人观念的内在情感、价值观在个人成长中的重要地位。中小学生涯教育也重视每个个体的生涯好奇、生涯自信和生涯选择,强调"重视学生生涯规划的连续性,尊重学生个性发展的差异性,把握社会发展的时代特征,为学生适应社会变化和实现自我价值奠定基础。"[①]

对每个学生个体来说,在生涯探索的过程中,可能有迷茫、变化、不确定,这都是非常正常的。学生在生涯选择的过程中,可能有自己的价值观、态度和取向,这也是应该尊重的。教师的引导不是强加,不是替代,而是协助学生认识自我和认识世界,并走上他们希望的人生道路。在后现代主义的思潮下,每个独特个体的价值与多元的选择被肯定、被接纳,因此,生涯发展的选择权往往在当事人自己手里,当事人可以自己描绘自己的人生蓝图。生涯教育就是要帮助学生学会选择、主动适应变化,并基于此自主开展生涯规划。

四、教师是学生生涯成长的合作者

在适配理念下,生涯教育者的功能似乎是在扮演着"牵线"的角色,每个个体都将成为社会大工业体系中的"螺丝钉",个体的独特性被模糊,个体的能动性也被削弱。而在叙事理论下,学校和家庭、教师和家长的身份从知识的专家转变为帮助学生进行自我认识和生涯探索的辅助者,学生是自己生命成长、生涯发展的专家,教育者只是与当事人共同进行"故事谱写"的合作者。

在教育的过程中,生涯教育者保持着无知的好奇,不断地通过提问进行探寻、确认,而学生也不再是被动地等待和接受,他们可以主动地建构自己的经验、解释自己的

---

① 上海市教育委员会.关于加强中小学生涯教育的指导意见[DB/OL].上海教育网,http://edu.sh.gov.cn/xxgk_jyyw_jcjy_2/20200514/0015-gw_402152018002.html,检索日期 2018 - 03 - 26.

需求、重塑自己的生涯。

五、生涯教育要注重人与人的联结

叙事理论认为,社会文化、外在听众对于丰富人生故事的发展,建立对个体身份的深度总结,对人们生活中所期待的结果的持久与扩展都非常有用①。因此,以叙事理论为基础的叙事疗法发展出"外部见证人"作为听众,认真倾听来访者讲述其对身份认同的重要故事。这些故事对正处在自我同一性发展进程中的青少年来说非常重要,这些经过见证,得以叙述、复述和再复述的故事,能够让青少年对"我是谁""在别人眼中我是什么样的人""我想要成为什么样的人"有更加清晰和牢固的认识。

因此,在生涯教育的过程中,要善加利用学生所生活的环境和系统,注重增强生涯体验中人与人的联结。在学校的情境中,每个人的成长故事都有可能被观察和看见,并且受到教师、同龄学生的关注。善于利用这个环境,邀请教师、同学、甚至家人等,彼此见证,去倾听当事人的故事,重复那些特别吸引他们的部分,表达他们对学生生命经验的共鸣,说出那些特别触动的生活故事,这些都能帮助学生将每次生涯教育活动过程中的成长固化,将生命故事由贫瘠变得更加丰盈。

第三节 实践应用

生涯教育课、小团体辅导是中小学生涯教育的重要途径,个别辅导也是学校提供生涯教育服务的方式之一。目前,学校的生涯教育教师已经在尝试运用叙事理论的方法和技术,使生涯教育呈现出人性的关怀和弹性的魅力。

一、职业认识类活动

案例 "我的生涯家谱"课例②

教学过程:

(一)课前调查

在上课前,教师自制了一份简单的调查问卷对学生进行了调查。该问卷包括以下

---

① [澳]迈克尔·怀特.叙事疗法实践地图[M].李明,等,译.重庆:重庆大学出版社,2011.
② 谢伟,王永中.我的生涯家谱——高中生生涯规划教育教学案例[J].中小学心理健康教育,2017(14).

问题：

父母、外公外婆、爷爷奶奶、父亲的兄弟姐妹、母亲的兄弟姐妹以及自己这一代兄弟姐妹的工作类别和职称是什么？

自己未来的理想职业及高考想要报考的专业是什么？

自己的理想职业是否受到家族某个成员职业的影响？如果有，影响体现在哪些方面？

（二）绘制生涯家谱

教师请学生画出"我的生涯家谱"，然后请小组内进行交流：

在家谱图中，哪些职业是重复出现的？

你对其中哪些职业有兴趣？哪些比较了解？

哪些职业是你绝不考虑的？哪些职业是你有考虑的？选择职业时，你还重视哪些条件？

家族中谁的成长故事让你印象深刻？印象最深的是哪一段经历？

家族中谁对职业的想法对你有影响？她/他怎么说？为什么对你影响深远？

（三）命名并分享收获

请学生为自己的生涯家谱命名，并用一句话说明收获。

案例分析：绘制家族职业图谱、进行生涯人物访谈、阅读生涯人物故事是生涯教育中进行职业探索的常用活动，其目的是帮助学生认识职业、对生涯成长的复杂多变有所理解。本活动通过对家庭中家庭成员的生命成长故事进行访谈，学生能够对家庭成员的生活有深入的了解和体认。

在活动中，学生通过一定的提纲，或者结合自己的疑问对家庭成员进行访谈。盘点他们的重要经历，往往会让学生代入自己的经历，在他人的故事中获得共鸣，并通过局外人的视角增加对生涯发展的思考。活动中的引导既有生涯教育的相关理论作为支撑和引导，也充分运用了叙事理论中关于故事讲述的意义。

案例　　　　　　　　　　　"探索生涯人物故事"课例[①]

教学过程：

（一）生涯人物的选择：你心目中的"偶像"是谁？/你最欣赏的人是谁？

[①] 本案例由闸北八中王娇老师提供．

(二)生涯故事的探索

1. 人物介绍：TA成为了一个什么样的人？
2. 生涯探索：TA是如何做到的？

(1) 自己认识

TA对什么感兴趣？TA的兴趣发生了什么变化？

TA拥有什么特长？TA具备或发展了哪些能力？

TA是如何获得这些能力的？这些能力对TA产生了哪些影响？

TA比较看重什么？

(2) 环境认识

TA的家庭成长环境如何？家庭对TA产生了哪些影响？

在TA的成长中，还获得过哪些人的支持和帮助？

社会的发展和变化给TA的成长带来了哪些挑战与机会？TA是如何应对的？

(3) 生涯决策

TA曾经做过哪些重要的选择？

TA是如何做出选择的？

这些选择，对TA的成长产生了什么样的影响？

3. 绘制人物成长思维导图
4. 讲述生涯人物故事

TA的故事中，什么唤起了你的注意？你觉得TA对生活中的什么东西最重视、最感兴趣？

TA的故事让你产生了什么样的感觉？你对什么更有共鸣？

TA的故事中，让你最感动的部分是什么？这让你对自己有什么样的发现？

案例分析：叙事就是讲述故事。说故事是为了传达一件自身经历过的或者听来的、阅读来的事情让别人了解。同时，人们可以在重新叙述自己的故事，或者叙述别人的故事时，发现观察的新角度、产生新的态度，从而产生新的重建力量。从这个意义上说，好的故事可以产生洞察力，或者使得那些模糊的感觉和生命力得以彰显，被人们所熟知。

同时，每个人在讲述故事的时候，都会对生命故事进行编排。人们在生命中会经历许多不同的事件，但每个人都会选择和过滤这些生活事件，总有一些事件特别突出，被不断地储存和记忆，并且逐渐形成一条线索，形成对生命成长的认识。因此，当学生去了解一个人的生命故事的时候,就能有更多、更丰富的角度去看待和理解。

在上述活动中,学生通过对生涯人物的故事进行阅读,并且从人物的"自我认识""环境认识"和"生涯决策"三个维度进行细致的分析,从而能够对生涯发展的阶段有所了解,增加对人生成长和发展历程的感性经验,打破因果线性发展的局限性和固定观念,使思维更加有弹性。

二、自我探索类活动

案例　　　　　　　　　我的生命线故事①

活动步骤:

(一)在 A4 大小的白纸上,居中画一个坐标图。横坐标代表的是时间,最左边由出生开始,最右边为"现在";纵坐标代表的是情绪经验,横坐标上半部分是正向的情绪和经验,下半部分是负向的情绪和经验。

(二)学生回忆过去印象深刻的生活经验,并按照时间序列标出相应的点。横坐标上,离坐标原点越远则表示印象最深;纵坐标上,离原点距离越远则表示强度最大。

(三)学生绘制好每一个标记后,将这些标记所代表的故事,用简短的文字或者标题进行简单记录;然后对每一个故事进行叙述,说出当时的感觉、想法和行动,或者这个故事带来的思考和领悟。

(四)故事讲述结束,可以为自己的生命故事取一个名字,并进行交流。

(五)引导思考:

1. 过往经历中,有哪些人生低谷,你是怎么走过来的?从中你学习到了什么?

2. 过往经历中,有哪些人生巅峰或者高光时刻,你从中看到了自己有什么样的优势和资源?

3. 回顾这些低谷和巅峰时刻,有没有一些情绪或者你所重视的事情上的共性?如果有,这些你所重视的事情的共性是什么?现在这些在意和重视的事情,发生变化了吗?

4. 那些重要的事件,对你现在的意义是什么?影响是什么?你喜欢那种影响吗?

5. 如果有人曾经看见过你的那些时刻,TA 是谁?你猜 TA 会对你说什么?

6. 这些回顾和反思,对你的未来会有什么意义吗?

---

① 本案例由上海市第一中学刘诗薇老师提供.

案例分析：叙事理论认为，人们在描述自己的生命故事时都是选择性述说的，因此，总有一些被忽略的部分，而有时这些被忽略的部分才是重要的，是一些"未被述说，但一经指认，将带来不容小觑的效果"的特殊意义事件。这些特殊意义事件经过整理和串联，会成为与问题故事不一样的支线故事，让来访者用和过去不一样的经验和观点来看见自己。

在倾听学生述说自己故事的过程中，教师要注重引导学生寻找"支线故事的入口"，从而更加完整地述说生命故事。当学生以第一人称讲述生命故事时，会将过去的记忆、目前的生活、不同社会情境下的角色和关系作为构建自我认同的基础。在教师的引导下，可能有一些过去没有被描述、没有被提及的生命片段被唤醒。一旦一个人的生命故事可以被重新述说和编排，这个人的生活就会有各种新的可能。所以教师要帮助学生重新对故事进行描述，通过提问鼓励当事人进行更加完整的叙说，从而拓展看待问题的视野，并将故事进行整合和重塑，再把重新叙说的故事转化为生命历程。寻找学生的特殊意义事件，并使之串联起来，成为有意义的支线故事，丰富学生对自己的正面的、积极的自我认识。

案例　　　　　　　　　　制作"我的生命小书"[①]

活动过程：

（一）拿出一张 A4 纸，对折 3 次，使之成为 8 个一样大小、重叠在一起的长方形。沿其中的一条长边固定好，另一条长边和一条短边则用刀片拆开。一本简单的 8 页 16 面的"小书"就做好了。

（二）请学生翻开第 1 面，在第 2 面写下目录。并且思考：自己过去的人生成长，可以分为哪些阶段？这些阶段分别的年龄是什么？可以有什么样的主题？其中，可以有什么样的故事？逐渐思考，并且完善目录。

（三）从第 3 面开始，每一面作为一个章节，简要写下这个章节将要讲述的故事的主题词；或者用绘画的方式，将故事概要进行绘制。

（四）在第 16 面，写下致谢词以及创作者的名字。

（五）接下来，合上小书，想一想，给这本小书起一个书名。

（六）引导学生思考：

1. 如果时光可以穿越，你可以重新回到过去的某个时刻，你的选择是什么？

[①] 本案例由上海市第一中学刘诗薇老师提供.

2. 在那个时刻里,你想做些什么？你的自传的名称是什么？这个名称说明你赋予自己的生命以什么意义？你会看到自己有哪些人生信念？

3. 不管过去如何,对于自己未来十年、二十年,甚至三十年后的理想工作和生活,你有什么想象和期待？

4. 在这些关于未来的理想和期待中,你"在意"、重视的价值和愿景是什么？

5. 这些你所重视的价值,在你过去的生活中,有何体现？对你现在的生活有什么影响？

6. 你会如何总结这次关于过去梳理和未来展望的对话？此刻,对于当下的你自己,你有什么话想要对他/她说？

7. 如果邀请一些观众来阅读你的人生小书,你会邀请谁？最后请他们签名的话,他们会说什么？

案例分析：一般来说,生涯教育课是每周一次,一次35分钟或者40分钟。课程之外学生和教师之间的联系甚少,课堂中的收获往往会随着时间的流逝、师生互动的减少而被遗忘。但辅导或者教育的重点在于帮助学生在真实的生活情境中改变,因此,我们可以借助叙事理论中的"治疗文件",把生涯教育的效果延伸到学生的生活中去。"我的生命小书"可以算是自己的"治疗文件"。

在叙事理论看来,信件、证书、电子邮件、创意书写、录像、录音、绘画、照片等,都可以用来帮助记住与巩固刚发掘和丰富的支线故事;在生涯教育课的设计中,教师也可以用作业单、家庭作业、邀请见证者、仪式化行为等方式,推动学生记录、整理和巩固在课程中所获得的新的经验。

当叙事理论融入这些自我认知的活动之后,学生可以在讲述故事的过程中对自己有更加丰富的认识,能够构建一个多元的可爱的自我,并且愿意在真实的生活中加以延续。在这个过程中,学生对自我的成长更加有掌控感和动力,也对未来更有期待。

三、潜能开发类活动

案例　　　　　　　　"我和压力的故事"[①]

活动过程：

(一) 制作活动单：将A4纸划分成九个格子,制作成九宫格活动单。九宫格对应

---

① 朱雅勤. 叙事疗法在初中心理健康教育活动课中的应用与思考[J]. 现代教学,2020(20).

九个和压力相关的主题。在教师提问的引导下,学生用图画或者文字的形式描述自己的经历或者感受,并填写在格子中,在课堂上进行分享和互动交流。

(二)第一阶段活动:觉察此刻的状态

我为压力照张相:此时此刻,你感觉有压力吗?如果你的压力有模样,它是什么形状和颜色的,是很大的还是小小的?可以试试把它画出来吗?如果这个压力有名字,你会叫它什么?

压力的供养:是什么喂养了你的压力让它变大?是学习成绩、人际交往还是其他?是师长、同学还是自己?

压力的影响:压力对你做了什么?当它靠近你的时候,对你产生了怎样的影响(身体、情绪、行为)?你的学习和生活发生了怎样的变化?你又对压力做了什么?

(三)第二阶段活动:探寻例外的光芒

我的至暗时刻:在你成长过程中的哪个时期,压力变得非常大?当时发生了什么?

我的能量棒:在压力很大的那个时期,你是怎样做才不被压垮的?(关于你怎么度过那段时期,身边的亲人或者朋友会怎么说?)

我的发现和成长:在经历过压力很大的时期后,你对自己有了什么新的发现,或者在哪方面获得了成长吗?

(四)第三阶段活动:见证未来的可能

压力管理手册:在你的经验里,哪些管理压力的方法是很有用的、是可以分享给同学的?

新的附加页:通过与同学的交流,有哪些你想要尝试的压力管理的新方法吗?

我的见证人:你特别希望谁可以陪伴你一起面对压力、见证你与压力共处的过程?请他(们)在这里签上大名吧!

案例分析: 应对压力,增强生命弹性,是学生成长中的必备能力。在这个活动中,基于叙事理论运用了"外化问题""寻找例外""见证者"等技术,帮助学生来处理自己和压力的关系。

外化问题是叙事理论重要的理念和方法,其做法是协助人们将问题和自我认同分开,让当事人体验到"人不等于问题,问题才是问题"。叙事理论认为,一个人的问题形成可能与主流叙事的压制有关。人有时候会受到外界主流叙事所代表的"真理"影响,受困于这些认识而产生痛苦。如果一定要把问题归结为是自己的原因的话,就会认为自己就是问题,这会让人陷入到自我打击、自我贬损中去。因此,叙事理论强调,反思主流文化与论述会对一个人产生压迫和影响,将问题与人隔离,从而帮助个人找回原有的经验和力量,以一种轻松的方式去应对困扰自己的问题。我们不妨比较一下两种对话的方式:"你经常做事情几分钟热度,感觉如何?""兴趣比较多,而且容易变换给你带来的影响是什么?有没有一些时候,它会让你很困扰?"很明显,后一个问题能帮助来访者和问题拉开距离,来访者因为这个问题产生的脆弱感和无能感降低,产生的压力减少,更具有解决问题的动力和能力。

外化技术分为四步,分别是命名、描述、评估、诠释。

1. 命名:尝试用靠近当事人经验的方式去了解其问题或者关注点,对青少年来说,可以拟人化。例如"如果可以的话,你叫它什么名字?""它是什么样子?它存在多久了?它什么时候容易出现?谁是它的朋友?它的目的可能是什么?"

2. 描述:描绘问题对人不同生活领域的影响和效应。这种影响既包括问题对当事人的影响,如"它什么时候不会来?它什么时候最强悍/脆弱?它对你的生活有什么影响?它如何影响你的自信/梦想/学习/人际/健康?"也包括当事人对问题的影响,如"面对它时,你什么时候最坚强?什么情况下,你可以把它变小?当你可以抵挡它的时候,你是如何办到的?"

3. 评估:鼓励当事人对上述影响进行评估,如"它对你是好事还是不好的事?""对于这种状况,你的感觉如何?这是不是你想要的?这样的状况是好的,还是不好的?"

4. 诠释:用当事人的观点来诠释其评估,并说出经验:"为什么这样的影响是好/是坏?""你似乎喜欢/不喜欢这样的自己(生活),怎么了?"[①]这些技术在活动中可以灵活地加以运用。

在活动案例中,"我为压力照张相"通过照相的比喻外化,将压力与学生区分开来,并用"画出压力的大小和形状"这一绘画的方式帮助学生评估和表达此刻的压力状态;"压力的供养"通过拟人化的用词如"喂养",引导学生觉察压力的来源、出现的时刻;"压力的影响"则通过压力对个体的影响以及个体对压力的回应,引导学生觉察自己和压力之间的互动关系。

---

① 外化对话的定位地图,林杏足,叙事疗法上海工作坊,2018年.

给外化的问题命名是一种常用的外化技术,无论困扰学生的是情绪、行为还是其他事物,都可以让学生对其进行命名,辅导教师也可以就这个命名和学生进行进一步交流。在外化问题之后,接下来要帮助学生从"问题对自己的影响"转变为"自己对问题的影响",引导来访者寻找"支线故事",更加完整地述说生命故事。

"例外"事件是改写对话的出发点。在活动设计中,教师也可以将询问"例外"的提问作为活动从"呈现问题"到"解决问题"的转折点。活动设计"我的至暗时刻"和"我的能量棒"即是将学生过往经历中,不那么受到"压力"影响的故事挖掘出来。每个人的成长过程中都遇到过困难和压力,能够度过"至暗时刻"并维持着正常的学习和生活的人,一定有自己的能量和资源。在这种信念的支撑下,学生会发现,自己并不是只会被压力影响和控制的,自己是有能力与压力共处并对压力施加影响的。这些正向经历和经验的分享,能够点燃学生应对问题的信心,并启发学生发掘更多的应对问题的策略。

"压力管理手册"请学生基于自己曾经的成功经验,梳理自己压力管理的方法并在班级内进行分享。在全班分享的基础上,请学生记录对自己有启发、愿意尝试的新方法并填入"新的附加页",这可以帮助学生总结在课堂互动中的成长。最后通过"我的见证人"环节,引导学生发现身边的资源和力量,增强自己应对压力的信心并巩固自己的支持系统。

四、生涯社团活动

案例 生涯叙事社团活动[①]

(一)设计理念

初中阶段的学生个体需要对职业世界进行逐渐深入的了解,需要学习他人职业生涯发展过程中的经验,需要更多的途径了解社会职业生涯信息。初中阶段的学生,可以从利用自己身边的资源开始。通过收集家族成员的职业生涯故事,了解家庭重要成员的职业生涯历程,学生在信息收集与整理的过程中,可以了解到职业世界的基本形态,也学习到职业生涯发展的科学方法与科学观念。

本着这样的理念,市西初级中学建设了一个学生生涯社团,开展了一系列以生涯叙事为主要方法的团体活动,引导学生进入他人的生命经验,并对职业世界产生新认

---

① 本案例由市西初级中学何菊美老师提供.

识,新思考,促进学生生涯成长。

(二)团体辅导活动安排

团体成员由社团招募组成,活动时间即社团活动时间,每周一次,每次1个小时。活动安排如下:

次	主题	活动目标
1	We are family	相见欢,团员画像认识; 叙说自己的一个故事。
2	荒岛之旅	学生通过霍兰德职业分类,初步了解职业世界; 学生尝试探索自我个性。
3	Copy 职业秀	学生在活动中呈现自我对某一职业的解读; 学生在收集职业信息过程中,澄清一些职业的观念。
4	家族生涯图谱故事会	学生分享家族生涯图谱的故事范例; 学生了解家族生涯图谱的故事叙述方式。
5	家族生涯图谱制作	学生了解家族生涯图谱的制作方法; 学生尝试设计自己的家族生涯图谱制作的作品思路。
6	记者采访出发前	学生了解采访家族成员中可能需要处理的状况,并学习做好应对准备; 学生为自己的生涯家谱故事收集做好提问设计。
7—9	说说我家的故事 (1、2、3)	学生了解家族重要成员的生涯历程; 学生在家族人物生涯信息收集与整理的过程中,融洽亲子关系; 学生在此基础上初步形成具体、科学的生涯价值观。
10	我最欣赏的生涯 人物故事	学生整理并丰富自己的生涯认知; 在此基础上,澄清初步的生涯价值观念。
11	"画""话"我的 生涯故事	学生在探索的基础上,逐步增进自我了解; 学生澄清自我的生涯价值观,形成初步的人生目标。
12	总结	学生学会收集与整理信息; 学生在总结与反思中获得自我提升。

(三)团体辅导后的变化

问题1:你最崇拜的人是谁?

学生反馈:

辅导前学生的回答:爸爸—建筑设计师;爸爸—董事长;刘翔—运动员;妈妈—部门经理;雷军—通信行业老板;张叔叔—律师;迈克尔·杰克逊—歌手;乔布斯—发明家;舅舅—西点师等。

辅导后学生的回答:大姑姑—手机维修;爸爸—电脑工程师;Taylor—歌手;爸

爸—经理;几米—画家;爸爸—建筑设计院院长;舅舅—西点师;爸爸—动监所工人;表哥—飞行员;梅西—足球运动员;姐姐—会计;西罗—足球运动员;叔叔—律师;周润发—演员;游戏王;爱因斯坦—科学家;韩国乐队成员。

教师分析：

学生职业生涯中的榜样人物一部分是社会的名人，一部分是来自熟悉的人群。第二次回答与第一次相比，增加的家族人物有：大姑姑—手机维修,姐姐—会计,表哥—飞行员;减少的媒体人物有：雷军,迈克尔·杰克逊,乔布斯。

社团活动后，学生们开始更关注身边的职业榜样，职业梦想更有实践性、操作性。但由于其年龄特点，社会名人对学生个体将持续产生重大影响。

问题2：印象深刻的生涯人物是谁？留下深刻印象的原因是什么？

学生反馈：

团体活动有助于开拓职业视野:

某某的爸爸(理发师)——(近1/3学生选择该人物)很好的专业发展、独自来上海求学的经历、由学徒到老板的经历;

某某的叔叔(飞行员)——少见的职业;

某某的小学班主任(老师)——认真工作、和蔼可亲的态度;

某某的妈妈(一般职员)——照顾外婆尽心尽力;

DIY手工艺人——店面精巧;

某某的爸爸(建筑设计师)——克服了许多困难。

老师分析：

多数学生对社团活动中介绍的生涯人物更为关注的是：在某领域的专业成果,人际互动的态度,克服困难的成长经历,对个体自我成长的影响等方面。

问题3：我们现在可以为未来职业做哪些准备？

学生反馈：

有关的学科：计算机、语文、英语、科学、思想品德、音乐、心理、体育等;

有关的技能：了解工作环境及具体事务;思维创造能力;采访任务;人际互动技巧;自我特点的了解;了解职业世界等。

老师分析：

在活动开始前，多数学生关注考试科目的学习;在社团系列活动结束之后，学生们不再简单地关心考试科目，而是更全面地理解各个学科传递的基本常识与能力，在此基础上,更关注发展自己的生活能力。

案例分析: 在这个系列活动中,老师整合了"家族生涯图谱""我的生命线故事""我最欣赏的生涯人物故事"等多个活动,让学生去了解其他人的生命经验,感悟到个体是生涯决定的主体,并且帮助学生将人物故事进行整合,形成完整的故事,在故事中寻找到生涯成长的关键主题;教师还让学生通过绘画、生涯人物寄语等方式,让学生思考自己的生涯成长,产生新的感悟。

这些活动的选择,很好地帮助学生逐步探索和回答"我是谁""我了解的职业世界是什么样的""我的家人是谁""他们是如何成为现在的自己"等问题,从而将隐藏在自己和他人、自己与世界之间的那些潜在的经验故事逐步揭示开来,并通过伙伴之间的互动交往,使故事更加丰富和丰满,使学生能够形成更多元而丰富的经验,对世界的探索也更加主动。

更有意思的是,何老师设计的活动评估运用了关键问题记录与反馈的方式,捕捉到学生在团体辅导前后的发展与变化,并进行了分析,呈现出了对团体成员的关注与尊重。这种以故事代替测评的方式,观察和了解初中生生涯成长中的热点故事、常用语言,往往比数据本身更能看到每个生命个体的样貌,更有叙事的味道。

除了活动设计本身要强调运用故事叙说来推动生涯发展,在团体活动实施的过程中,带领者也需要秉承对每个个体的生命经验的尊重,在故事讲述的过程中,对每个生命故事的主题进行建构、对生命故事中的困扰进行重构。这些具体的技术和方法需要教师不断学习、不断反思,才能熟练掌握和运用。

第四节　注意要点

一、在丰富载体的同时,更要注重故事讲述的内容

在目前中小学生涯教育的课程设计中,为了帮助学生更好地讲述故事,老师们会以多种艺术活动为载体,让学生围绕某个主题进行绘画创作、雕塑或者故事创编,使课堂呈现出富有童趣的面貌,收到了不错的效果。

例如,有老师在上"考试压力那些事儿"课中,用刮擦画的方式,让学生外化考试压力;有老师在与学生探讨"我和父母之间"这个话题时,运用了人偶摆放的形式;有老师在设计"我的学习加油站"这个活动时,用学涯幻游形式帮助学生沉浸其中,然后进行绘画表达;还有老师将沙具引入课堂,让学生选择一个沙具来代表自己……各种丰富

有趣的形式,的确让学生更加投入。

必须要注意的是,形式应该为内容服务。无论用什么样的载体,都要避免"为了形式而形式",不要为了追求形式美而忽略了内容的真实性和丰富性。要避免这一现象,可能教师要注意做好以下几点:

1. 设计好提问

提问是叙事疗法中经常使用的技术,迈克尔·怀特甚至在其著作中罗列了提问的理论基础和 3 大类 12 小类约 80 个例句,以此作为帮助来访者叙述故事、解构故事的工具。虽然我们未必要用到这么多问句,但从前面第三节所列举的提问中我们会发现,问题的确能促进思考和感悟。

2. 接纳所有学生的表达

当学生画完刮擦画、摆好人偶、拿好沙具、画好图时,教师可以邀请学生进行分享,充分交流作品背后的故事和经验,并以此为一个窗口,观察学生成长的经验和世界。这个过程中,无论学生的作品如何,教师和学生都要坦然接受并表达肯定或者好奇,避免"只有艺术没有表达"的状况出现——学生只是在追求美,或者投老师所好地表达美。

二、既要丰富生涯故事中的情节,还要关注故事的主题

在生涯教育的过程中,我们一方面可以通过各种体验式的活动,帮助学生梳理和丰富生命的经验;另一方面,也要推动学生发展出生命的主题。在叙事理论看来,生命故事由两个部分组成,其一是生命中若隐若现的主题,无始无终、静止不动,却贯穿全程;其二是现身在舞台上直线进行的时间,构成情节。学生在讲述故事的过程中更加清楚自己的经验,同时也在经验的认同中找到自己生命的意义和核心主题。因此,在引导学生讲故事的过程中,要注意:

1. 抓住转换的契机

生命中的冲突与逆境的突破和解决,往往是讨论生命主题的契机。例如,在"我的生命线故事"中,就可以让学生述说生命的高、低潮经验,并且联结事件,找出这些经验中的关联性。可以通过"在当时的情况下你是如何度过的?这些事件对现在的你有什么影响?度过这些困难时刻,你会有什么新的自我感受?这些自我感受会对你的未来产生什么影响?"这样的提问,帮助学生去思考自己生命的意义,并促使学生成为自己生命故事的作家和导演。

2. 让学生对自己或者他人的故事进行命名

命名可以采用自由命名或者补充完成的方式,如"我的生命小书"活动,可以采用自由命名的方式,也可以让学生用"_____的＊＊(人名)"进行命名。空格中填写的内容就是学生的生命议题。朱雅勤老师在进行人际交往辅导中,让学生对自己的人际支持系统进行命名。有学生把自己的支持系统命名为"创可贴星系",因为有的创可贴是"消毒的,用上去会有些痛",有些"会发热,特别温柔舒适";有学生把自己的支持系统命名为"秘密花园",用不同的植物、阳光雨露来隐喻自己从支持系统中获得的帮助;也有学生把支持系统命名为"超能陆战队",每个队员都有自己的"秘密武器"。这种命名的方式给予了学生个性化表达的空间,让学生能够更加贴切地表达自己的细微感受,实现了学生深度参与的故事建构。

三、既要关注当下的体验,还要关注未来的延续与拓展

生涯教育活动往往具有体验性的特点,但如果不注重活动过程中各种材料的积累,则丰富的经历可能会被遗忘。同时,如果生涯教育只是关注测试,留存分数,运用心理测验的方式对学生进行标记,则容易掩盖生命的多彩。这时,也可以借鉴叙事理论与技术中的方法,采用各种文本材料或者活动的方式,作为对现存的思辨、实验、调查、观察和其他传统方法的补充[1],这样可以促进对学生未来发展的思考和祝愿。具体可以这样做:

1. 制作学生成长档案袋

制作学生的成长档案袋,存放学生在学习过程中具有纪念意义的材料,比如作业、美术作品、文章记录纸、与同学合作的照片、参加班级各种活动的影像、教师和同学的寄语,等等。这些材料记录了学生的生涯成长过程,可以作为数据材料的补充,充分展现出每个学生独特的样子,还可以通过对这些个案的深入剖析而揭示出一般规律或者独特意义。

2. 为学生开发布会或者生涯故事讲述会

作为生涯教育成果的一种展现方式,故事会等活动形式能展现出有血有肉、充满生命气息的成长故事和人类内心世界。

---

[1] 沈之菲.叙事心理治疗——一种后现代的心理咨询方法[J].思想·理论·教育,2003(12).

3. 为学生的生涯体验制作证书

采用邀请其他"局外见证人"颁发证书,为学生的生涯经验表达祝愿这样的方式,见证学生的成长。

4. 让学生给未来的自己写信

可以拉长时间线,以让"现在的自己给未来的自己写信"这样的方式,表达对未来生命成长的期待。学校里普遍开展的"写给未来的自己"或者"20年后的来信"活动就具有这样的意义。

四、不要一味追寻高光时刻,也要关注学生负性生命经验的转化

在叙事理论的运用过程中,师生常常会被生命故事中的温暖瞬间、高光时刻所打动而沉浸其中,也容易迅速地使用问题外化技术,试图让学生从困难情境中摆脱出来。但这样的做法如果过于轻率或者迅速,就会让学生感觉没有得到充分理解或者在回避现实的困难。学生在成长过程中,总是会遇到学习、人际关系以及自我发展引发的成长困扰,这时,我们不能忽略学生成长的困难,而要用重新构建新故事的方式,引导学生形成对待生命的积极态度。因为同一件事件,通过不同的解读,就会释放出不同的力量。当故事中积极的资源被发现,向上的力量就会涌现出来。

教师无需一味地追求"高光时刻",可以和学生一起"直面黑暗",可以让学生说出自己曾经感觉到困难的事件,并且在故事讲述的过程中引导学生围绕这个主题建构新的故事,通过各种提问,让学生去思考"这种担心让你对自己的未来做出什么结论?""这种对家庭生活的完美构想是从哪里来的?谁把它们传递给你?""自力更生的观念可以促进你发展一些什么样的能力呢?这会对你的生活有什么影响?"这些提问会动摇学生已经内化的许多观念,让学生重新选择对自己成长有益的经验,并重新构建新的故事,灌注希望感和力量感,增强心理弹性。

五、教师要时刻对自己的权威身份保持审慎

现代社会的发展告诉我们,世界已经变得更加多元而丰富。我们不是知识的权威拥有者,也不适合再用过去的知识和经验,来教育面向未来的青少年。

因此,在生涯教育的过程中,教师要避免一味强调某些观念和态度,对学生的未来成长加以固化的判断或者预言。比如"不好好学习,就天天琢磨着玩"的孩子往往被认为未来的发展会受损。如果有些孩子内化了这些认识,可能会引发他们的适应不良;

如果孩子不接受这些观点,则可能引发亲子、师生之间的强烈冲突。因此,在教育的过程中,成人需要审慎地思考自己的教育观念是否绝对真理。同时,更要倾听和理解学生对自己故事的诠释,帮助学生去看到自己的行为和社会要求之间的不同,从而帮助孩子思考如何应对这种差异,寻找自我成长和改变的方式。

第六章 生涯角色理论与应用

舒伯(Super)是生涯发展论最具有代表性的研究者,他在批判地继承金兹伯格(Ginsberg)的理论研究和实践成果的基础上,整合发展心理学、差异心理学、生态系统理论、职业社会学和角色理论之精髓,提出了生涯角色理论。舒伯认为,"生涯"不仅指个人一生的职业,还应包括所面临的各种各样的社会角色。生涯所注重的不仅是个人的职业价值,更是作为"人"的生存和发展价值。生涯角色理论有助于中小学生自我概念的构建,人生角色的转化,对中小学生生涯教育有着重要的指导意义。

第一节 理论背景

一、终生发展理论的影响

美国精神病学家埃里克森(Erikson)的终生发展理论将人的一生划分为八个既彼此联系又各不相同的发展阶段,分别是婴儿期(0—2岁)、儿童期(2—4岁)、学龄初期(4—7岁)、学龄期(7—12岁)、青春期(12—18岁)、成年早期(18—25岁)、成年期(25—50岁)、成熟期(50岁以上)。这八个阶段的顺序是由遗传决定的,但是每一阶段能否顺利度过却是由外部环境决定的。终生发展理论告诉每个人:你为什么会成为现在这个样子,你的心理品质哪些是积极的、哪些是消极的。该理论为不同年龄段的生涯教育提供了理论依据和教育内容。

二、生态系统理论的影响

美国心理学家布朗芬布伦纳提出了生态系统理论,将人与生活其中并与之相互作用且不断变化的环境称为行为系统,包括:微观系统、中间系统、外部系统和宏观系统,个体发展嵌套于这些相互影响的环境系统之中。

1. 微观系统是指个体直接接触的环境,包括不同的人和事物,它是与个体互动最为频繁、关系最为密切的环境,是构成个体生活的主要场域,因此,它对个体的影响最大。

2. 中间系统是指各个微观系统之间的联系和相互关系,如果各个微观系统之间存在着积极的联系,那么个体的发展就会实现优化;相反,如果各个微观系统之间处于非积极联系状态,那么将会对个体的发展产生消极后果。

3. 外部系统是指个体并未直接参与,但却对个体产生影响的环境。

4. 宏观系统是指广泛的意识形态,包括文化或者亚文化的支撑性部分,例如经济、社会、教育、法律和政治体系,它影响个体的思想以及思考空间,同时影响着微观系统、中间系统和外部系统。

依据布朗芬布伦纳的生态系统理论,学生的生涯教育不仅受其对自身认知的影响,还受其学习生活和接触的外部环境的影响。

1. 微观系统层面,从学生的性格、兴趣、价值观和能力入手,改善学生的自我认知。

2. 中间系统层面,促进学生对密切接触的家庭环境、学校环境和同辈群体的认识。

3. 外部系统层面,帮助学生认识职业世界,确立职业目标、人生目标。

4. 宏观系统层面,帮助学生认识与就业相关的国家政策及法律法规,增强权益维护的意识,促进更好发展。

第二节　主要观点

一、生涯角色理论的缘起

1953 年,舒伯提出"生涯"的概念,认为生涯发展伴随个人的一生,是一个持续、渐进的发展过程。之后舒伯又陆续提出生涯发展理论、生涯角色理论,实现了从职业指导到职业生涯辅导的转变,动态发展性的"生涯"的概念逐渐取代了静态稳定性的"职业"概念,这意味着以规划人生长期生涯发展为主线的"生涯辅导"取代了以短期职业选择为重心的"职业指导"。舒伯推动了国际生涯发展理论的多元化发展,他的研究视角更加细化,得到了普遍的认同。

舒伯在做了大量深入的考证和研究后,发现个体的自我概念在青春期之前开始形成,至青春期变得较明朗,并于成人期开始由自我概念转化为生涯概念。个体会选择某一类型的职业,是由这些因素决定的:个人的兴趣、能力,个人的价值观及需求,个人的学历,利用社会资源的程度及社会职业结构、趋势等。即使每一种职业对从业者都有特定的能力、人格特质及兴趣要求,但在某种范围内,仍然允许不同类型的人来从业;同样的,一个人也可以从事多种不同类型的职业。

二、多重角色的生涯发展

1976—1979年间,舒伯在英国进行了为期四年的跨文化研究,并于1980年提出了一个更为广阔的新观念——生活广度、生活空间的生涯发展观(life-span, life-space career development)。这个理论是在原有的生涯发展阶段理论基础上,在生涯发展观里加入了个人与环境决定理论、个人角色理论,并将生涯发展阶段与角色彼此间交互影响的状况,描绘出一个多重角色生涯发展的综合图形。这个生活广度、生活空间的生涯发展图形,舒伯将它命名为"生涯彩虹图"(life-career rainbow)(见图6-1)。

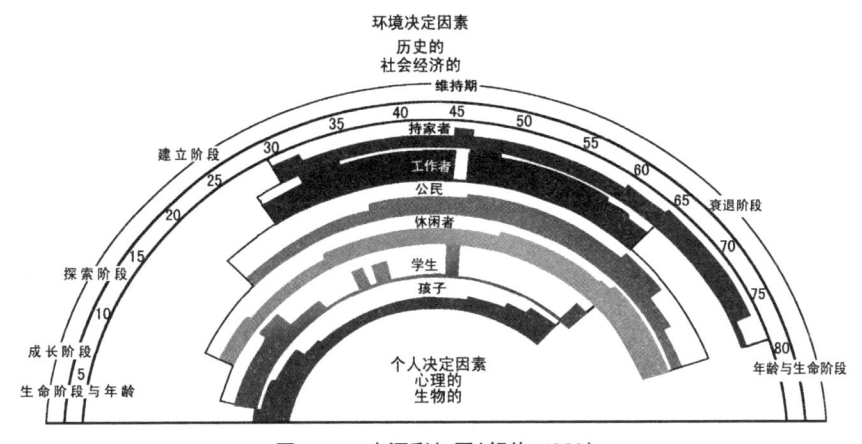

图6-1 生涯彩虹图(舒伯,1980)

(一) 横贯一生的彩虹——生活广度

在一生生涯的彩虹图中,横向层面代表的是横跨一生的生活广度。彩虹的外层显示人生主要的发展阶段和大致估算的年龄:成长期(相当于儿童期),探索期(相当于青春期),建立期(相当于成人前期),维持期(相当于中年期)以及衰退期(相当于老年期)。在这五个主要的人生发展阶段内,各个阶段再分为小的阶段,舒伯特别强调各个时期年龄划分有相当大的弹性,应依据个体不同的情况而定。

(二) 纵贯上下的彩虹——生活空间

在一生生涯的彩虹图中,纵向层面代表的是纵贯上下的生活空间,由一组角色所组成。舒伯认为人在一生当中必须扮演九种主要的角色,依序是:孩子(子女)、学生、休闲者、公民、工作者、夫妻、家长、父母和退休者。

彩虹图未将"退休者"列入,而夫妻、家长、父母等角色则并入"持家者"一类中。这里,不同角色的交互影响交织出个人独特的生涯类型(career patterns)。

此外,角色也活跃于四种主要的人生舞台:家庭、社区、学校和工作场所。虽然个体也可能在其他舞台上扮演其他的角色,但大多数人基本上不超出上述的角色范围与舞台。

不管一个人是否愿意,在踏入学校之后,其一生的多数时候必然同时在不同的舞台上扮演不同的角色。从结婚和谋得第一个职业开始,六种不同角色先后或同时在人生的舞台上层见叠出,直至退休。退休之后,仍有几种角色延续至终。角色之间是具有交互作用的,某一个角色上的成功,可能带动其他角色的成功;反之,某一个角色的失败,也可能导致另一角色的失败。不过舒伯进一步指出,为了某一角色的成功付出太大的代价,也有可能导致其他角色的失败。

彩虹图中的阴影部分表示角色的互相替换、盛衰消长。这除了受到年龄的增长和社会对个人发展任务期待的影响外,往往跟个人在各个角色上所花的时间和感情投入的程度有关。

彩虹图的色彩比例又可引发出另一个"显著角色"(role salience)的概念。如彩虹图所示,成长阶段(出生—14 岁)最显著的角色是儿童;探索阶段(15—20 岁)是学生;建立阶段(30 岁左右)是家长和工作者;维持阶段(45 岁左右)工作者的角色突然中断,又恢复了学生角色,同时公民与休闲的角色逐渐增加,这正如通常所说的"中年危机",暗示这时必须再学习、再调适,才有可能处理好职业与家庭生活中所面临的问题。显著角色的概念可以使我们看出一个人一生中工作、家庭、休闲、学习研究、社会活动对个人的重要程度,以及对个体不同的发展阶段所具有的特殊意义。

第三节　实践应用

在辅导过程中,生涯辅导工作者可利用"偶像生涯自传""解析生涯彩虹图""绘制生彩虹图""生涯角色自评""探析生涯角色"等活动,运用小组讨论、情景模拟、角色体验等方式,引导学生通过对生涯角色及生涯彩虹图的了解、认识、描画、感悟,对自己当下及未来的生涯角色进行思考。

以下两节课,分别以"绘制生涯彩虹图"和"探索生涯角色"为主题,逐步引导学生了解生涯彩虹图、认知自身生涯角色及其内涵,帮助学生思考自身发展,促进他们理解未来生涯角色、把握当下的积极行动。课堂上设置了许多的环节让学生体验、讨论、分享。活动以小组形式展开,尽量保证每个学生都参与其中,让他们在交流的过程中了解同伴的想法,在安全的氛围中表达自己的观点,在潜移默化中调整自己的认知,强化同龄伙伴互帮互助的积极影响作用。

一、绘制生涯彩虹图

"绘制生涯彩虹图"是一项很重要的活动,舒伯认为人的行为方向受到以下三种时间因素的影响:一是对过去成长痕迹的"省视";二是对目前发展状况的"审视";三是对未来可能发展方向的"展望"。这三种因素是相互影响的,过去是现在的成因,现在又是未来的基础。生涯辅导时,对未来的时间透视能力较为重要,一生生涯的彩虹图就提供了一个最佳的透视工具。

案例　　　　　　　　　　　"人生彩虹图"课例[①]

课程以 2020 年疫情背景下的全民偶像钟南山院士为例,通过对生涯角色的认识与思考,引导高中生探索子女、学生、公民、未来工作者等生涯角色及其内涵,促进他们审视基于责任感的公民角色及对未来职业的思考,把握当下,积极行动,实现生命的丰富与精彩。

教学流程:

(一)导入:走进"全民偶像"

教师:生命就像一道美丽的彩虹,在这道彩虹上我们所扮演的各种人生角色都为生命涂上了绚丽的色彩。图 6-2 呈现的是某个人的生涯彩虹图,数字代表年龄,每个彩虹条代表其不同年龄段扮演的生涯角色,色条粗细表示对该角色的精力投入程度。

教师:仔细观察这幅生涯彩虹图,你觉得这是一个什么样的人?

---

① 韩秀."全民偶像"的背后——疫情背景下的生涯角色探索与思考[J]. 中小学心理健康教育,2020(12).

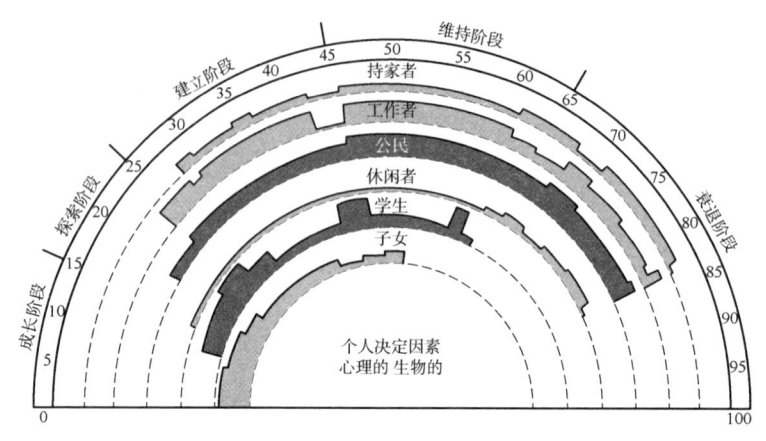

图 6-2 钟南山的生涯彩虹图

学生1：终身学习者，在中年期和老年期仍花费一定时间在学习上，应该是进修吧。

学生2：工作时间很长，60岁以后仍花很多精力在工作上，可见退休后仍在发光发热。

学生3：在公民这个角色上特别突出，应该是一个对社会有杰出贡献的人。

老师：大家分析得很好。那么这个人究竟是谁呢？他就是钟南山。17年前冲在"非典"第一线的钟院士，如今已是84岁高龄。他妙手仁心、敢医敢言，用学问、智慧和担当让全国人民在恐慌中看到希望，堪称"全民偶像"。下面让我们走近他，看看这是一个怎样的"全民偶像"。

(二) 认识生涯角色

1. 播放视频：《钟南山成"全民偶像"》(3分钟视频简述钟南山的学习、工作经历、家庭情况，以及他抗击非典和新冠肺炎疫情的事迹)

教师：哪个生涯角色让钟院士成了"全民偶像"？为什么？

学生1：我认为是工作者这个角色。作为一名医生，钟院士和无数奋战在一线的医护人员，涉险滩，啃硬骨头，为无数人带来了生的希望。

学生2：我认为是公民这个角色。钟院士已经84岁，早已过了退休的年龄，但是责任、使命和担当让他敢讲真话，以过硬的专业知识和丰富的临床经验为依托，守在了我们面前。

教师：他有院士的专业，有战士的勇猛，更有国士的担当。"苟利国家生死以，岂因祸福避趋之"。钟院士用他的实际行动践行了人生的意义。除了工作者和公民这两个角色,视频中钟南山院士还有哪些角色?

学生:学生、儿子、丈夫、父亲等。

教师:无疑,钟院士的人生堪称一道绚丽的彩虹。其实,我们每个人在一生中都要扮演这些角色,只是投入时间、花费精力的不同,呈现出的生涯彩虹图也因人而异。

(三)解析舒伯的生涯彩虹图

生涯规划大师舒伯用生涯彩虹图(见图6-1)形象地阐述了人的生涯发展阶段与生涯角色的相互影响。在生涯彩虹图中,外圈代表横跨一生的"生活广度",包括成长期、探索期、建立期、维持期和衰退期。内圈各层面代表纵观上下的"生活空间",由一组角色和职位组成,包括子女、学生、休闲者、公民、工作者、持家者等主要角色。生涯角色除了受到年龄增长和社会对个人发展、任务期待的影响外,也与个人在各个角色上所花的时间和感情投入的程度有关。

一个角色的成功,特别是早期的角色如果发展得比较好,将会为其他角色提供良好的关系基础。反之,某一个角色的失败,也可能导致另一个角色的失败。各角色之间盛衰消长、相互作用,交织出个人独特的生涯类型。

(四)绘制你的生涯彩虹图

教师:每个人的人生都是一道彩虹,七彩的颜色就是我们一生要扮演的各种角色。目前,我们正处于生涯探索期。想一想,我们现在的生涯角色有哪些?未来还要体验哪些生涯角色?如果用色彩描绘你的人生彩虹,会是怎样的呢?带着你的理解和憧憬,来绘制你自己的生涯彩虹图吧(见图6-3)。

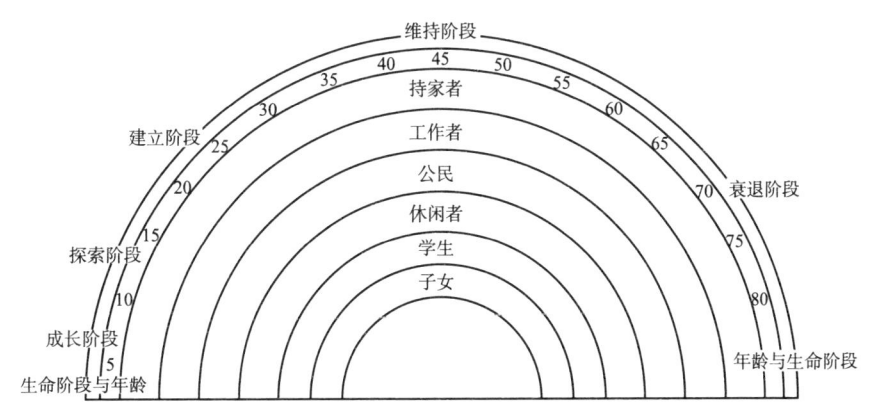

图6-3 空白的生涯彩虹图(供学生填涂)

教师引导绘制步骤：感受自己在每个生命阶段的角色分配与投入，画出各个角色的起止年龄和投入程度，用彩笔涂上颜色，一种颜色代表一种生涯角色，用色带的宽窄表示该角色花费时间和精力的多少。

（五）生涯角色自评

教师：目前我们的主要生涯角色是子女和学生。下面请按 1—10 的等级，给自己作为子女、学生这两个角色的满意度打分，很满意打 10 分，很不满意打 1 分，并说说为什么这样打分，如何改进。

"子女"角色满意度：_____分

"学生"角色满意度：_____分

学生 1：子女这个角色目前我给自己打 5 分，应该是不及格的。特别是疫情这段时间，一直在家待着，与父母相处总体上是风平浪静的，但每次谈到学习我就与爸妈产生矛盾，嫌他们唠叨，有时候还冲他们喊叫，不希望他们来管我的学习。刚才画彩虹图时，静下心来想想自己还是太冲动，应该心平气和地跟他们表达自己的想法。

学生 2：子女这个角色我给自己打 8 分。想想再过几年就要去外地学习、工作，作为子女，与父母在一起的时间并不多。疫情这段特殊时期，我们有了更多与父母单独相处的时间，我觉得我和爸妈走得更近了。我帮他们做家务，听他们说年轻时候的故事，他们也倾听我的烦恼，给了我不少建议。

学生 3：学生这个角色我给自己打 7 分。疫情居家这段时间，由于在家里"云学习"，我有些放松。

学生 4：学生这个角色我给自己打 6 分。画生涯彩虹图的时候我发现，各个角色是相互关联的，各阶段都会有主要任务，我现在投入最多精力的就是学习，以后工作、结婚，就没那么多精力学习了，所以当下我要好好珍惜这段时间，努力学习。

教师：生涯前期的角色发展得好，会为后期的角色发展提供良好的基础。大家现在处在生涯探索期，如何把握当下，绘制自己满意的生涯彩虹，是值得我们好好思考的。不久的将来，我们将会成为"工作者"和拥有完全行为能力的"公民"，在这节课的开始，我们已从钟南山院士的身上，对这两个角色有了一定的了解与思考。

课例分析：在 2020 年新冠肺炎疫情的特殊背景下，学生们有着不同于以往的学习和生活方式，有了更多与父母单独相处的时间，有了对在灾难面前冲锋陷阵、力挽狂澜的白衣战士们的全新认知。如何让高中生在这场席卷全国、影响深远的疫情背后，重新审视自己作为子女、学生、公民等多重角色的任务，思考未来有意义、有价值感的生活和工作方式,激发其公民的责任感和使命感,是本节课的出发点。

在课程中,同学们通过绘制生涯彩虹图,不仅认识了自己的生涯角色,而且还认真审视了与自己朝夕相处的亲子关系,以及作为一名中国公民的责任心和使命感。课程促使学生好好把握生命活动中的每个阶段和每个角色,让生命彩虹流光溢彩。

二、探索生涯角色

对未来的生涯角色,高中生有自己的憧憬和想象。引导学生认识自身生涯角色及其内涵,能帮助学生思考自身发展,促进他们理解未来生涯角色、积极把握当下的行为。该课程通过让学生进行生涯彩虹理论的活动探索、小组讨论、同伴交流,获得对于生涯角色的体悟。

案例　　　　　　　　"探析生涯角色"课例[①]

教学流程:

(一)导入:观看视频《人生遥控器》

剧情简介:迈克尔·纽曼是一位建筑师,他有一位漂亮的妻子唐娜和两个可爱的孩子。迈克尔像美国众多的中产阶层一样,事业有成、家庭美满。但他们最大的问题是为了事业忙忙碌碌从而忽略了家庭,很少能有时间陪伴妻子和孩子。在24小时连续工作后,迈克尔终于累趴下了。难得在家休息的他想找电视遥控器却找不到,于是他突发奇想,来到一家电器商场,想买一个既可以控制电视机,又可以遥控其他电器的多功能遥控器。电器店老板推荐他买了一种超级全能遥控器。

迈克尔惊奇地发现这个遥控器果然威力巨大,利用这个神奇遥控器,他可以随意通过"快进""回放"甚至"停止",将自己"定格"在职场中,他可以一直扮演"工作者"的角色,忽略甚至删除生活中"父亲""丈夫""儿子"等角色。可是,好景不长,万能遥控器坏了,迈克尔的生活被搅得乱七八糟。

教师:迈克尔·纽曼先生使用"万能遥控器",肆意地跳过和忽略自己不喜欢扮演的人生角色,专注于自己认为最重要的角色。但是,人生的每个阶段都有相应的生涯角色与任务,每个人的生命需有长度(发展阶段)、宽度(角色)和深度(个人对角色的投入程度),才能展现生命的意义所在。

子女、学习者、休闲者、配偶、父母、工作者、公民,这些是人一生中主要的生涯角

---

① 本课例由奉贤区教育学院张珏设计.

色。如果每种角色都有颜色,你会分别选择什么颜色呢?试想用这些颜色描绘彩虹,你的人生彩虹又会是怎样的?今天,让我们一起来探析生涯角色,体验和描绘属于自己的绚丽生涯彩虹图。

(二)议一议我的生涯角色

教师:生命就像是一道美丽的彩虹,一道由我们自己描绘出的彩虹。在这道彩虹上,我们扮演着各种人生角色——子女、学生、休闲者、公民、工作者、持家者等,为生命涂抹上了绚丽的色彩,我们的生命就在这条彩虹上延伸、发展、丰富、流光溢彩。

在绘制自己绚丽的人生彩虹之前,我们先分组讨论一下:每种角色该如何扮演?每种角色在人生的起始及结束年龄分别是多大?请六个小组的组长到讲台抽取角色签。各组围绕一个角色展开讨论。

小组讨论结束,学生分享。

小组1:我们讨论的人生角色是"子女"。

首先,我们每人按1—10的等级,给自己作为"子女"这个角色的满意度打分,很满意打10分,很不满意打1分。其次,我们讨论了作为"子女"应该做些什么?法律规定,子女对父母履行赡养、扶助义务,这是我们这一生对家庭和社会应尽的责任;如果不履行该义务,则要承担给付赡养费的民事责任;拒不赡养老人后果严重的可能会构成遗弃罪,承担刑事责任。最后,从我们出生一直到父母离世,我们都在扮演"子女"的角色,也许儿时因为父母没有给予好的照料,令我们身心受到一些伤害,但如果我们换位思考,就能体谅父母的不容易。亲子关系是与生俱来的血缘关系,是这个世上最牢固的人际关系。我们为人子女的时间和精力是有限的,要珍惜亲子共处的有限时间,以免"树欲静而风不止,子欲养而亲不待"。在有限的亲子共处时间里,我们要努力做到最好,以减少人生的遗憾;我们要感恩父母,因为我们从父母身上继承了值得骄傲的品质,并且我们决定将此发扬光大并传递下去。

小组2:我们讨论的人生角色是"学生"。

首先,我们每人按1—10的等级,给自己作为"学生"这个角色的满意度打分,很满意打10分,很不满意打1分。其次,我们一致认为作为学生就该好好学习,可有时我们确实会遭遇"想学,可怎么也学不好"的困惑;我们很想听大人的话,可有时总爱与他们对着干;我们很想好好说话、好好与同学相处,但常会控制不住情绪。我们不完美,但我们总体是积极的、健康的、友善的。最后,绝大多数同学说,等大学毕业了,还要继续学习,因为现在提倡"终身学习"。

小组3：我们讨论的人生角色是"休闲者"。

首先，我们请教"度娘"，"度娘"告诉我们，休闲是指在非劳动及非工作时间内以各种"玩"的方式求得身心的调节与放松，以期达到生命保健、体能恢复、身心愉悦的目的的一种业余生活。科学文明的休闲方式，可以有效地促进能量的储备和释放，它包括对智能、体能的调节和对生理、心理机能的锻炼，休闲是一种心灵的体验。作为高中生，我们休闲的时间真的不多，所以现阶段的我们称不上是"休闲者"，回想幼儿园、小学那段日子，"玩"的时间比较多，展望未来，进入大学、职场后，估计"玩"的时间也会比现在多。但我们相信，等到了45岁以后，我们就可以成为一名名副其实的"休闲者"，因为我们看见父母每周都会以各种理由聚会、旅游。高中阶段虽然学习任务比较艰巨，但我们还是会"海绵挤水"般利用一切空闲的时间吹吹牛、打打球、玩玩游戏、看场电影，因为我们觉得休闲是为了更好地学习，休闲就如充电，电足了才能更好地学习。

小组4：我们讨论的人生角色是"公民"。

我们组也请教了"度娘"，它告诉我们，凡具有中华人民共和国国籍的人都是中华人民共和国的公民。公民享有选举权及被选举权；参与国家管理的权利；政治参与的基本条件是知情权。公民的基本义务主要有：(1)维护国家统一和各民族团结；(2)遵守宪法和法律，保守国家秘密，爱护公共财产，遵守劳动纪律，遵守公共秩序，尊重社会公德；(3)维护祖国的安全、荣誉和利益；(4)保卫祖国、依法服兵役和参加民兵组织；(5)依法纳税。讨论中，一位同学说，疫情期间学校要求我们少走动、戴口罩，作为公民，这是基本义务，必须做到；另外一位同学说，作为公民，必须遵纪守法，小到班级规定，大到国家法律，守法才能获得最大的自由；更多同学说，这辈子我就是中华人民共和国的公民了，从没想过加入他国国籍，作为中国公民，我要积极参与到国家、社会的建设中去。

小组5：我们讨论的人生角色是"工作者"。

工作者，字面意义理解为"工作的人"，凡是通过从事不同职业贡献某种专业技能并获取相应合法收入的人都可称为工作者。我们组的同学一致认为，人这一辈子一定要做自己喜欢的工作，这样才可能全情投入，享受乐趣。至于工作到多大年纪，有一位同学说，她爷爷今年89岁了，精神状态依然很好，现在还经常帮别人打官司，所以，她认为个人根据自己的状态来决定工作年限。一位男同学问：我家隔壁开了一家小店，休息日我就去店里帮他们干活，那我现在是否就是"工作者"？同学问：发工资吗？男同学说：发，但不多。同学说：按照上面"工作者"定义，应该算是的。哇，高一你就开始挣钱啦？男同学说：初一就开始干活了，挣点零花钱。还有同学说，要明确当下能为未来承担工作者角色做哪些准备，比如了解未来职业世界的挑战，增强以不变应万变的勇气，尝试综合主客观因素为自己做一份面向未来的职业规划等。

小组6：我们讨论的人生角色是"持家者"。

说到"持家者"，我们马上想到的是奶奶、爷爷、妈妈、爸爸，后来老师过来指导时又帮我们补充了"丈夫"和"妻子"，对于这两个角色，我们觉得有些遥远，好像不知从何说起，有个同学甚至提出疑问：如果我是不婚主义者，那是否就意味着我的一生就不会扮演"持家者"这个角色？有同学回应他，那你一个个生活，总得烧饭、打扫屋子吧？那也算是持家者，一个人的家，也是家。当然，"不婚"的同学毕竟是极少数的，其他同学以"自家祖父母和父母为榜样"，七嘴八舌地说了起来：我觉得为人父母应该多陪伴孩子，要理解孩子，允许孩子偶尔犯错；我想作为丈夫，要努力工作照顾家庭，理解自己的妻子，分担家务；我认为作为妻子，要理解和支持丈夫，但是也要有自己的工作，要经济独立。

教师：通过讨论，大家感受到了同伴对如何扮演这六个生涯角色都各持何种观点，这样的交流有助于大家开拓思路，更多元地理解这六个生涯角色。

（三）演一演我的生涯角色

【心理剧：我的生涯发展阶段与生涯角色】

1. 活动道具

(1) 五把空椅子

(2) 分别贴上：成长阶段、探索阶段、建立阶段、维持阶段、退出阶段

(3) 制作"子女、学生、休闲者、公民、工作者、持家者"六个角色卡片

2. 活动分组

6人一组，其中一位学生是主角，其他五位学生做主角不同阶段的"替身"，一轮完成后交换。每人都要体验一次主角、替身和观察者。

3. 心理剧表演

主角在不同阶段，选择不同的角色，然后依次对各阶段的替身说一句话，最后替身逐个复述主角刚才说的话，主角听了替身的复述后，分享当下的感受。

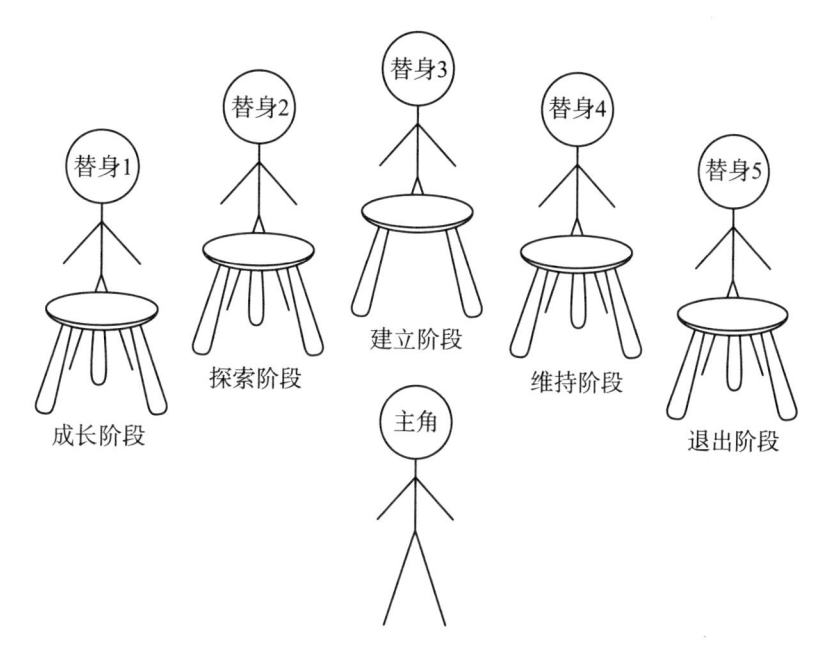

[图：替身1（成长阶段）、替身2（探索阶段）、替身3（建立阶段）、替身4（维持阶段）、替身5（退出阶段）、主角]

4. 分享交流

主角①心理老师（示范）　**我的生涯发展阶段与生涯角色**

	子女	学生	休闲者	公民	工作者	持家者
成长阶段 （0—14）	母亲工作忙，疏忽了对我的照顾，童年很孤独	—	—	—	—	—
探索阶段 （15—24）	家庭条件较好，但父母经常吵架，常郁郁寡欢	学习成绩较好，经常得到学校的奖励				
建立阶段 （25—44）	自己做了母亲，体会到当年父母的难处	进修学习	—	做心理志愿者	工作上有一定成就	结婚 养育子女
维持阶段 （45—65）	照顾年迈的父母	每天学习	旅行	做心理志愿者	—	—
退出阶段 （65—）	照顾年迈的父母	每天学习	旅行	做心理志愿者	做自己喜欢的事情	—
活动感悟	听"替身"复述我不同阶段、扮演不同角色的故事，很是感慨：自己"叙说"时，是多么的不经意，但听替身"复述"时，心里像打翻了五味瓶——对儿时"孤独与郁郁寡欢"的心疼；为自己的"努力与优秀"而欣喜；为有一群志同道合的朋友和一份热爱的事业而感到欣慰；在理解父母之后的释怀。					

111

主角②学生甲　**我的生涯发展阶段与生涯角色**

	子女	学生	休闲者	公民	工作者	持家者
成长阶段 (0—14)	父母经常因我的学习成绩达不到他们的要求而打我	—	—	—	—	—
探索阶段 (15—24)	考取区重点父母不满意	开始勤奋学习了	—	—	—	—
建立阶段 (25—44)	—	—	环游世界	—	—	结婚 生孩子
维持阶段 (45—65)	照顾好年迈父母	—	—	—	—	—
退出阶段 (65—)	如果有来世，我还做他们的孩子	—	—	—	—	—
活动感悟	心理剧让我回忆自己的过去、畅想自己的未来，把自己以往的经历与遭遇讲述给"替身"听，这是件很有趣的事。 当"替身"复述我的话时，我感觉童年时父母对我所做的事，其实也是为了我好，为了让我获得一个更好的文凭、更好的生活。现在我有些后悔，后悔当初没有坚持学书法，后悔和他们吵架，后悔和他们打架，后悔初中几年没有好好学习，"混"了好几年，断送自己美好的未来。 但我相信，在未来三年中，我会变好，变成我想成为的那个人！					

主角③学生乙　**我的生涯发展阶段与生涯角色**

	子女	学生	休闲者	公民	工作者	持家者
成长阶段 (0—14)	父母离异 与母亲同住	学习努力 成绩挺好	—	—	—	—
探索阶段 (15—24)	—	大学毕业	—	—	找份工作	单身
建立阶段 (25—44)	—	—	—	—	—	—
维持阶段 (45—65)	—	—	—	—	—	—
退出阶段 (65—)	—	—	—	—	—	—
活动感悟	我预感我会活到35岁，因为我害怕、畏惧、讨厌我老了以后的样子，害怕被时代抛弃，也害怕生病时的苦与痛，即使生活中有同等的喜和乐，我也希望早点"离开"，早点归于平静。 但是，当我听到其他同学做主角时，都说要活到80岁，乃至100岁时，我觉得我是另类，之前，我从未觉得自己有"问题"。					

替身①活动感悟：

作为主角的"替身"，活动伊始我就在思考：这个活动有何意义？主角站在五个"替身"面前，诉说自己的一生，然后再由"替身"复述给主角听。可是，当同样的话，从"另一个自己"嘴里说出来时，原本主角所困惑、纠结的事，在那一瞬间找到了内心的释然；那些隐藏着的、欲言又止的话，被另一个"自己"说了出来，内心瞬间产生共鸣，那是何其美妙啊！

替身②的活动感悟：

我做了两回"替身"，一次是在"维持阶段"，我听到"主角"对他"维持阶段"对"持家者"角色的想象：他认为他会被他的子女们榨干，并且，他会在"维持阶段"失去"子女"这一角色。我能感觉到他的"痛苦"，这份痛苦源于他悲惨的童年。原来童年的不幸，会影响一个人一生的幸福。

另一次是做一位女生"探索阶段"的"替身"，她对于自己的恋爱十分向往，并幻想在大学生个孩子，虽然梦想很美好，但我很想对她说"现实很残酷"，如果现在不好好学习，那么她的梦想便是虚无的。可我还是由衷地祝福她：梦想成真！

旁观者①的活动感悟：

我很佩服同学能够大胆地讲述自己的故事，我是一个比较敏感的人，不太敢在大家面前表露自己的个人情感。作为旁观者，当我听到同学说她最近常与父母吵架，我一下子"get"到了，我现在也处于叛逆期，常常会因为父母不经意的言语自己生闷气。还有，我很讨厌他们指责我，因为我觉得有时候他们自己的行为也很不恰当，比如初二上学期，他们居然忘了我的生日，那天我躲在房间里哭了很久，妈妈看见后轻描淡写地说：不就是一次生日吗？明年还有。可是，姐姐的生日他们一次都没忘记过！对此，我心里很不平衡。

作为旁观者，当听到同学们的经历与我很相似，我释怀了许多。

旁观者②的活动感悟：

坐在下面，我看到有的主角，对不同阶段的"替身"说了很多期待，多得"替身"都记不住；有的主角，对自己的未来很清晰，比如考什么大学、找什么工作、怎么对待自己的子女，就像是站在生命的终点回望自己的过往；有的主角虽然说得云淡风轻，但现实生活中并不缺小确幸、小波澜。

与他们相比，我没有人生规划，对生活也没有那么热情，我只希望自己考上大学后就疯狂赚钱，然后能去俄罗斯看芭蕾、喝伏特加，去德国、美国帮渔民捕鱼挣路费，去南极参加志愿者服务保护小企鹅,去伊朗看看……

我向往不一样的生活,那就去试试?

(四)总结主题

舒伯认为"生涯"包括个体一生所扮演的各种各样的角色,需要个体积极地统整自我,以最终达到自我实现的状态。他用"生涯彩虹图"将人的一生划分为成长期、探索期、建立期、维持期和衰退期,每个阶段都有相应的生涯角色和生涯任务。

高中生正处在生涯探索初期,逐渐开始畅想未来的生活,但大部分高中生对人生的思考还处于朦胧的状态,希望本次活动能引导大家认识到人生不同阶段的生涯发展任务,厘清其价值与意义,立足当下放眼未来,主动规划自己的人生。

同学们还记得影片《人生遥控器》中的建筑师迈克尔·纽曼吗?还记得他手中的遥控器吗?如果此刻你手上也有一个这样的遥控器,你会怎么"控制"你的人生呢?你又会怎么去平衡生命中的各个角色呢?

课例分析:本课程实施过程要突出三个关键点:结合生涯角色理论进行知识普及和理论分享;创设情境促进生生互动和经验分享;教师的课堂回应要关注资源取向和进行积极赋义[①]。

课程中的活动结合高中生当下扮演的生涯角色进行,呈现了生涯发展的五个阶段——成长期、探索期、建立期、维持期和衰退期。每个生涯角色的澄清最重要的是帮助学生了解每个角色的核心任务、当下的核心角色和自己可作为的空间。课程内容结合高中生的年龄特征和发展任务适当地进行拓展和充实,可以帮助个体具体而清晰地了解不同角色是如何构建个人独特生涯类型的,角色的组合又如何安排才能达到最佳的自我实现。课程让学生注意自己的核心角色与生涯发展各个时期的任务,可以帮助学生更好地提升生涯意识,启发生涯觉知,为他们的生涯发展助力。

第四节 注意要点

在中小学生涯教育的课堂上,生涯彩虹图是一个透视生涯角色理论的好工具。在实际应用时,生涯教师需要提前准备一份空白的生涯彩虹图,然后指导学生画出与其生涯发展有关的各种角色的起始与发展轨迹。理解生涯角色理论,绘制生涯彩虹图

---

① 李惠君.生涯彩虹理论在高中生涯辅导课程设计中的应用初探[J].江苏教育,2018(10).

时,应注意以下三点:

1. 注意角色的组合

一生的生涯发展,包括发展阶段、生活空间以及生活方式等多方面。透过这张彩虹图,可以帮助学生具体而清晰地了解不同的角色是如何构建其个人特有的生涯类型的,不同的角色如何在不同的发展阶段出现,角色的组合如何合理安排才能达到最佳的自我实现。

2. 把握角色发展的时机

要注意学生的显著角色部分与时机,这些资料往往能提供很好的线索,作为进一步了解与咨询的依据。生涯教师可以协助学生预先设定下一步的生涯发展任务,设计如何研究具体的实施步骤,使得未来的显著角色能得到充分的发挥。

3. 了解角色间的交互影响

舒伯经过多年研究,借助生涯彩虹图创造性地展现了生涯发展阶段和个人角色之间的关系。个人在发展历程中,随年龄的增长而扮演不同的角色,彩虹图的外圈为主要发展阶段,内圈阴影部分的范围、长短不一,表示在该年龄阶段各种角色的份量不同;在同一年龄阶段可能同时扮演数种角色,因此,彼此会有所重叠,但其所占份量会有所不同。辅导老师在教学中需有意识地引导学生:个体在外部环境变化和特质成长的共同影响下,各种角色交互影响最终交织出了每个人独特的生涯。

第七章　生涯社会学习理论与应用

影响一个人生涯决定的原因,一直是研究生涯发展的专家学者颇为重视和关心的话题。社会学家认为,个体发展所处的环境是决定个体生涯选择的主导因素;心理学家则普遍认为,是人格、价值观、兴趣等个人因素主导着个体生涯发展。

1979年,克朗伯兹(Krumboltz)等人推出了《社会学习理论和生涯决定》一书,提出了生涯决定的社会学习理论。他们将班杜拉(Bandura)创立的社会学习理论运用于职业生涯规划指导中,以探讨社会、遗传与个人因素对职业决策的影响。

第一节　时代背景

一、社会学习理论的兴起

(一) 心理学的发展

19世纪60年代,以华生(Watson)、斯金纳(Skinner)为代表的传统行为主义因其极端化和简单化的倾向受到了心理学界的强烈批评。他们把人的意识看成是处于刺激和反应之间的一个被动连接,学习只有在个体实际进行某一行为的时候才发生。这种观点导致行为主义理论的发展受到了不可避免的阻碍,许多试图取代行为主义的研究范式先后出现,特别是以信息加工理论为主导的认知心理学。班杜拉吸取了认知心理学的观点,强调研究人的认知过程,将人看作是积极的、有计划的和有目的性的,而不是强化刺激的被动接受者。

(二) 社会的发展

二战结束后,大众传媒技术突飞猛进,以电视为主要媒介的信息传播手段使人们的生活方式产生了革命性的变化,对人的思想、情感、态度和行为方式等都产生了巨大的影响。人们通过电视、广播等媒介足不出户便能获得大量的外界信息,因而借助观察学习获得知识的学习方式也逐渐被人们所认识。正是基于这一社会背景,班杜拉提出了社会学习理论并于1986年出版了《思想和行为的社会基础:一种社会认知理论》。

二、班杜拉社会学习理论的提出

班杜拉通过一系列的实验来研究儿童学习问题,进而提出了观察学习、自我调节、自我效能感、三元交互决定论等观点,为心理学的发展作出了巨大的贡献。他认为观察学习是人类学习的最主要方式,也是人类文化传递的途径。他将认知的观点引入到传统行为主义理论中,从而革新了行为主义心理学。班杜拉强调社会示范在人类动机、思想和行为中的主动作用,以及以认知为基础的主体内部因素对自身心理机能活动的调节,揭示了个体行为的自我调节和自我反省能力,以及主观能动性。

以往的学习理论往往忽略社会变量对学习行为的作用,研究者通常用物理的方法来进行动物实验,而班杜拉认为这对于身处社会环境中的人来说,并没有太大的意义。他强调要在自然的社会情境中研究人的行为,人的很多行为都是在社会情境中通过观察和模仿学到的。

从1963年开始,班杜拉对儿童进行了一系列的实验。在一项有关观察学习的实验中,班杜拉就榜样行为对儿童的影响进行了研究,结果发现不管是电影的、卡通的还是现实的榜样行为,都会引起儿童的模仿学习。随后,为了探究儿童在榜样受到奖赏或惩罚的时候,是否还能习得行为,抑或是增加、减少行为,他把儿童分为两组进行实验。两组儿童在电影中看到一个成年男性对玩偶实施不同的攻击性行为,但在最后,一组儿童看到的是这个成年男性受到了奖励,而另外一组儿童看到的则是这个成年男性受到了惩罚。接着,引导儿童进入一个放着影片中同样玩偶的房间。结果发现,影片中成人攻击性行为受到惩罚还是奖赏是儿童模仿这种行为的决定因素,看到奖励榜样的儿童表现出了更多的攻击性行为。

这是否说明看到奖励榜样的儿童比看到惩罚榜样的儿童学到了更多的攻击性行为呢?当鼓励儿童模仿榜样行为时,结果显示儿童在模仿攻击性行为方面没有任何差异,也就是说,他们都学会了攻击性行为,只不过没有同样的表现罢了。因此,班杜拉认为学习通过观察榜样行为就可以发生,但学习的结果是否转化为行为则受到诸多内在与外在因素的影响,社会学习理论由此诞生。

第二节　主要观点

一、班杜拉社会学习理论的基本内容

（一）观察学习

观察学习是班杜拉社会学习理论的一个基本概念。观察学习也叫替代学习，就是通过观察他人或榜样的行为，获得示范行为的象征性表象，并引导学习者做出与之相应的行为的过程[①]。学习者通过观察他人的行为，不必自己亲身体验其结果也可以学习，而且人类大部分的行为都是可以在观察替代的基础上学会的，不必经过漫长的试误。个体可以通过吸取他人的经验和技能，提升自己的知识与技能。但观察学习又不仅仅是模仿，而是一种较为复杂的学习过程，由四个相互联系的过程组成：注意过程、保持过程、运动再现过程和动机过程。

1. 注意过程

选择性注意在观察学习中起着关键作用。学习者会面临大量的榜样刺激物，只有当学习者足够注意榜样的时候，才有可能开始观察学习。影响注意过程的因素主要有三个：(1)榜样的特点，包括显著性、情感诱发力、复杂性、流行性、功能价值等，例如社会地位较高、比较有威望的榜样较易受到关注；(2)学习者本身的特征，如感知觉能力、已有的知识经验等；(3)人际关系的结构特征，学习者在观察中能学会什么行为，与其所处的团体有很大的关系，这会影响学习者行为模式或人格特征的形成。

2. 保持过程

保持过程即学习者将学习的内容进行编码，转化为符号，并通过演练加以巩固的过程，也就是学习者记住示范行为的过程。如果学习者记不住观察到的榜样行为，观察学习就中断了。观察学习主要依赖表象和言语两种系统，学习者将观察到的行为以表象的形式长期储存，当在合适的环境中时这种表象就被唤起。表象系统与示范行为的言语编码有关，调节行动的认知过程大多数是言语的。言语符号编码可以促进观察学习及其保持。当把榜样行为转为表象和容易利用的言语符号后，这些记忆就可以用来指导人的行为，即进入运动再现阶段。

[①] 阿尔伯特·班杜拉. 社会学习理论[M]. 陈欣银,李伯黍,译. 北京：中国人民大学出版社,2015.

3. 运动再现过程

运动再现过程是指学习者将储存在大脑中的言语符号或表象转化为行为的过程。学习者将所学到的榜样行为付诸行动,但学习者表现出的行为并不是准确无误的,还需要通过练习和反馈予以调整和修正。因为有时候学习者所储存的言语符号或表象不太完整,练习有助于完善增强记忆。

4. 动机过程

学习者是否会将通过观察学习获得的行为付诸行动,关键在于学习者是否有动机,只有当学习者出于某种动机表现出所学习的榜样行为时,观察学习的过程才算完整。激发动机的强化有三类:外部强化、替代性强化、自我强化。外部强化是指通过外部因素对学习行为产生的直接强化。例如,个体学习一门外语后如果不常使用,也许会渐渐淡忘,而如果生活中需要经常使用,那么就能不断强化所学语言。替代性强化指学习者通过观看榜样受到的强化而获得强化。例如,教师在课堂上所举的案例能作为激发学生动机的榜样,榜样的正面影响还能引发学习者的积极情绪。自我强化则是个体对照社会评价机制对自己的行为进行评价。当自我评价是积极的时,该行为将增加;当自我评价是消极的时,学习者将会减少该行为。

(二) 三元交互决定论

三元交互决定论对传统行为主义的"刺激—反应"二元理论进行了改进,同时也不完全同意人本主义强调的个人因素决定论,它认为环境、行为、认知三者是相互决定的,不可分割。班杜拉认为:"环境、行为、认知三者彼此相互联结、相互决定,在这一过程中涉及三个因素的交互作用而不是两因素的结合或两因素之间的单向作用。行为和环境条件作为交互决定的因素而起作用。人的认知因素,和行为同样是彼此交互决定的因素。"[①]

(三) 自我调节

班杜拉认为个体能够以自己的内在标准调节自己的行为,即通过将自己行为的计划和预期与现实成果进行比照,进而作出下一步行为的决策,这个过程是个体进行内在强化的过程。他指出,如果行为仅仅由外部报酬或惩罚所决定,人就会像风向标一样,不断地改变方向,以适应作用于他们的各种短暂影响。事实上,除了某种强迫压力外,当面临各种冲突影响时,人们会表现出强有力的自我导向。由于人们

---

① 叶浩生.论班图拉观察学习理论的特征及其历史地位[J].心理学报,1994(2).

具有自我指导的能力,可以通过自我的结果为自己的思想、情感和行为施加某种影响①。

自我调节包括三个子过程:操作、判断过程和自我反应②。首先,个体根据各种标准对自己的行为作出评价。接着,个体在行动之前会为自己确定一个目标,并以此来判断和评价自己的行为与标准间的差距,如果行为超出了标准,就会产生积极的自我评价。其中,自我判断的核心是目标的确立,如一个学生会以其他同学的成绩作为参照以对自己的学习作出评价。最后,个体对自己的行为进行了评价后产生自我肯定、自我奖赏或自我惩罚的反应。自我调节系统的缺失或失调,很可能造成如没有动力、长期沮丧、目标丧失等一系列消极反应。

(四) 自我效能感

自我效能感指的是个体对自己是否有能力控制自己的生活的信念③。人的主观能动性有助于提升行为效果,自我效能感是个体的自我评价,带有很强的主观性。也就是说,个体以自身为参照对象,基于自身技能、能力进行判断,所以有时感性判断和理性判断之间可能存在一定的差异。此外,自我效能感也是在不断变化的,成功的行为结果会增强个体的自我效能感,失败的行为结果则会降低自我效能感。

班杜拉对自我效能感的形成条件进行了大量的研究,指出自我效能感的形成主要受四种因素的影响:一是成败经验,指个体通过以往的成败经验获得对自身能力的直接经验;二是替代性经验,指个体从对别人行为的观察中获得对自己能力的评估;三是言语劝说,包括他人的暗示、建议和劝告等,以此鼓励个体对自己能力进行重新认识;四是情绪和生理状态,当个体在面对某项任务时,适度的身心反应会使其平静、自信,而焦虑不安则会使个体对自己的能力产生怀疑。

二、克朗伯兹生涯社会学习理论的提出

克朗伯兹的社会学习理论,综合了班杜拉社会学习理论的观察学习和学习心理学中的经典条件学习(classical conditioning)的观点——某些环境的刺激会引起个人情绪上积极或消极的反应,即正反馈或者负反馈。克朗伯兹试图解释个人的教育与职业喜好和技能是如何形成的,以及这些喜好和技能如何影响个人对各种课程、职业和工

---

① 参见:高申春.人性辉煌之路——班杜拉的社会学习理论[M].武汉:湖北教育出版社,2000.
② 阿尔伯特·班杜拉.社会学习理论[M].陈欣银,李伯黍,译.北京:中国人民大学出版社,2015.
③ A.班杜拉.自我效能:控制的实施[M].缪小春,等,译.上海:华东师范大学出版社,2003.

作领域的选择。

虽然其他的生涯选择理论或多或少会提到不同因素对生涯选择的影响,但这些描述都不如社会学习理论对各种变因的描述清晰分明。后者所强调的影响因素包括遗传因素、环境的情况与事件、学习的经验、认知与情绪的反应以及表现的反应和技能等。个别因素对个人的生涯决定虽只有较小程度的影响,但不同因素交互组合,使得不同的人做出不同的生涯选择。

克朗伯兹的兼顾社会和心理的观点来解释个体生涯选择的原因,并形成了生涯决定的社会学习理论,强调"个人—行为—环境"的交互作用,重视决策过程中自我反省和自我指引的作用。该理论认为个人的决策行为虽然受到其独特的学习经验、环境中积极和消极事件的影响,但是人类并不是环境中受制约的、被动的有机体,相反,人类在受到环境的制约后,能主动依据自己的行为目标及需要作适当的控制。

生涯决定的社会学习理论深入分析社会中各种变动的因素,指出整个环境是变动不居的,反映在个人的生涯决定上,就是增加了许多浮动不定的因素,个体需要以动态的眼光看待自我和社会。社会学习理论特别强调生涯决策能力的培养与学习,认为能力和兴趣是习得的,也是可以拓展的;同时,工作内容是持续变化的,强调个体付诸行动的重要性以及要积极看待生涯犹豫现象,善于规划偶发事件,及时把握机遇,这样才是应对急剧变迁社会的上策。该理论对个人生涯规划具有重要的指导意义。

(一)影响个人职业生涯的四种因素

克朗伯兹认为,个人生涯发展过程是极其错综复杂的,是诸多因素交互作用的结果,其中对个人生涯决策起主导作用的有四种因素。

1. 遗传素质和特殊能力

指一个人身上获得的各种因素,例如种族、性别、外表和体质等,或者与生俱来的身体协调能力、音乐美术等艺术天赋和智能水平,这些因素都会在一定程度上限制个人对职业、学校教育选择的自由。例如,一些人在体能、灵活性、身体协调性方面较有天赋,那他们便更有可能在体育领域取得较好的成绩,而那些天生体能欠佳的人想成为体育达人则需要比有天赋的人更加努力和投入。不过即使如姚明这般拥有篮球运动员所需具备的优秀的身体条件,也需要投入高强度的训练。再如,不同性别的人在职业选择的时候会有不同的倾向与偏好。可见,先天的遗传因素和外在条件等会在一定程度上影响个人的某些能力和选择自由,进而影响生涯发展路径。

2. 环境的情况和特殊事件

在影响个人生涯决定的诸多因素中，还有许多是来自外部环境且非个人能够控制的，如社会因素、教育因素和职业因素。例如，随着经济社会的不断发展，社会所需的"热门职业"也会随之发生变化，不断有"新兴"职业诞生，导致工作机会数量和性质的变化。此外，还有教育和培训机会的数量和性质，政府政策对不同职业的从业要求，不同职业的投资报酬率，劳动法和工会的作用，自然环境的影响，科技发展程度和社会组织的改变，家庭和教育系统的影响，邻居和亲朋好友的影响，等等。

3. 个人学习经验

个人学习经验是生涯决定社会学习理论最为强调的因素，也是该理论的核心内容，即个体独特的学习经历。不同学习经验的获取，在个人生涯决定过程中起到关键性作用。个体的生涯决定、职业偏好是建立在各种学习经验共同作用的基础上，经历不同，选择自然也会不同。

为了更好地解释个人学习经验对个体生涯决定的作用，克朗伯兹将个人学习经验分为工具式学习经验（Instrumental Learning Experience）和联结式学习经验（Associative Learning Experience）。

工具式学习经验，包括"前因、行为、后果"三部分。"前因"指的是个体所具有的先天遗传因素和特殊能力与技能、所处的环境、发生在个体身上的事情（即个人生活中的刺激）；"行为"则是个体因为"前因"而出现的内在情绪、认知反应以及相应的外在行动；而"后果"指的是个人行动所带来的影响，以及个体基于事件的后果而产生的认知和情绪。

在一般条件下，某种刺激的出现，会导致个体内在情绪认知的反应以及外在的直接行动，由此产生一系列个体内在认知和情感的变化以及行动带来的直接后果（表7-1）。克朗伯兹认为，人就是在这样的过程中，通过反思经历不同的事件不断积累经验，获得成长。简而言之，工具性学习经验就是个体根据自己的遗传特质、特殊能力、经历的事件和产生的想法等形成的各种各样的经验和认识。例如，从小学习钢琴而获得钢琴弹奏技能，因为持续地努力练习使自己的钢琴技能不断提升而产生了"努力才有收获"的认识（表7-2）。成功的生涯发展所需要的技能，都需要通过积累工具式学习经验才能获得，可以理解为"直接经验"。

表 7-1 工具式学习经验

前因	行为	后果
遗传特质、特殊能力与技能		自己或他人的口语反馈
工作或问题	内隐或外显的行动	对行为后果的反应
社会环境与事件		重要他人的作用

表 7-2 工具式学习经验举例

前因	行为	后果
从小便有音乐天赋,开始学习钢琴		弹奏水平不断提升,得到了老师的认可
钢琴练习非常艰苦,每天需要花费大量的时间,而且很枯燥	克服懈怠情绪	练习钢琴虽然很枯燥,但从良好的技能和心态中可以获得成就感
因为优秀的表现,获得了很好的演出机会		其他练习钢琴的人看到了她的收获,积极认同

联结式学习经验重视个体行为与环境的相互作用。环境的刺激并非都是中性的,有时候某些积极的和消极的刺激会同时出现,与原本个体已有的中性刺激产生联结式反应,引发个体行为或情绪的积极、消极反应。人的刻板化印象能够很好地解释这种学习经验。例如,个体在了解到自己某一位从事教师职业的朋友薪酬不高后,会产生"教师薪酬不高"这一印象,而且这种经验往往较为深刻,难以改变,具有较强的主观色彩。也就是说,人们对某件事的印象往往是通过刺激引起的各种积极或消极的反应获得,这便是联结式学习经验。简而言之,联结式学习经验就是个体获得的关于某件事情的间接经验与自己原有的想法或认知联结而形成的各种各样的经验和认识,可以理解为"间接经验"。

4. 任务取向技能

上述各种因素交互作用,使得个体逐渐形成特定的问题解决能力、人际关系处理能力、工作习惯、职业价值观、情绪反应、认知等。这些被称为任务取向的技能,可以解释为何面临同样的决策情境,不同的人会采取不同的行动。每个人的先天遗传因素、所处的环境情况和经历的特殊事件、获得的直接或间接经验都不尽相同,导致其面临情境时的行动也不尽相同。

(二) 生涯决定各因素的影响

个体从出生起就受到了上述四种因素的交互作用,在进行生涯决策的时候也显露出了其交互作用的结果,分别形成了个体自我观察的推论、世界观的推论、工作取向的能力以及行动。

1. 自我观察的推论(self-observation generalizaton)

即个体对自我的评价,包括对自己处事风格、自身能力、兴趣、价值观的自我评估。这种评价可以来源于亲身经历(直接经验),也可以来源于所见所闻(间接经验)。例如,一个身高不足1.7米的男性,他对自己的评价中或许有一条是:我身高不符合打篮球的标准,我永远也不可能打好篮球。

此外,克朗伯兹等人还认为自我观察推论中最重要的推论之一就是"喜好",一个人喜欢运动而不喜欢写作,喜欢数学而不喜欢语文,都是自身过往学习经验的累积,也许是因为在运动上更有天赋,也许是因为在数学上获得了更多的成就感。兴趣是学习经验的结果,学习经验本身会对个人未来职业方向、职业技能等造成冲击,这再次印证了学习经验的重要性[1]。

2. 世界观的推论(word-view generalizaton)

世界观的推论指个体对外部世界或未来的评估与推论,特别是对职业前途的推论和展望。简而言之,就是个体对外界的评价与看法,与自我观察推论一样建立在个体过往的学习经验之上。个体的世界观推论是否正确,与个体过往的学习经验紧密相关,主观性较强。

3. 工作取向的能力(task approach skills)

工作取向的能力指的是个体所学习到的各种应用到生涯决策中的认知和能力的总和,能够很好地解释个体适应环境变化的能力,以及自我观察推论和世界观推论之间的关系。

4. 行动

个体结合自身的过往学习经验、自我观察的推论、世界观的推论,运用工作取向的能力,采取实际的生涯行动,寻找未来发展的途径。

可以说,个体的生涯发展过程便是在四因素的综合交互作用下不断前进的,每一次经验积累、每一个行动都会影响个体的生涯决策,这是一个十分复杂且互为因果的

---

[1] 张琳琳. 新时代背景下中职学校生涯教育发展探析——基于克朗伯兹的生涯决定社会学习理论[J]. 中小学心理健康教育,2020(3).

模式(图 7-1)。

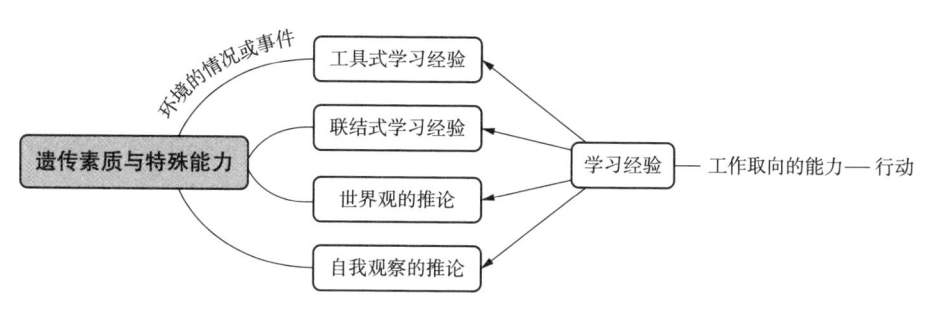

图 7-1　社会学习理论影响个体生涯决定的模式

如图 7-1 所示，影响个体生涯决定的诸多因素，是不断反复、交互出现的，工作取向的能力既是原因，也是结果。

对此，克朗伯兹这样描述："你看我并不用生涯规划这个说法，我会更愿意用'生涯行动'这个说法，因为生涯规划这种说法，好像是说在工作之前你要先有一个计划的概念，可有很多学生他们没有一个计划的概念，或者说很多时候这个计划没有奏效，毕竟你找工作的时候，可能是由于机缘巧合，需要赶紧跳过去抓住它，把握住这个机会，而这个东西不是事先就在你计划之内的。所以应该称之为生涯行动的学习，或者是生涯学习的行动。"

此外，克朗伯兹还提出"生涯信念"的概念，他认为生涯信念是人们设定的关于他们自己必须付出的行动以获得工作世界成功的各种假设，以及个人关于各种职业相关经验的假设和推论。这些信念与性别、年龄、工作经验、社会经济地位等紧密相关。[1]

关于自我的信念核心是对自己表现的评估和对未来的预测，而关于职业世界的信念核心是对环境及未来事物的评估与展望。很多个体不能做决定，很大程度上是对自我和职业世界存在限制性信念。

是什么让一个个体更可能进入一种职业？克朗伯兹认为答案是：(1)最近表达了对该职业的兴趣；(2)获得了该领域的学习与就业机会；(3)学习了满足该职业要求的技能。

---

[1] 彭永新，金树人，郑日昌. 职业生涯信念测评的研究进展[J]. 教育研究与实验，2009(6).

第三节 实践应用

根据生涯社会学习理论,我们在中小学生涯教育中应不断为学生创造职业体验的场景,提高参与度,鼓励更多的学生结合自己的兴趣,参与各行各业的职业体验活动,以亲身体验的方式提高对生涯发展的认识度,检验自我认知,不断提升自我能力。我们还应重视榜样的示范作用,通过典型案例激发学生内在的发展动力。

一、通过实践体验活动获得生涯发展

生涯社会学习理论强调学习和学习经验的重要性。具体来说,就是要为孩子提供更丰富的学习环境,创造更多的实践体验,开拓更多的可能性,引导学生有系统有步骤地学到生涯决策方法。生涯体验的目的在于挖掘生涯社会学习理论中强调的学习经验,如决定个体行为是否得到强化的工具式学习经验,以及决定是否将中性刺激和使人产生积极或消极反应事件联结起来的联结式学习经验。学生可以通过各类实践性的活动,开拓视野,了解社会的政治、经济、科技、文化等各方面的发展变化,了解社会对人才的需求,接触未曾体验过的情境,获得个体自我成长。

案例　　　　　　　　　　　"小言子看社会"[①]

(一)"小言子看社会"生涯启蒙教育的背景

上海市奉贤区思言小学是一所伴随奉贤区南桥新城建设而生的公办小学,其校名"思言"与奉贤"贤文化"有着深厚的渊源。

随着经济水平的发展,地处南桥新城的"思言小学"周围也在发生着翻天覆地的变化,但同时许多曾是奉贤"贤文化"重要组成部分的老物件和非物质文化遗产在逐渐消失。作为一所致力于传承优秀传统文化的学校,我们认为要利用自身地域特质,挖掘周边文化资源,发挥老物件和非物质文化遗产对学生生命成长的教育意义。通过开展"小言子看社会"生涯启蒙实践项目,组织走向社会"三看"生涯实践行动,进行"四小"生涯岗位体验等,"小言子"体验了不一样的生命成长历程,获得了关键性的成长。帮助学生认识自我、了解职业、激发兴趣、种下梦想,是小学阶段开展生涯启蒙教育的重要目标。

---

① 本案例由上海市奉贤区思言小学施建英老师提供.

(二)"小言子看社会"的实施过程

1. 聚焦非遗,开展系列观察行动

"小言子看社会",如何去看?我们的视角聚焦在非遗上。通过看社会中的"人""物""景",体会"人之品质,物之印记,景之味道",在潜移默化中影响"小言子"的思想和行为,使其增强社会意识、社会理解和社会责任感。

(1) 看社会中的"人"

这里的"人"是指非遗传人。非遗体现了民族文化的多样性,非遗能够传承下来,这些非遗传人有着功不可没的作用。在当今文化多元、利益多样的趋势下,这些人身上有着特别的价值体验。学校周边就有白杨村山歌传人严忠阳、海派撕纸传人华兴富,等等。学校发动班级学生自由组团,开展采访非遗传人活动,在采访活动中感受非遗传人身上的工匠精神、坚守品质,读懂非遗传承意义,也在学生心中播下非遗文化之情。例如,"小言子们"在采访白杨村山歌传人严忠阳时,通过问答知道了白杨村山歌传承的历史,了解了严爷爷成为非遗传人背后的坚持。他从20世纪70年代开始接触山歌,当时唱山歌只能口传,靠记忆,也没有固定的曲谱。后来有了录像,为了能让孩子们更好地学唱,他就把自己唱的山歌录下来给孩子们听,还把山歌编成曲子记录下来,方便流传学唱。当听到严爷爷担心后继无人时,"小言子们"触发了学做非遗传习人,把山歌传唱下去的决心。

(2) 看社会中的"物"

这里的"物"是指那些快被历史淘汰的老物件。随着社会的发展,很多老物件退出了历史的舞台,这些凝聚了岁月的物件总给人一种厚重的感觉,让人觉得亲切。如纺车,可以把棉花纺成线,成为织布的原料。在过去的农耕时代,这是一项很重要的发明。这些物件曾经在过去的岁月中发挥着各种各样的作用,也成为一代人的记忆。学校发动"小言子"探寻校园周边即将消失但具有纪念意义的物品,用观察和欣赏的眼睛去看待这些"物品"。双休日,在家长志愿者的带领下,"小言子们"走村串乡,寻找老房子,寻找老物件,并请教当地的老人,让老人讲讲老物件背后的故事和历史,用手中的相机拍摄和记录下来。有些老物件还是很多人家的"传家宝",凝聚着祖辈和父辈的点点滴滴,"小言子们"在看物的过程中,借助老物件穿越回几十年前,体会传承之美。

(3) 看社会中的"景"

这里的"景"是指非遗参观景点。奉贤有着三四千年的历史,有着内容丰富、形式多样的非物质文化遗产及景点,例如:奉贤区非遗保护和传承中心、贤园、博物馆非遗

展厅、海湾农垦展示馆,等等。学校结合社会实践活动,开展分年级参观考察活动,让学生了解家门口的奉贤非物质文化遗产,让其扎根学生心间。此外,学校还通过开展"雏鹰假日小队"活动,发挥家长志愿者的作用,带领学生参加上海大世界非遗展,包括非遗再设计展厅、数字非遗厅、非遗原生态展厅、非遗美食、传习教室、戏曲茶馆等。在活动中,"小言子们"不仅看到了许多非遗,体会到了祖国的前进步伐,还感受到了舞台上表演者"台上一分钟,台下十年功"的坚韧毅力。

2. 建立小岗位,开展系列体验行动

在"小言子看社会"中,"小言子们"还立足小岗位,学习收藏、讲解、研究、创新等职业启蒙体验活动,努力践行传承、传播和创新的使命。

(1) 我是小小收藏家

一、二年级的学生进行"我是小小收藏家"体验活动。"小言子们"学习把收集到的物品进行整理、归类、编号、贴标签,同步造册。当来宾们看到一些难觅踪影的老物件,如织布用的梭织、捣米用的石臼、蒲扇、烫婆子、布鞋等,在这里一一出现时,都会产生对旧日时光的念想。这里还陈列着胡桥滚灯、庄行土布、金汇皮影戏……"小言子们"在收藏的行动中,共同留住祖辈的根,守住文化的情,也在收藏的过程中了解不同的社会角色、社会分工,及不同职业的专业素养要求。

(2) 我是小小讲解员

三、四、五年级的学生进行"我是小小讲解员"体验活动。学校是"齐贤修身"基地,经常接待外省市来宾进行参观和文化交流。这时,"小言子们"通过前期的培训,为前来参观的师生、嘉宾讲述非遗物品及老物件背后的故事和历史。例如:小小讲解员小张同学介绍非遗滚灯时,是这么说的:"瞧!这种球就是我们说的滚灯。这些都是纯手工制作的,使用的材料是上好的毛竹。它的形状也很特别,大灯球中套有小灯球,小灯球中固定灯光。滚灯是一项运动。它的动作核心是滚动和旋转。随着滚灯舞者的跃动,大灯球上下飞舞,小灯球亦在其中翻腾,而灯火却不熄灭,流光溢彩,美不胜收。下面让我来演示一下……"来宾们听了介绍,观看了表演,都跃跃欲试,提升了非遗的知名度。而小小讲解员们也在为观众讲解的过程中不断提升人际交往和社会适应能力,并为形成健全的人格奠定了良好的基础。

(3) 我是小小研究员

五年级的学生进行"我是小小研究员"体验活动。学校邀请非遗传人、奉贤贤人、民间艺人等来校一起开展研讨活动,让"小言子们"和爷爷奶奶们一起面对面交流。例如学习当地方言"偒傣话",这是世界上元音最多的语言,通过模仿发音规律,感受非遗的博大精深;又如研究民间锔碗匠和现代古董修复师之间的联系等。"小言子们"在探讨、研究、体验中进一步感受我们伟大的祖先在日常生活中表现出的勤劳、勇敢、智慧等优秀品质,激发了对家乡的热爱,对先辈的敬重,增强了民族的自信心和认同感。

(4)我是小小创新家

学校里还有一个特殊的社团,开展了"我是小小创新家"体验活动。社团成员通过旧物改造,让旧物焕发出新的光芒。如在土布制品中融入现代的花边等时尚元素,做成土布香包、手提包;又如把土布和剪纸完美融合,制作艺术品"土布旗袍",让土布再次焕发出新的活力。社团创作的弥漫着浓厚中国味道的作品还作为礼品赠送给前来参观的外国友人,把我们的优秀传统文化传播出去。学生也在创新体验活动中发现了自身的兴趣爱好,感受到了学习的乐趣,增强了学习的自信心。

案例分析:"小言子看社会"生涯启蒙教育活动,是基于小学生生涯发展特点设计的综合实践体验课程,集合了学校、家长、社区的力量,营造了学生了解社会、体验职业的氛围。这正契合了生涯社会学习理论的核心观点,即个人学习经验及社会环境因素对个体生涯发展将产生重要影响。同时,学校丰富有趣、有针对性的活动设计,如"我是小小收藏家""我是小小创新家"等,能够很好地调动学生的学习积极性,引发学生对于学习模仿的兴趣。

总而言之,学校在开展生涯启蒙教育活动时,融合了学校与社会、课堂与生活、过去和未来,让学生在生涯体验中认识自我、觉察生命、发展素质、开启潜能,对培养学生积极的生活态度、激发学生的兴趣起到了积极作用。

二、通过了解职业世界获得生涯发展

生涯社会学习理论鼓励个体在社会变迁中学习,以"变"应变。新时代背景下,个体置身社会,影响个体"自我观察的推论""世界观的推论"等因素的外部环境瞬息万变,职业世界的变迁也从未停下脚步。对于中小学而言,谈论职业世界似乎较为遥远,然而,这是个体生涯发展中的重要话题,生涯教育将直接或间接指向职业世界。因此,了解社会职业的种类及其变迁是个体了解外部世界的一个重要途径,也是不可或缺的替代性学习经验。

案例　　　　　　　　　　"职业放大镜"课例①

教学流程：

（一）暖身活动：猜猜我是谁？

教师从"职业百宝箱"中抽出一张词卡，用语言描述词卡上职业的特点和所需要具备的能力，看谁能最先猜出是什么职业。（注意：描述的过程中，不可以出现含有职业名称的字词）

（二）"职业放大镜"

教师：通过游戏，老师发现你们对社会职业的特点和所需的能力有了一定的了解。今天的这节课，就让我们一起走进"职业放大镜"，体验我们的未来职业梦。

1. 活动一：职业知多少——了解飞行员的职业特点和能力。

(1) 播放视频：飞行员的日常训练。

(2) 出示：飞行员招募的基本条件。

(3) 小组讨论：要成为一名飞行员需要具备哪些能力？为什么？

（教师出示几个基本职业能力作为参考）

(4) 小结：飞行员需要具备很强的空间分辨能力、方向分辨能力、听觉能力、记忆能力、想象能力、视觉能力、观察能力、平衡能力、运动能力、身体素质和心理承受能力。

2. 活动二：职业放大镜——探索医生的职业特点和需要具备的能力，加深职业能力认知。

(1) 出示：新冠肺炎疫情下医生们奋战在一线治病救人的图片。

(2) 提问：有没有同学的家长是医生？你长大以后想不想和爸爸或者妈妈一样成为医生？

(3) 思考：要成为一名治病救人的医生需要具备哪些能力？（小组讨论，每组选代表交流）

(4) 小结：医生需要具备很强的学习能力、动手能力、表达能力、听觉能力、视觉能力、观察能力、记忆能力、写作能力、身体素质和心理承受能力。

3. 引导学生归纳飞行员和医生共同具备的能力：表达能力、动手能力……；找出飞行员和医生分别具备的特殊能力，如飞行员的平衡能力，医生的动手能力，等等。

教师总结：无论未来从事什么职业，有些能力是我们必须要具备的，所以我们要

---

① 本课例由上海市奉贤区明德外国语小学宋未来老师提供.

从现在开始,好好学习知识,努力提升自己的能力,为未来能够从事自己理想的职业打下基础。

4. 活动三:职业放大镜——体验职业世界。

(1)我们小学生该不该对自己未来的职业有所规划呢?

(2)你自己未来想从事什么职业呢?现在,就让我们"穿越"到未来,打开创意之门,开启我们的"职业梦"。(课件出示:充分发挥想象,结合自己的实际情况,设计属于自己的个性职业名片)

教师温馨提示:姓名、职业、我的能力……

小组分享:我长大以后想成为……,我需要具备的能力是……,因为……。

(3)让几个同学在班级里分享他们的名片。

5. 活动四:未来不是梦——树立职业梦想。

(1)同学们,你们是不是觉得我们的职业梦很遥远呢?如果15年后,你的职业梦实现了,你最想对现在的自己说些什么?课后自己想一想,愿意的话可以通过未来姐姐信箱告诉老师。

(2)总结:梦想只是一个开始,只是奋斗之路的起点。让我们怀揣梦想,发挥优势,提升能力,脚踏实地,努力追求,相信我们的未来必将梦想成真!

案例分析:本节课之前,执教教师对四年级的学生进行了一次调查,发现学生对大部分职业的了解均来源于日常的接触,例如对于生活中比较熟悉的教师、医生等行业的工作内容较为了解。然而对于从事大部分职业所需具备的基本能力,学生们则不甚了解。生涯的学习理论认为,人类大部分行为的习得过程均可来自间接经验,不必经过漫长的试误。本节课以让学生了解某些职业的从业要求为目标之一,让学生通过教师课堂讲授和自主探索了解职业特点,在脑海中形成对职业世界认知的雏形。

其次,本节课的活动环节之设计"个性职业名片",让学生对自己所具有的先天遗传因素和特殊技能进行自我评估,如学生了解到医生需要具备很强的学习能力、动手能力、表达能力、听觉能力、视觉能力、观察能力、记忆能力、写作能力、身体素质和心理承受能力,进而引导学生根据自身的能力、兴趣选择制作属于自己的独一无二的"个性职业名片"。可以说,这节课很好地运用了影响个人生涯发展的四种因素,综合考虑了个人遗传因素和特殊技能、学习经验、生涯行动,呼应了克朗伯兹提出的让个体更可能进入一项职业的三个条件,激发了学生对未来职业的梦想和实现未来梦想的动力,建立初步的生涯意识。

第四节 注意要点

一、生涯社会学习理论的适用范围

生涯社会学习理论以个人和社会相结合的特点,强调个人学习和行动的重要性,以更加开放的态度来看待生涯过程中的不成熟现象。无论是为学校的生涯教育还是生涯个案咨询,都提供了独特的视角。

生涯社会学习理论避免了生涯教育内容的泛化或窄化,拓展了生涯教育的途径,丰富了传统的生涯教育理论,并进行整合。首先,对遗传特质和个人特殊能力的关注是克朗伯兹深入发展生涯规划"特质取向"理论的体现;其次,它将经典的霍兰德职业类型理论与帕森斯的特质因素理论作为个体生涯决策的内因(非静态的),同时充分考虑到中小学生的年龄特点,按照舒伯的生涯发展阶段理论动态看待个体生涯发展过程,对我们实施整体规划的生涯教育有着重要的方向性启示。

二、要协助学生将好奇心转化为探索和学习的机会

在构建中小学生涯教育课程时,要不断提高中小学生职业活动的参与度,注重榜样的引领示范作用。以学生为主体,不断挖掘各种成功经验以提高学生的自我效能感,引导学生有针对性地了解自己、探索外部世界,均是对生涯社会学习理论的有效实践。

凯瑟琳·马歇尔等学者认为,生涯指导中要让来访者了解这样的观点[①]:

(1) 意外事件在咨询过程中不仅不可避免而且不可或缺;

(2) 对未来规划的焦虑是正常且可以消除的;

(3) 绘制职业蓝图的过程需要终身学习,需要面对种种意外事件作出无数次选择;

(4) 职业咨询的目标就是通过对好奇心的激发、让学生从意外事件中受益以及对如何创造机遇事件的探讨,帮助学生找到有关的方法,从而更好地选择自己的职业路径。有了这样的前提,学生可以将个人经历中的偶发事件常态化,意识到自己的行为可以创造机遇事件,从而将好奇心转化为探索和学习的机会,同时克服行动的阻碍,摆

[①] 陈君楣,王海荣.善用机缘论在大学生职业生涯规划中的运用[J].长沙大学学报,2015(1).

脱错误认知的束缚。

三、生涯社会学习理论与其他理论的兼容并存

生涯社会学习理论虽然在一定程度上为学校生涯教育体系的内涵建设提供了理论视角,但这并不意味着该理论与生涯教育研究史的颇多成熟理论技术存在"非此即彼"的关系。例如,舒伯的生涯发展阶段理论作为掌握各个阶段学生生涯发展特点的普遍理论,对生涯教育的准确实施与开展有着重要意义。此外,帕森斯的特质因素理论、霍兰德的职业类型理论等在职业生涯发展理论中得到了广泛的使用。克朗伯兹把这种个人特质的分析归结为促进个人职业生涯选择的内因的一个方面,是个体进行生涯决策时重要的参考依据。因此,作为生涯教育教师,首先要熟悉掌握职业生涯发展的各种经典理论、模型与技术,并根据不同人群、不同年龄、不同问题的学生选择合适的理论与技术。

第八章 体验式学习理论与应用

体验式学习理论是由美国心理学家大卫·库伯(David Kolb)于20世纪80年代提出的。库伯根据杜威的经验哲学、勒温的体验学习模式及皮亚杰的认知发展论,依托心理学、哲学、生理学,形成了独特的体验式学习理论。库伯提出的体验式学习理论将学习定义为通过转化经验来创造知识的过程。知识产生于理解与转化的体验过程[①]。生涯教育只依赖生涯知识的传递是远远不够的,生涯技能和方法,以及情感态度价值观层面的教育目标,必定离不开学生的自我探索和实践体验。运用体验式学习的方式开展生涯教育,有助于唤醒学生的生涯意识,服务学生的生涯成长,从而提高学生的生涯规划能力。

第一节 时代背景

一、体验式学习理论的提出

20世纪20年代的美国,出现了"反传统教育"的热潮,即反对由教师在课堂上向学生传授课本知识的单一教育方式。约翰·杜威在批判传统学校教育的基础上,提出了"从做中学"这个基本原则。杜威强烈地批判了传统课堂教学模式,他认为传统教学以前人知识、课堂讲授和教师作用为中心,而忽视了学生作为教学过程的主体,及其社会活动的重要性。杜威认为,"从做中学"也就是从活动中学、从经验中学,它将学校里获得的知识与生活过程中的活动联系了起来。如果儿童能在那些真正有教育意义和有兴趣的活动中进行学习,将会有助于儿童的生长和发展。在杜威看来,这也许是对

---

① 李文君.体验式学习理论研究综述[J].教育观察,2012(6).

儿童一生有益的一个转折点。

从历史发展来看,当某一时期的教育不重视生活实践,学生被过多地限制在课堂上,学生的个性发展受到抑制时,人们就会呼吁让学生更多地走出课堂,体验生活、体验社会,以达到完善人格的目的。

(一)杜威的学习体验论

约翰·杜威,美国著名哲学家、教育家、心理学家,实用主义的集大成者,也是机能主义心理学和现代教育学的创始人之一。代表作有《学校与社会》《民本主义与教育》《心理学》等。

杜威在1938年发表的著作《经验与教育》中如此阐述他的教育哲学:如果人们尝试系统阐述隐含于新教育实践中的教育哲学,我认为我们会发现某些普遍原则——学习来自课本和教师,学习也来自经验;我认为新哲学的根本一致之处在于认为实际经验和教育之间存在密切和必然的联系。

(二)勒温的群体动力理论

库尔特·勒温常被称为"社会心理学之父",他创立的群体动力理论,将体验式学习由心理学领域、教育领域扩展到社会学领域和培训领域。该理论认为人的心理、行为决定于内部需要和环境的相互作用。

勒温的研究一贯主张理论应该与实践统一,他创立的敏感小组理论和敏感训练研究推动了体验式学习应用技术的蓬勃发展——开始是一些在培训小组中用到的小任务情景,要求小组的体验集中于某特殊议题,后来发展为各种各样的任务情景、结构式练习、游戏、角色扮演等训练方法。这些训练方法的要点是设计一个模拟的情景,这个情景创造了学习者的个人体验,而这些体验促进了学习者理解的过程。

(三)皮亚杰的经验学习模式

让·皮亚杰的认知发展理论摆脱了遗传和环境的争论和纠葛,旗帜鲜明地提出内因和外因相互作用的发展观,即心理发展是主体与客体相互作用的结果。皮亚杰认为智力是一种适应形式,具有动力性的特点。随着环境和有机体自身的变化,智力的结构和功能必然不断变化,以适应变化的条件。

杜威和勒温的体验式学习观从外部向"理性主义哲学"发起挑战,而皮亚杰则更多地从内部对"理性主义哲学"发起了挑战。皮亚杰的理论描述了智力是如何在"体验"中形成的。皮亚杰认为,智力不是个体先天的内在特征,而是个体与环境相互作用的产物,其中,个体行为是关键,而学习是个性化的、具体的和自我导向的。

二、体验式学习理论的发展

20世纪是体验式学习研究的鼎盛期,一系列杰出的研究成果来自众多将体验作为人类学习和发展理论中心论的学者们,如杜威、勒温、皮亚杰等,他们发展了动态的、综合整体观的经验学习的模型。而体验学习的集大成者则是大卫·库伯。

库伯的著作《体验学习——让体验成为学习和发展的源泉》(*Experiential Learning: Experience as the Source of Learning and Development*),借鉴了杜威、勒温与皮亚杰的学习理论,创造性地提出四阶段的体验学习圈模型。该模型构建了程序化、科学化的体验学习过程,在世界范围内已广为应用[①]。

库伯指出,将学习称为体验式,首先与杜威、勒温与皮亚杰的杰出贡献相关,他们提供了基础理论。其次强调体验在学习过程中所起的核心作用,这也正是将体验式学习理论与其他强调获得、控制抽象符号的认知理论,以及拒绝承认任何个体意识作用及主观能动性的行为主义理论区分开的依据。其意义不在于提出能抗衡上述两种理论的第三种理论,而是在于提出一个融体验、感知、认知与行为为一体的综合性观点。

体验式学习理论提供了一个完全不同于基于经验主义认识论的行为主义理论或更多以传统教育方法为基础的内隐理论,上述理论大多基于理性主义认识论。与此相对的体验式学习不仅可以为教育的引导给予启思与建议,也试图揭示学习、工作、生活事件与知识创造之间的关系[②]。

第二节 主要观点

一、体验式学习理论的六个特征

库伯提出的体验式学习的结构模式,指出了个体学习方式的不同类型以及相应学科、专业、职业的知识结构。库伯的发展观认为,从体验中学习促进了人类发展,这种发展观构成了体验式学习在教育、工作以及成人发展中运用的基础。

(一)体验式学习是一种过程

教育不是"银行",教学不是知识的存放,学习不是被动的接受、记忆和重复。学生

---

① D. A. Kolb. Experiential learning: Experience as the source of learning and development [M]. NewJersey: Prentice-Hall, 1984.
② 李文君.体验式学习理论研究综述[J].教育观察,2012(6).

只有通过质疑、实践才能成为主动发展的主体,体验学习更加关注学习过程。

(二) 体验式学习是以体验为基础的持续过程

库伯认为知识在学习者的体验中连续发生并被检验。教育者的工作不仅是要灌输新的知识和思想,也要处理或修正学习者原有的知识、观念,使新的知识、观念等与学习者个人原有的知识、观念相结合,如此,学习将会事半功倍。

(三) 体验式学习是用辩证方法不断解决冲突的过程

体验式学习理论体现了两种辩证对立方式的冲突解决,即由冲突解决产生了学习。学习是经历自身非常本性的紧张与充满冲突的过程。学习者必须能充分地、开放地以及没有偏见地参与到新的经验中去,必须能从多种角度去反思观察他们的体验,必须能形成概念并结合他们的观察形成逻辑语言理论,必须能使用这些理论来作出决定并解决问题等。然而,学生如何能在同一时间内既采取行动又进行反思?因此,学习必然要求两极相反的能力。

(四) 体验式学习是一个适应世界的完整过程

体验式学习理论描绘出了一个人类适应世界的社会环境与自然环境的核心过程,它是一个整体的概念。学习包含着个体的全部功能的整合——思维、感受、理解、行为。学习是人类适应、解决矛盾冲突的主要过程。

(五) 体验式学习是个体和环境之间连续不断的交互作用过程

体验式学习理论阐述了个人与环境关系的"交互作用",即一方面体验涉及个体的主观内部环境,另一方面涉及客观环境。这两种体验形式是互相渗透、互相联系的非常复杂的方式,任何学习体验都是这两方面条件的相互作用。

(六) 体验式学习是一个创造知识的过程

体验式学习理论认为必须首先理解人类知识的本质和形态,以及知识产生的过程,这个产生过程发生在知识的任何精密水平或程度,知识就是在被称为"学习"的过程中实现客观经验与主观经验之间的转换的。因此,我们必须理解学习的心理过程,而要理解学习就必须理解认识论,包括知识的起源、本质、方法与知识的维度等。体验式学习理论提供了一种如何研究这些实践问题的观点。

二、"体验式学习圈"

(一)"体验式学习圈"的内涵

库伯提出了"体验式学习圈"(图8-1),将体验式学习程序化、科学化。库伯认为体验式学习并不是一个平面循环,而是一个螺旋上升的过程,学习者的每一次体验都是新的,所有的学习都是新的学习。他认为学习不是内容的获得与传递,而是通过经验的转换创造知识的过程。他用学习循环模型来描述体验式学习,该模型包括四个步骤:

(1) 实际经历和体验——完全投入到当时当地的实际体验活动中;

(2) 观察和反思——从多个角度观察和思考实际体验活动和经历;

(3) 抽象概念和归纳的形成——通过观察与思考,抽象出合乎逻辑的概念和理论;

(4) 在新环境中测试新概念的含义——运用这些理论去做出决策和解决问题,并在实际学习、工作、生活中验证自己新形成的概念和理论。

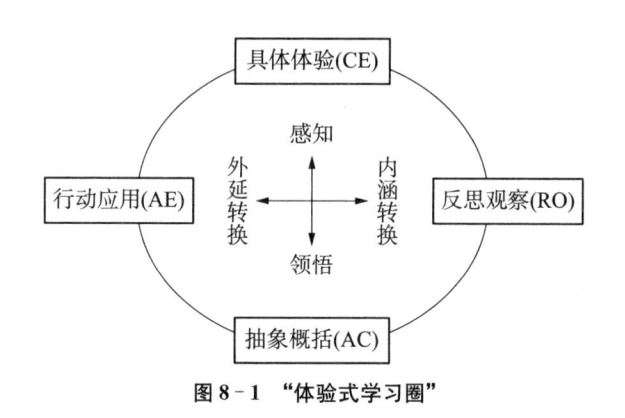

图8-1 "体验式学习圈"

(二)"体验式学习圈"的特点

1. 体验性

"体验式学习圈"强调体验性。每个人在人生旅途中都会留下自己的足迹,无论是成功的还是失败的,这些宝贵的经历将成为你生命中最宝贵的财富,因为这些经历隐藏着不同的代价所换得的经验。"体验式学习圈"鼓励学校、家庭和社会尽可能多地为孩子创造尝试、了解职业和工作等方面的机会,并围绕学生的好奇点、兴趣点为他们提供相关知识。因为不论学生未来从事什么职业,更多地了解周围人的职业是帮助学生认识自己、在未来获得强大生存能力所必需的。

2. 规划性

"体验式学习圈"体现了规划性。依据舒伯的生涯发展阶段理论,学生在生涯发展过程中,遗传条件、社会阶级、政策拟定,甚至机会因素,都会影响到个人的生涯发展。生涯发展阶段理论具有方向性、时间性、主动性等特性。"体验式学习圈"和舒伯的生涯发展阶段理论有许多一致性,都认为人不是被动地受环境制约的,而是能主动地去思考、去规划,进而改变环境、创造环境。生涯可以规划塑造,主要通过生涯转换过程中的生涯决定等来完成[①]。

学校教育的职能之一就是为学生的职业生涯打基础、做准备。什么时候做职业准备和规划,反映了学生是否有主动性,是否有生涯管理的意识。基于运用"体验式学习圈"的观点,学生将更善于对自己的学习、职业、生活做出计划,往往比较主动、进取。他们在从容应对现阶段的成长任务时,也会为明天做准备和规划。

3. 探究性

"体验式学习圈"适应当前职业生涯变化多端的时代特征,有助于学生为了获得长远的职业成功而应对环境变化、自我职业生涯管理,具有探究性。

学生如果愿意探究,有愿景并且相信自己能够把未来掌握在自己手中,那么其对于生活工作的态度就会比较积极,遇到困难时,也会有更加坚定的信念。当其面对学习生活中的挑战时,很大程度上也会用更好的行为去应对。

三、体验式学习促进个体的生涯发展

(一) 唤醒个体的生涯规划意识

库伯的体验学习方式借鉴了荣格的人格类型说,荣格的人格类型说描述了人类不同的适应过程。许多心理学家发现,在个体的认识系统里有一个秩序井然的组织,组织的各个部门相互关联,对环境作出反应。库伯的体验式学习能唤醒学生的生涯规划意识,学生通过直观深刻的学习体验,对符合自己兴趣和能力的未来专业及就业选择、世界行业发展趋势等形成系统的认识,能够结合自己的情况与父母家庭、升学导师进行有效沟通,实际参与自己的生涯规划,明确未来发展方向。

---

① 陈品堂.生涯理论述评:不断发展的视角[J].生涯发展教育研究,2014(1).

(二) 促进个体职业成熟度的发展

根据帕森斯的特质因素理论,职业成熟度是指个体具有的与其职业发展相对应的职业发展水平,是个体做出与相应职业发展任务相适应的职业决策和处理适应职业发展任务的准备程度。我们引导学生去了解职业成熟度,从职业选择取向、职业信息、职业规划、职业特质、职业爱好判断等维度实现生涯教育活动目标,提升生涯教育活动的实效性[1]。

库伯的体验式学习方式与荣格心理类型的关系,让学生意识到生涯规划是一个深思熟虑的过程,如生命历程中的学习、人际、休闲、工作等。这过程也要求学生参考顺应式、发散式等不同学习方式,并结合具体经验、抽象概括等积极地进行规划。

(三) 加深学生的社会理解

库伯描述了不同的学习风格、个体类型和职业角色之间的关系,他的理论使学生明白生涯教育中每一个人都有一个不同的职业角色定位过程。学生可依据个人学历、社团经历,并结合自己的兴趣、性格等,理清自己的学习或生涯困惑,把握自身优势,增强社会理解,选择适合的生涯发展之路。

第三节 实践应用

库伯创造性地提出了体验式学习理论,体验式教育、体验式培训、体验式学习逐渐为教育界所接受、认可。当前,学校、教师应更多地使用积极的、开放的教育教学方法,体验式学习理论为更有效地开展生涯体验学习提供了理论指导。

体验式学习活动通常采用模拟案例学习、实地考察、亲身体验、演示等形式进行实际体验,以及采用讨论、小组活动、集体讨论等形式进行观察和思考。通过把这些方法运用于学科教育,在教学中开展生涯教育,唤醒学生内心对美好生活的向往,激发学生为梦想奋斗的愿望,赋予学生持续努力前行的能量。

一、生涯人物访谈中的体验式学习

了解职业世界,是学生进行生涯探索的一项重要内容。学生除了可以在真实的社会职业情境中探索,也可以通过生涯人物的访谈增加生涯体验的机会,促进自主意识

---

[1] 宋丽贞.构建体验式大学新生生涯发展教育体系初探[J].生涯发展教育研究,2015(1).

的提升和自主能力的培养,从而更多地了解职业的内容、特点及能力要求。

案例 　　　　　　　　　　高中生生涯人物访谈[①]

(一)活动背景

高一学生对职业的了解程度体现出较大的个体差异,绝大多数学生对职业的了解仅限于常见的一些职业,但是对这些职业的了解也不甚深入。为了恰当地规划和选择,应该做到"知己知彼",即知道自己的兴趣所在、能力所长、性格特征和价值观念的同时,也应该对各种职业有所了解,尤其是自己所向往的职业。它到底是不是我们所想的那样?我们需要为我们所向往的职业做哪些准备?弄清楚这些问题,我们才能确立更加理性的职业理想,充满信心地走向明天的生活。

(二)活动目标

通过职业人物访谈、职业信息整理,进一步澄清所向往职业的现实状态,熟悉职业信息获取的方式,为自己职业理想的坚持或调整提供参考。

(三)活动要求

以小组为单位分工合作完成一次生涯人物访谈,在团队共同感兴趣的行业领域内,寻找一位在职人员进行访谈,记录访谈过程,并将访谈所得信息整理成一张思维导图。

(四)访谈提纲

职业生涯人物访谈问题参考:

(可从职业价值、发展、要求、工作内容、待遇、条件、人际关系等角度进行了解)

1. 您是怎样决定自己的职业的?您认为您所在行业的发展前景如何?

2. 就您的工作而言,您最喜欢的是什么?最不喜欢的是什么?

3. 您的一个典型的工作日是什么样子的?几点上班?几点下班?每天一般做些什么?据您了解到,从事这个行业的人基本上都是这样的吗?

4. 您的工作时间一般是怎样的?加班情况如何?有哪些节假日?

5. 从事这个行业,一般和哪些人打交道比较多?

6. 在您做这份工作时,日常面临的问题有哪些?又有哪些挑战呢?

7. 这个行业的工作地点一般在哪里?工作场所有什么特别之处吗?

8. 这个行业的起薪和平均工资水平是多少?(不要问你正在采访的这个人能挣多少,只问平均水平)通常有哪些福利?

[①] 本案例由上海市民立中学生涯教育团队刘懿老师提供。

9. 这份工作要求有什么样的技能？如果您正想雇一个人来做这份工作，希望受雇者有什么样的资历？

10. 目前，行业内要求从事这份工作的人应该具备什么样的教育和培训背景？

11. 就您所知道的情况，这个行业更青睐哪类大学或者专业的毕业生呢？

12. 我现在可以通过一些什么样的方式，提高哪些技能或素质，以便以后能进入这个行业？

13. 据您所知，我还可以通过哪些渠道更多地深入了解这个领域呢？

注意：

1. 以上问题仅供参考，各人的问题可以根据自己的实际情况进行设计，通过职业生涯人物访谈，获得对自己有用的信息。

2. 问题设计要尽量口语化，具体化，易理解，易回答。

（五）成果交流

利用心理课、生涯课或班会课的时间，组织班级范围内的小组访谈成果交流，并可以利用学校心理健康教育活动月等大型活动的契机，将生涯人物访谈信息整理所得的思维导图进行展示，进一步扩大受益人群的范围。

部分学生的思维导图如图8-2、图8-3所示：

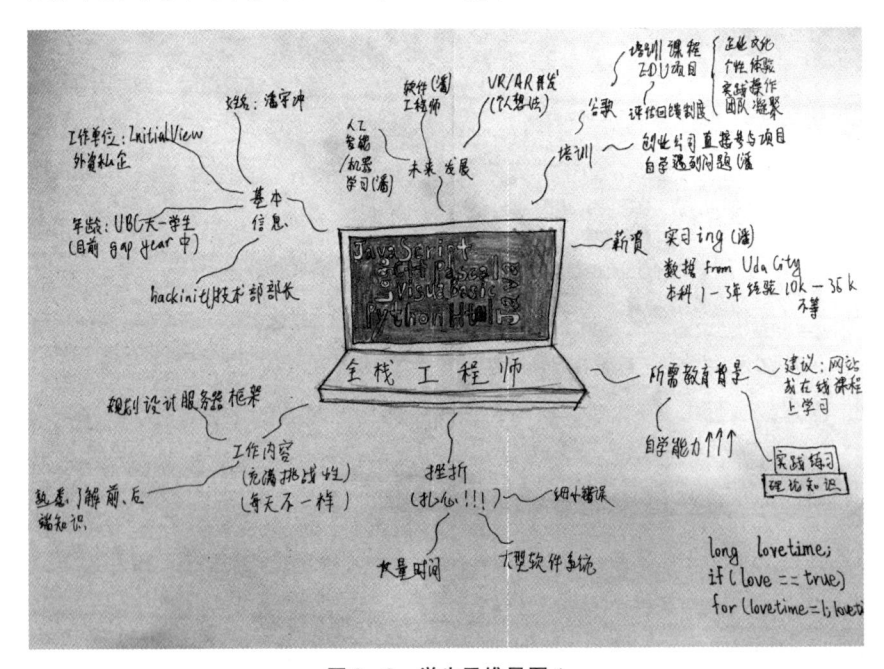

图8-2 学生思维导图1

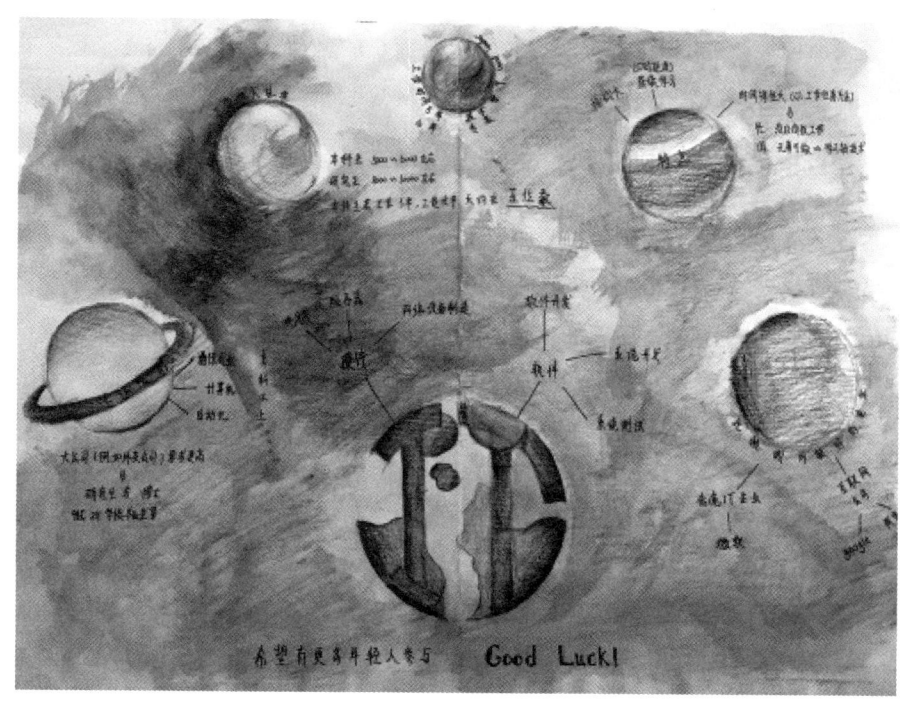

图 8-3　学生思维导图 2

案例分析：一次有效的生涯人物访谈，需要通过"体验式学习圈"的四个步骤来开展。

1. 具体体验

以小组为单位开展的从分工策划到具体实施生涯人物访谈的过程，即是一次具体体验。在此过程中，学生除了获取被访谈对象所给的职业信息外，其与人交往、团结协作、自主学习等能力也将得到提升。

2. 反思观察

在完成生涯人物访谈之后，每个小组的成员需要思考下面两个问题：

（1）自己所向往的职业，它到底是不是我们所想的那样？

（2）我们需要为我们所向往的职业做哪些准备？

3. 抽象概括

利用思维导图这一表现形式，帮助学生将访谈所得信息进行整理、归纳和概括，加深学生对访谈对象职业的特征和要求的理解。

4. 行动应用

澄清所向往职业的现实状态,为学生职业理想的坚持或调整提供现实意义的参考。同时,学生体验和熟悉了生涯人物访谈这一职业信息获取的方式,也为其今后自主获取自己感兴趣职业的具体信息提供了基础。

二、模拟赛中的体验式学习

除了现实情境中的体验式学习外,一个精心设计的模拟情景也可以为学生提供观察、了解职业世界的机会。上海市市西中学的商业模拟大赛就是一个很好的示范。

案例　　　　　　　　　市西中学商业模拟大赛[①]

上海市市西中学积极推进富有学校特点的高中生生涯发展指导,引领学生"好学力行明责任,心育全人助发展"。学校本着"活动即课程,实践即学习,经历即收获"的教育理念,开发并整合了丰富高中生生涯体验的校内外社会实践活动,有针对性地对学生开展生涯教育,目前已经取得了一定的经验与成果。

"商业模拟大赛"是学校开展生涯体验活动的一个缩影,帮助学生进一步接触社会,亲身体验创业的艰辛与快乐,现已成为学校的一项品牌活动,受到了师生们的广泛认可。

(一)活动说明

1. 活动目标

树立学生的生涯规划意识和就业自主意识,激发学生的商业潜能以及合作精神,增强择业能力和实践能力,提高思维创新性和团队合作能力。

2. 活动对象

高二年级学生为主体,全校师生积极参与。

(二)活动过程

1. 第一轮:"创业计划书"撰写

活动时间:2周。

活动形式:高二年级各班成立"公司",形成"创业计划书"并在两周内上交。学校将组织"专家团队"对各班的创业计划书进行评分并反馈给各班。"创业计划书"模板见表8-1。

[①] 本案例由上海市市西中学生涯教育团队康元艺老师提供.

表 8-1　市西中学第×届商业模拟大赛创业计划书

班级	
创业团队主要负责人分工	
公司名称	
公司描述	
产品与服务	
市场分析及竞争分析	
营销策略	
财务分析 （注明成本预算及预估的盈利）	
风险评估	

2. 第二轮：公司及产品筹备和宣传

活动时间：2 周。

活动形式：各班根据专家意见对表 8-1 的"创业计划书"进行修改，然后开始"公司"及产品的筹备工作。可在校园中以海报、微信公众号等形式开展前期宣传工作。同时，上交一份公司或产品宣传海报至心理中心。

3. 第三轮：实战营销

活动时间：3 小时。

活动地点：新地下篮球馆。

活动形式：

(1) 各"公司"在现场规定时间内面向"消费者"进行商品的推销和售卖，之前请自行准备好商品的制作、生产、进购和定价等，并做好现场记账工作。

(2) 全校师生可在现场作为"消费者"观摩商赛和购买商品，每位"消费者"可拿到一张"最佳商铺"的选票，对现场各"公司"进行投票。

(3) 学校将在实战营销现场设立"银行"，为"消费者"提供现场货币兑换服务，"消费者"在现场必须凭学校盖章的货币购买商品。

(4) 实战营销结束后，请各"公司"上交账本——记录了公司销售的成本、盈利额等心理社将根据上交账本及现场利润额进行统计，对公司销售利润进行最终排名。

（三）商赛计分规则

商赛共三轮，总分共 100 分，三轮分别占 30%、10% 和 60%，评分方式如下：

- 第一轮："创业计划书"30分,由评审团进行打分,其中完整度10分,可行度10分,创意度10分;
- 第二轮:公司及产品的宣传工作10分,由评审团根据海报等宣传方式的情况进行打分,其中海报制作创意度3分,美观度3分,宣传效果4分。
- 第三轮:实战营销60分,由团委学生会统计的现场"消费者"投票数和"公司"最终盈亏状况两部分组成:其中投票数占20分,按照投票数由高到低依次得20、18、16、14、12、10、8、8、6、6分;"公司"销售利润占40分,按照利润额由高到低依次得40、38、36、34、32、30、28、28、26、26分。

(四)奖励规则

根据各班总分高低,最终评出本届商业模拟大赛的一、二、三等奖,其中一等奖2名,二等奖4名,三等奖4名,同时学校给予相应的"创业奖励"。

(五)活动评价

针对商业模拟大赛,我们设计了两种评价方式。

第一种活动评价:根据各班"创业计划书"完成情况、海报宣传情况和现场营销情况,按照活动规则进行评分,并评选出名次,在全校大会上予以表彰,给予奖励。

第二种活动评价:组织各班心理委员撰写活动中的收获与感悟。教师从学生的反馈中了解活动过程中的情况,为下一次活动的开展提供改进建议。

案例分析:"商业模拟大赛"模拟了一系列真实的情境,让学生通过模拟创业公司经历来学习商业知识,提升个人核心素养。参与者在商业模拟大赛中扮演社会中常见的各类行业,如制造业、进出口贸易业、商务服务业、传媒宣传业等。在进行商业运营的过程中,参与者需要完成诸多任务,包括:制定公司的战略目标并分解为阶段性行动计划;发掘市场消费者需求并进行产品设计与研发;产品原材料采购与产品生产排期管理;公司及产品的宣传;进行商品贸易、设计营销方案并完成销售;等等。在这个过程中,学生们获得了大量具体的体验。此外,活动结束后组织学生撰写活动中的收获与感悟的部分,可促使其进行反思观察,完成一系列问题的抽象概括:

你知道怎样创建一家公司吗?

你知道公司中有哪些主要职能部门吗?

你是否知道怎样设计好产品?如何成功推广?

……

这些问题的答案将帮助学生树立生涯规划意识和就业自主意识,激发学生的商业潜能以及合作精神,增强择业能力和实践能力,提高思维创新性和团队合作能力。学生在活动过程中不断提升自主规划、自主决策的能力和水平,培养衔接学校与社会、开展自我规划的重要心理品质,为今后走上社会打下扎实的基础。

第四节 注意要点

一、理解体验式学习的发展观

库伯体验式学习的发展观把发展看作是内部特质和外部环境、个人知识和社会知识之间交互作用的结果。库伯描述了体验式学习的发展模式是圆锥形的,底部是发展的较低阶段,顶部表示发展的最高点。人类的发展过程被分为三个阶段:

第一阶段,习得:以基本学习能力和认知结构的习得为标志。

第二阶段,专门化:由文化、教育和系统社会化所塑造的人们在适应具体化模式中发展了越来越多的能力,使人们在所选择职业道路上掌握着特殊的人生任务。

第三阶段,完整:把自我作为客体的意识促使客体向发展的完整阶段转变。

库伯体验式学习的发展观认为在适应水平上为达到发展的程度,在意识上为达到整合性水平,个体必须让自己从优势的专门化解释性意识中解脱出来。

二、与高等教育相结合

在库伯的理论中,关于高等教育的一些观点对中小学生涯教育有极大的启发:

1. 学习方式和职业选择存在着内在联系;
2. 学习方式、学习成绩及大学适应存在着内在联系;
3. 专业教育与职业适应存在着内在联系;
4. 适应能力和职业适应存在着内在联系;等等。

在目前的教育背景下,大学与中学的生涯教育分离明显多于衔接,即使有衔接也多为"被动衔接",而非"主动衔接"。依据库伯的理论,中小学推进生涯教育,注重在一体化背景下与高中生涯教育互动协同,是把生涯教育看成一个系统的过程,需要高中与大学、社会协作,形成一个有机的整体。

三、与整体发展相结合

库伯认为社会专业化和个人全面发展的对立统一形成了新的综合。成长是通过不同的发展过程与等级的整合而发生的,发展的最高阶段呈现出个人素质的整体性和完整性。

静安区中小学尝试以"生涯地图"的研发来促进学生积极的适应。正如库伯所说,学生与学校及周围其他人之间存在互动关系,在这种互动中,他们积极地完成生活任务,并在适应新环境的过程中改变或重新塑造他们的生活。

"生涯地图"不仅梳理了职业体验点,而且更注重每个生涯体验点的活动设计,强化职业人物访谈、职业工作体验、职业话题宣讲等体验性强的活动。

首先,"生涯地图"的体验活动使中小学生初步了解自身潜能和职业要求,在设计职业生涯规划时不再单纯地考虑自己的兴趣、爱好,还会考虑到自己是否有适应某种工作的能力。

其次,"生涯地图"的体验活动帮助中小学生全面认识自我,寻找"想从事的职业"和"能从事的职业"两者的最佳结合点。

最后,"生涯地图"的体验活动使中小学生认识到,今后的职业选择既要符合自身特质,更要符合社会长远发展需要和人民利益。在职业选择和发展中,学生应跳出"小我"的圈子,把自身能力和社会需要相统一,把"小我"和"大我"相统一。

四、注意活动设计的完整性

根据库伯的"体验式学习圈",体验式学习是一个包含具体体验、反思观察、抽象概括和行动应用这四个环节的完整过程。我们在活动设计的过程中,要注意引导和促进这些过程的发生。

情境的丰富性有助于学生体验,但如何让学生完整地参与活动、积极地投入活动,需要教师的精心设计。教师可以通过学习单、任务单、积分卡等方式,引导学生的体验行为,促进学生进行观察和学习。同时,只有体验而没有反思的话,会让活动停留在情绪情感的层面,缺乏认知的整合与构建。教师可以通过设计提问、组织分享交流会等方式,促进学生进行有意识的思考,推动学生充分完整地完成体验式学习。

五、"五育并举"开展活动

各中小学有许多丰富的体验式活动,这些活动是推进"五育并举"育人模式的重要载体,让德智体美劳五育相融合,多核多元,同步同向前进,和谐共生。例如,打造中小学生社会实践大课堂;加强科学教育和实验体验相结合;坚持健康第一,在生涯体验中强化学生的健康理念;增强美育熏陶,广泛开展以生涯体验活动为抓手的校园艺术活动;加强劳动教育,丰富学生的职业体验,促进学生掌握一定的劳动技能,形成劳动自立意识和主动服务他人、服务社会的情怀。

  我们应不断对现有的体验式教育活动进行深入思考,挖掘出其中的生涯体验资源,吸纳更多的教育工作者参与到生涯体验活动的设计和实施中。当越来越多的富有智慧和创造力的教师加入到生涯教育的队伍中,必定可以拓宽和丰富学生的生涯体验经历,让学生拥有更多生涯探索的空间,更多自我发现、个性发展和自我实现的可能。

第九章　心理资本理论与运用

心理资本(Psychological Capital Appreciation,简称 PCA)源自积极心理,指个体的积极心理状态和心理能量,具有可测量、可开发、可管理的特征。心理资本这一概念最早是由美国管理学家路桑斯(Luthans,F.)[①]于 2004 年提出的,他把当时新兴的积极心理学的理论观点引入到职场,最先定义了心理资本,提出了相应的理论和研究基础,认为心理资本是个体发展的积极心理状态,以希望、效能、乐观、韧性等积极的心理资源为特征。中小学生涯教育中运用的心理资本理论,是基于学生心理资本培育的系统思考,有助于学生自身潜能的开发,推动个体成长,使个体获得竞争优势,能够增强学生对自我和人生发展的认识与理解,促进学生学会选择主动适应,激发成长内驱力。

第一节　时代背景

一、心理资本概念的提出

"资本"原本是经济学上的概念,是人类创造物质财富和精神财富的各种社会经济资源的总称。随着社会的发展,"资本"的概念与形态不断拓展,从物质资本到人力资本,从社会资本到道德资本、心理资本。

当今社会,硬件已经不再是发展的障碍,人们更多思考在激烈的竞争中,如何求得生存和发展?如何追求优秀和卓越?优势与资源从何而来?新兴的积极心理学运动拓宽了人们的视野,积极心理学家们不仅仅关注"出现了什么问题",还更多地把研究

---

① 路桑斯(Luthans,F.),国际著名管理学家,美国内布拉斯加州大学(University of Nebraska)教授.

重心放在了"如何才能让人达到最佳状态,如何培养和充分开发人的潜能,进而获得幸福感"上。

在积极心理学进一步的探讨实践与研究中,心理资本这一概念认为,人往往是决定事件成败的关键,人的潜能是无限的,而开发潜能提升核心竞争力的根本在于人的心理资本,无论对于企业还是个人,都应有意识地去获得、保持和提升内在的心理资本。路桑斯等(2004)以希望、效能、乐观和韧性作为心理资本的核心,从根本上打造竞争优势,开发潜能,获得成长意义。因此,不是等到有了心理问题再去解决,而是要培育积极、健康、阳光的心理状态,其发展维度是"你和他人将要成为什么人",主张从现实的自我向可能的自我发展。

二、积极心理视域下的心理资本

20世纪90年代末,美国心理学家马丁·塞利格曼等人发起了积极心理学运动,提倡对导致个体积极行为的心理因素进行深入研究,着力于发挥心理学在增进幸福、开发潜能方面的功能,更关注的是优势、最优功能以及生命个体的幸福感和繁荣。他们发起积极心理学运动,目的就是想把心理学研究中的至少一部分侧重点从生活中最糟糕的事物转移到生活中的一些最美好的事物上,采用科学方法去发掘和促进那些让个人、群体、组织和社区繁荣、兴旺的因素。

积极心理学更主要是寻找并研究社会或社会成员中存在的各种积极力量,并在社会实践中,对这些积极力量进行扩大和培育。在这过程中有意识地为全体成员寻找或创造一种良好的社会环境,激发每一个成员的积极力量,并让这种力量在环境中得到充分的表现和发挥,培养全体社会成员个体层面和集体层面的积极品质。

积极心理学的先行者克里斯托弗·彼得森认为,人身上的积极特质是人的性格力量与美德。性格力量具有普遍存在的、能够履行实现的、具有道德价值的、能够可测量的等12个识别标准。马丁·塞利格曼提出美德是个体积极品质的核心,性格优势(Character Strengths)是由思想、感情、行为呈现出来的积极品质,个体的性格优势能够助其成长,使其生活美好,也会激励他人进步。

组织行为学家路桑斯意识到有必要将上述的思潮和取向引入到组织行为研究中,打造个体自身的积极心理资本,能使个体在未来更好地实践自己的梦想。换言之,当拥有强大的心理资本后,个体会拥有一个更加充实、健康、高效和幸福的人生。积极心理学的理论体系比较宏大,概念涉及比较多,心理资本聚焦四种积极心理品质,让积极心理学的应用找到了具象的应用载体,心理资本的概念明确,切入点小,有助于开展实践研究。①

第二节 主要观点

一、心理资本的四个要素及其关系

心理资本,是个体在成长和发展过程中表现出来的一种积极的心理状态,是超越人力资本和社会资本的一种核心的心理要素,是促进个人成长和绩效提升的心理资源。积极的心理资本被定义为"个人可发展的积极的心理状态",具体可以表现为:

希望(hope),能够按照预定目标坚韧不拔地前进,以获得成功。

效能(efficacy),有信心呈现和投入必要的努力,完成具有挑战性的工作。

韧性(resilience),面临困难和危机,持续保持韧劲,能够迅速恢复,甚至摆脱困难走向成功。

乐观(optimism),积极地将事件归结于内部、持久、普遍深入的原因。

上述四个维度的具体表现也被称为心理资本的四个核心要素,它们英文单词的首字母放在一起就是HERO,寓意为"内在的英雄",用以概括和提示构成心理资本的四个核心成分的积极意义②。心理资本是四个核心要素的一种整体的心理建构,四种核心要素相加,能产生超出各种核心因素简单相加而产生的额外的叠加效应。从这种意义上来说,心理资本是一种综合的、整体的心理力量。这样的一种心理力量,能够提升个体的积极状态,无论是对于个体的创造力,还是对于解决问题能力等诸多能力的培养都富有积极意义,对于工作绩效与学业成就和心理健康也有积极的作用。

每个人实现梦想的过程都是艰辛的,过程中需要拥有一种坚持不懈的状态,需要心理的支撑,而心理资本作为一种心理营养素,在个体实现梦想的过程中是不能缺席的。心理资本之所以能成为人生旅程中的心理营养,是因为心理资本是个体在成长和发展过程中,表现出来的一种积极的心理状态和提供的积极心理力量。

---

① 朱仲敏.青少年心理资本可持续开发的心理资源[M].上海:学林出版社,2016.
② [美]Fred Luthans, Caro lyn M Youssef-Morgan, Bruce J AvolIao.心理资本-激发内在竞争优势[M].王垒,童佳瑾,高永东,李冠军,译.北京:中国轻工业出版社,2018.

二、生涯教育中需要强化学生的心理资本

心理资本的开发,极大地体现了主观能动性。个体可以自我激发调节心理发展的动机,通过建立自己的认知,形成自己的情感,付出自己的行动,来提升自己的心理潜能。已有研究表明,学生的心理资本开发,对于学生的心理健康潜能开发起到了助推的作用。

在中小学生成长的过程中,外在因素和内在因素都会对他们产生影响。心理特征作为重要的内在影响因素,与学生的生涯发展有着至关重要的联系,积极、健康、向上、阳光的心理状态,是学生成长与发展必备的要素。在中小学的生涯教育中要融入建设心理资本的相应的内容,通过开发学生的希望、效能、乐观、坚韧等心理资本,提升中小学生的未来竞争力。

(一)发展自我过程中寻找内在的优质资源

中小学生正处于自我意识的发展期,认识自我是生涯教育的核心任务,要让中小学生认识到自己的身体特征和生理状况,认识到自己在集体和社会中的地位及作用,认识到内心的心理活动及其特征。基于心理资本的理论与观点,中小学生要在发展自我的过程中寻找内在的优质资源,探讨"我有什么积极心理资本""我如何运用我的心理资本去实现价值"。

"效能我"帮助学生坚持下去,成为一个充满自信的人;"希望我"是培养学生在实现生涯理想时确定走向成功的路径;"乐观我"引导学生关注积极的解释与归因风格,将生活中的积极事件归功于他们自己,认为积极事件的起因在于自己的掌握;"坚韧我"是学生在经历逆境时所能表现出来的能力,并且能够适应逆境,显现出新的成长特征。

(二)在社会参与中发展积极的社会关系

中小学生学习社会中的标准、规范、价值和所期望的行为,是一种持续终身的经验,便于科学地、正面地、有意义地与社会形成不同维度的积极关系。在社会互动中,增强社会意识、社会理解和社会责任感。中小学生可以认识个人与社会、学业与发展、当下与未来的关系,了解社会角色、社会分工的发展动态及不同职业的专业素养要求,形成对社会各行各业的尊重与理解,从而适应社会,积极作用于社会。

效能感促使学生社会化。学生在社会化的过程中,进一步提升自我效能感。希望指导学生投入到社会各项活动中,管理好自己的弱项和缺点,并寻找实现目标的新方法;乐观感鼓励学生在不断社会化的过程中,面对纷繁复杂的社会关系和社会劳动,拥

有积极的解释风格,并且把这种积极乐观的解释作为自己应对策略的内在动力,享受社会活动中的一些挑战;坚韧感让学生在困境中奋起,获得成功。社会活动为学生提供了一个真实的情境和场域,让学生能够在真实的情境中锤炼意志,培养坚毅的品质。

(三) 在生涯体验中形成学生最佳优势模型

生涯发展规划是以个人生涯发展为着眼点,在个人发展和组织发展相结合的基础上,通过对生涯发展的主客观因素分析、总结和测定,确立生涯奋斗目标。为实现这一目标而预先进行生涯发展系统安排,在生涯体验中形成每个人都有最佳的优势结构模型,使自己的潜能得到最大化的开发。

效能引导学生从自身成功的经验出发,体会获得成功时的愉悦感,拥有积极的心理状态,积极主动地进行生涯规划,并在过程中掌握学业规划与职业规划的主要方法。希望引导学生制定适合自己的学业发展目标和计划,初步设计合理的职业和人生发展路径,进而探索职业生涯发展的路径设置。乐观这一心理资本让学生在面临职业规划障碍时能够保持一种乐观向上的心理状态,并且能够寻求社会支持系统的帮助,有效应对难题和障碍,综合各类信息,平衡个人发展和社会发展的需求,获得成长。坚韧这一心理资本特别看重个体的保护因子,从外在的保护因子来看,学校、家庭要为学生提供温暖的、支持的、向上的成长环境。从内在因子来看,家长和教师要创设体验与实践平台,让学生看到其内在的心理资本及个性特质,进而初步设计合理的职业和人生发展路径。

三、生涯发展中关注"适性扬长"

现有的一些生涯规划的观点普遍认为,中小学生的生涯规划,要在"知己知彼"的综合分析基础上,作出生涯发展的抉择与规划,把自己安置在适当的位置,善于发挥自己的优势,确立正确的目标,体现"适性扬长"这一原则。

生涯教育对一个人发展的视角不是短板理论,而是长板理论,主要是源于"扬长发展"这一观点,又称核心竞争力理论。该理论认为:如果你把桶倾斜,你就会发现能装最多的水决定于你的长板,即个人的核心竞争力。中小学涯教育需要用"长板"的视角来看待学生,让学生发挥其优势智能,发展其特长,开拓和展现长处,寻找适应学生长处得以发挥的升学就业之路,"适性扬长"是生涯教育的根本之道。①

总之,心理资本理论在中小学生涯教育实践运用过程中,要梳理心理资本的要素与要素之间的关系;要厘清心理资本理论与中小学生涯教育之间的关系;要明晰心理资本理论在中小学生涯教育中的积极作用。学校和教师要基于心理资本,让学生形成良好的生涯探索行为,提高生涯探索水平,提供有效指导,亦可以为学校的心理健康教育与生涯教育的融合提供参考依据和建议。

第三节 实践应用

心理资本理论在中小学生涯教育中的实践运用,体现在心理资本与校园生涯教育文化的融合中,体现在心理资本与学校生涯课程的实施中,体现在心理资本与生涯活动的整合中,体现在心理资本与生涯学科教学中的渗透中,等等诸多教育教学活动与载体中。

一、生涯教育课程

生涯教育课是学校根据学生心理生理发展的规律和特点,以团体辅导及相关理论和技术为指导,以班级为单位,利用校内校外各种教育资源,通过各种教育方式,有目的、有计划、有步骤地帮助学生进行自我探索了解职业,提高学生选择能力、环境适应能力并开展个人生涯规划的课程。②

案例　　　　　　　　　　"我的优势图谱"课例③

教学流程:

(一) 主题导入

1. 什么是职业?

职业就是个人所从事的服务于社会并作为主要生活物质来源的工作。

(二) 活动一:发现职业

出示一张关于小镇的图片。(图 9-1)

---

① 沈之菲.开启未来之路:中小学生涯教育实施指南[M].上海:华东师范大学出版社,2019.
② 沈之菲.开启未来之路:中小学生涯教育实施指南[M].上海:华东师范大学出版社,2019.
③ 本课例由宝山区教育学院蔡素文设计.

图 9-1 小镇

1. 任务一：小镇职业知多少？

教师：我们一起来看一看图片，数一数图上的小镇里有多少种职业。

（营业员、送货员、搬运工、司机、服务员、咖啡师、面包师、摄影师、粉刷匠、园艺师、农夫、清洁工、街头艺人、饭店经理……）

2. 任务二：初步认识职业所要具备的性格优势以及不同职业的职业幸福感。

师：你最喜欢哪一种职业？两两组合，来一次角色扮演。一位扮演小记者，一位扮演自己喜欢的职业人员，采访内容是从事职业所要具备的性格优势及不同职业的职业幸福感。

3. 交流总结

园艺师所需技能：技术、审美力、细心、坚持、耐心等。

园艺师职业幸福感：我能给人们带来芬芳与美丽，我觉得很幸福！

酒店经理所需技能：沟通力、觉察力、耐心、细心、热情、责任心等。

酒店经理职业幸福感：我能给人们带来温暖周全的服务，我觉得很幸福！

厨师所需技能：技术、耐心、审美力、细心、坚持、责任心等。

厨师职业幸福感：我能给人们带来健康、美味的食物，我觉得很幸福！

（三）活动二：优势图谱

1. 男生盛盛想成为一名医生，请帮他画一画未来职业的优势图谱。

2. 女生丫丫想成为一名教师，请帮她画一画未来职业的优势图谱。

优势彩虹图

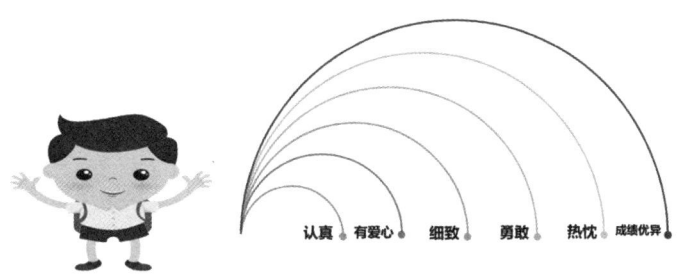

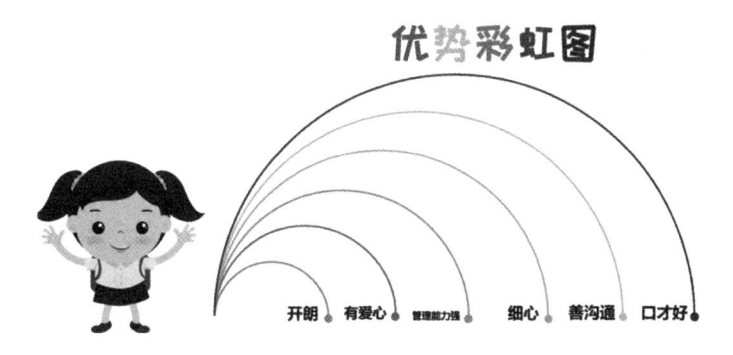

认真　有爱心　细致　勇敢　热忱　成绩优异

优势彩虹图

开朗　有爱心　管理能力强　细心　善沟通　口才好

（四）活动三：看见自己

1. 想一想我们自己未来想从事的职业。
2. 画一画我们自己未来职业所需要的优势图谱。
3. 说一说自己已有的优势和有待发展的优势。

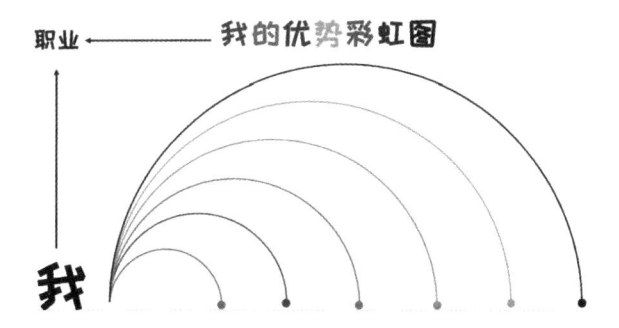

职业 ← **我的优势彩虹图**

我

（五）教师总结

在我们的成长过程中，理想中的职业会不断发生变化，重要的是每一份职业都是让我们做更好的自己。

课例分析：本节课侧重于小学阶段的生涯启蒙,通过绘制"优势图谱",让小学生通过观察、模仿、游戏体验等活动形式,对各行各业的工作加以描述,以探索职业所要具备的性格优势或者心理资本,体会职业所拥有的幸福感。课例从学生熟悉的教师和医生这两项职业,去探讨职业背后所需要的性格优势与自我的联系;指导学生发现并了解自身的优点、优势,增强自信心,形成基本的社会职业认识并初步了解每一个职业所需要的必备品质,培育小学生终身学习和发展的意识。

案例 最好的"绝地反弹"
——学生生涯规划课程之压力情境下的韧性挖掘"课例[①]

教学流程：

（一）情境导入

背景：私人飞机坠落在荒岛上,只有6人存活。这时逃生工具只有一个能容纳一人的橡皮气球吊篮,没有水和食物。

存活的6个人分别是：1.孕妇：怀胎八月；2.发明家：正在研究新能源（可再生、无污染）汽车；3.医学家：经年研究艾滋病的治疗方案,已取得突破性进展；4.宇航员：即将远征火星,寻找适合人类居住的新星球；5.生态学家：负责热带雨林抢救工作组；6.流浪汉：整日颠沛流离,居无定所。

选择一个你认为最应该乘坐只能容纳一人的橡皮气球吊篮逃生的人物,并扮演这个角色,与其他人物进行沟通。你逃生的理由是什么？其他人留下的理由依次又是什么？将学生6人一组进行分组。

（二）我的沙粒

1. 阅读故事《两粒沙》

第一粒沙：贝生活在海里,平静度日,太阳出来的时候,她最高兴了,因为可以在温暖的阳光下张开壳吐泡泡。这天,她照例在太阳下打开壳,深吸一口气,准备开始度过一天中最美好的时光。忽然,她感觉有东西被吸入了身体里,在软软的身体上有个硬硬的东西,硌得很难受。原来是一粒沙,她想动一动把那粒沙弄出来,可是只要一动就很疼,她就把壳合起来,不敢再动……

第二粒沙：一位勇士发誓要排除万难去攀登一座高峰。从良好的身体条件和过人的勇气和毅力来看,他是最佳人选。于是,在众人期待与敬仰的目光中,他出发了。

[①] 本课例由上海市行知中学成霄老师提供.

在登山的途中,险峻的山势没能阻止他前行;疲惫、饥饿和寒冷没能使他畏惧;恶劣的气候没能使他退缩,他仍旧朝自己的目标努力着。不知何时,他的鞋里落入了一粒沙子……

2. 教师提出问题:请学生根据故事续写结局,然后小组推选结局展示。

(三)我的珍珠

1. 教师提出续写结局后的问题。

(1)为什么要这样安排故事的结局?

(2)这两个故事让你想到了什么?

(3)生活中你最近一次遇到"沙粒"是什么时候?

2. 小组活动

小组分享:

(1)思考了自己的现实之后,将最后一次遇到的"沙粒"和自己的处理方式做简单描述,并请同伴为自己打分。

(2)你的同伴怎样认为呢?他们有什么好的建议?

(3)如果同伴的建议值得采纳,你觉得当务之急要做的是什么?

3. 班级分享:

每组分享之后做出每组的"沙粒"群,以及"沙粒"变成"珍珠"之后的各类展现。

(四)我们的"珍宝"

1. 教师准备全班的"沙滩"纸。

2. 学生每人用一句话写出自己的感悟。

3. 把那些感悟捏成珍珠的模样,镶嵌在班级的"沙滩"纸上。

课例分析:这是一堂高中的生涯教育课,通过情景剧的想象和表演等活动形式,让学生明白从挫折中反弹的力量是源于自身,明白个体也许不能选择遇见的事件,但是可以通过自身的心理资本来选择对待事情的方式,从而激发学生的学习潜能,培养学生学业和职业的规划能力,提高学生的生涯决策和管理能力。在现场活动中,教师引导学生识别并运用下面的品格优势,促进学生建构心理抗逆力,提升学生的心理资本。

幽默(humor),把欢乐带给他人,能够看到生活中美好的一面,善于制造轻松的氛围。

希望(hope),对未来充满最好的期待,并为之实现而付出努力。

热情(zest),充满激情与能量的生活,做事情总是充满活力。

创造力(creativity),运用新颖并具有成效的方法解决问题。

社交智慧(social intelligence),能及时理解他人和自己的动机和情绪,知道在不同情境下如何做出恰当的言行。

二、生涯研学活动

研学即"研究性学习"(Hands-on Inquiry Based Learning,简称:HIBL)。生涯研学活动是指以学生为中心,在教师和学生共同组成的学习环境中,让学生主动提出问题、主动探究、主动学习的归纳式学习过程,并且在提出问题和解决问题的全过程中,获得生涯成长上丰富且真实的体验,增强生涯规划的意识与能力,培养自尊自信、积极向上的个性品质,促进学生的健康成长与终身发展。

案例　　　　　　　　"花挑锦绣"初中生涯研学活动

(一)活动说明

本活动是上海市罗泾中学进行"罗泾十字挑花"[①]研学之旅,通过罗泾十字挑花的寻迹、咏行、创新,感受民俗文化的悠久历史,感受劳动人民热爱生活、勇于创新、追求卓越的品质。

(二)活动流程

1. 活动一:研学之堂

(1)学生分享事先准备好的"十字挑花"学习资料,以小组的形式进行分享。

(2)请来"十字挑花"非遗传承人讲述相关历史与技艺。

2. 活动二:咏行之旅

(1)非遗传承人教授"十字挑花"简单技艺。

(2)学生学习"十字挑花"针法技巧,并进行简单的DIY体验。

(3)以小组的形式排演相关节目,内容可以涉及"十字挑花"的传承与技艺,或者是关于"十字挑花"的非遗传承人的故事。

3. 活动三:创新之光

(1)前往塘湾村参观"十字挑花"展览,感受传统手艺的魅力。

(2)给"十字挑花"技艺创新传承提金点子,为非遗传承做贡献。

---

① 罗泾十字挑花是上海市非物质文化遗产.

（三）生涯研学访谈

访谈对象："十字挑花"传承人 Z 老师

问：您为什么会从事这一份职业？

Z：随着时代变迁，原本在日常生活中处处可见的兜头巾、系身勾都已淡出了人们的视野，"十字挑花"也一度面临着几近失传的窘境。为了传承推广"十字挑花"技艺，罗泾"十字挑花"工作室一边开班，免费向挑花爱好者传授技艺，一边寻访老手艺人，收集更多有关"挑花"的资料。我希望将古老技艺带入当下的生活，让更多人发现"十字挑花"独特的美。

问：从事这一份职业的最大收获是什么？

Z：应该说是一种价值感吧！真正地为生我养我的这一片土地留住些什么。这样听起来似乎比较崇高，但事实真是如此。关键是这么多年与"十字挑花"相伴，我觉得它带给我一种从未有过的投入感，让我发自内心地投入到这一份传承的工作中去。要问我最大的收获是什么，那就是我发现了从事这一份职业带给我生命的价值感和意义感，我真的是要对"十字挑花"说一声感谢！

问：您认为从事这一份职业需要一些怎样的性格优势和特质？

Z："十字挑花"和西方的"十字绣"还是不一样的，因为它是运用日常生活中的兜头巾、系身勾等，所以对于正反面的要求都很高，基本上正反都是一样的绣品，在绣的过程中是需要有足够的专注度与耐心，甚至可以说需要有一定的韧性，才能把"十字挑花"绣好，否则会被人家笑话的，是拿不出手的。通过这些年对于"十字挑花"的坚持不懈，我才能到达现在这样的一个阶段，就是从一开始的"我可以吗？"到现在的"我能行！"我对"十字挑花"的未来也充满着希望，最近我们研发很多含"十字挑花"元素的新产品，做成金口包、胸花、项链、戒指、耳环等不同的工艺品，在不断创新的基础上，带给"十字挑花"美好的未来。

问：针对您目前所从事的这一份职业，能不能就心理资本的四因素——分别是效能、乐观、韧性、希望——给自己打打分，满分是 10 分。（研学小组的组员就"心理资本"向访谈对象作简单解释。）

Z：就我目前从事的这份工作来说，效能有 9 分、乐观 9 分、韧性 9 分、希望 10 分。

问：如果让您换一份职业，您觉得您能胜任吗？

Z：应该可以吧，在传承"十字挑花"的过程中，我能看见自己有一些固有的优点特长，比如：细致、爱美……在传承"十字挑花"的过程中，我觉得这一份职业也在不断地提升我,在这期间我也学习了很多,比如:创意、整体活动的策划运作等。我觉得:职业和个人是相互成就的!

(四)制作"心理资本手账"

制作生涯研学手账,见图9-4,生涯研学手账基本信息可以有:

知他人:

1. 研学团队成员姓名:

2. 研学访谈人物:

3. 研学访谈人物职业:

4. 研学访谈内容:

√ 为什么会从事这一份职业?

√ 从事这一份职业最大的收获是什么?

√ 从事这份职业需要怎样的性格优势和特质?

√ 从所从事的职业来看,给自己的心理资本四因素打分?(希望 效能 乐观 韧性)

√ 如果换一份职业能胜任吗?

5. 本次生涯研学访谈人物经典语录:

知自己:

1. 生涯研学访谈人物最影响你的是:

2. 结合现状,给自己的心理资本四因素打分:(希望 效能 乐观 韧性)

3. 我有待开发的心理资本:

4. 我认为人生最重的要的事情是:

5. 面前我最想从事的职业是:

6. 从事着一份职业需要具备的心理资本是:

7. 我应该选择的职业目标是:

8. 我要达成目标的途径是:

案例分析:

1. 生涯研学活动让心理资本的培育场景化

生活是最好的老师,学校的生涯教育活动,充分地利用了属地的企事业资源、场地资源来开展。生涯研学活动是一种场景式的体验活动,学生在真实场景中,看到真实的职业,调动他们视觉、听觉、触觉感官,激发他们对场景内各种职业的兴趣,尝试着进

图9-4 生涯研学手账

一步了解职业中的人、事、物,以及它们之间的相互关系。让学生从无意识的看见变成有意识的发现、有意识的探索、有意识的学习,从中获得关于自我、社会、职业的积极体验,建立学习与职业生活的有机联系。

2. 生涯研学活动让心理资本的培育个性化

研学手账是一种静态的呈现,生涯研学活动是一种动态的体验。研学活动是团队协作活动,以5—6人为一个研学小组的形式,去发现、去思考、去询问,运用团队的力量,带动团队内个体多维度地去接触场景内的职业角色。而生涯研学手账是一项生涯研学个性化实践作业,学生个体通过场景式的学习,通过研学团队的互动,共享访谈资源之后,沉淀下来的是自己的思考,促使他们在拓展生涯视角的基础上,不断促进自身对生涯的思考,规划整合,从而进一步提升生涯的成熟度。

第四节 注意要点

心理资本理念在中小学生涯教育实施过程中,内容上要考虑学生年龄特点,注重分层;形式上要考虑中小学生喜闻乐见的方式,注重体验;实施过程中要考虑不照搬、不求全,注重针对性。

一、内容注重分层化

心理资本一词原本来自企业管理,将其转化为中小学的生涯教育内容,可能会存在一些"水土不服"的现象。更何况,中小学一共跨越了 12 个年级,这 12 年也是儿童和青少年身心快速发展的时期。在具体的内容架构过程中,要注重分层实施,不仅仅从内容的角度进行分阶段、分学段实施,同时,对于在不同年段实施四个心理资本的核心因素,也应该有选择、有侧重。

二、形式注重体验性

体验是通过实践来认识周围的事物,认识自己。学校要通过开展一系列的生涯教育活动,将班级团队活动、校园文体活动、社会实践活动与生涯辅导相结合,扎扎实实地通过活动,引领学生体验感悟,增加积极体验,培育学生心理资本,提升积极心理品质,健全人格,培养良好的心理健康素养。

三、实施体现针对性

在积极心理学的视角下,提升不同人群心理资本水平,是心理资本研究的出发点、落脚点与生长点。并不是心理资本理论中所有的观点都与生涯教育完全契合,在具体的中小学生涯教育实施的过程中,不能照单全收,还是需要有一些取舍。同时针对学生个体,在培育其心理资本的过程中,同样不是面面俱到,应是有所侧重,适性扬长。

四、理论要进一步拓展深化

当前的研究,从不同视角出发对心理资本提升策略进行积极、深入的探索,包括:增强积极认知、增加成功体验、积极取向团体心理辅导、构建心理资本价值生态圈等,这些研究为心理资本在具体领域中的应用提供了有效支撑。希望心理资本理论能够带给一线学校更广阔的理论视角,与学校的生涯教育进行积极有效的整合,让学校的生涯教育不断地深化内涵,扩展外延,让中小学生涯教育中的探究不断有新进展,增强中小学生生涯规划的意识与能力,培养自尊自信、积极向上的个性品质,促进学生的健康成长与终身发展。

第十章 团体动力理论与运用

生涯教育课、生涯教育团体辅导、生涯教育主题活动等是面对每个学生开展生涯教育的主要途径,是实现生涯教育全员性、发展性的重要保障。尽管有一些不同,但是从本质上来说,以上各种生涯教育方式都是以团体辅导的相关理论和技术为基础的。团体辅导的理论基础包括团体动力学、人际沟通理论以及社会学习理论等。人际沟通理论为团体辅导过程中人与人之间如何交往、怎样增强沟通效果、如何建立良好人际关系等提供有价值的参考。社会学习理论为团体辅导中如何帮助成员改变不适应行为提供了研究和帮助。团体动力学则从团体气氛、团体凝聚力、团体领导者、团体规范等不同方面为团体辅导提供了科学依据。因此,我们将重点介绍团体动力学在中小学生涯教育中的运用。

第一节 时代背景

一、格式塔(Gestalt)心理学的整体视角

格式塔是德文 Gestalt 的音译,意指有机而连贯的整体。英文常以 Contiguration 或 Whole 等来表示。此词最早由奥地利哲学家埃伦费尔(Christian Von Ehrenfels, 1859—1932)于 1890 年提出,后来这一概念被用来命名由韦特海默(Max Wertheimer, 1880—1943)、考夫卡(Hurt Koffka, 1886—1941)和苛勒(Wolfgang Kohler, 1887—1967)于 1912 年创立于德国的一种心理学,即格式塔心理学。

格式塔心理学的基本出发点是,整体不能用部分之和去理解;整体的特性是基本的,而部分的特性则依赖于它们在整体中的地位。它主张以意识经验中显现的结构性或整体性为心理现象最基本的特征;知觉不是感觉相加的总和,思维也不是观念的简

单联结；理解是已知事件旧结构（格式塔）的豁然改组或新结构的豁然形成；学习不是通过许多分散的观念联想而成，而是对整体的组织结构的豁然领悟。结构对学习有重要意义。

格式塔心理学反对把意识分解为元素，而强调心理作为一个整体、一种组织的意义。格式塔心理学认为：其一，整体不能还原为各个部分、各种元素的总和；其二，部分相加不等于整体；其三，整体先于部分而存在，并且制约着部分的性质和意义。

格式塔心理学重视心理学实验，他们在知觉、学习、思维等方面开展了大量的实验研究，在思维问题上提出了"顿悟说"。尽管格式塔心理学的理论基础是主观唯心论，但该学说强调的"整体"观点以及关于知觉的组织原则、学习和思维的研究成果等至今仍有积极意义。

格式塔心理学的创始人是韦特海默、考夫卡和柯勒，后期的代表人物是勒温。他从格式塔心理学"整体视角"出发来研究团体与个体的行为，即通过对团体的动态分析来发现处于团体中的个体或者团体本身的行为规律。

二、群体支持的社会需求

第二次世界大战（1939—1945）和战后的经济危机严重影响了美国人当时的社会心态和整个社会氛围。当时的人们都希望能在集体中感受到归属感和安全感。人们将家庭和社团当作战乱以后社会生活复兴的主要支持。一种信念广泛地被人们所接受：一个社会的完整性取决于一个群体的作用，而科学的方法可以用来改善一个群体的生活。这样的社会需求和社会支持是群体动态发展和繁荣的主要原因。著名团体动力学家赞德用一句话描述了当时团体动力学的发展："那个时期，社会心理学中最生动、最富有创造性的工作就是对群体的研究，整个社会科学都在关注这样的研究。"

勒温于1933年从德国来到美国定居，1940年成为美国公民。他提出的团体动力学因符合社会发展和人们的现实需求而得以快速发展。

三、马斯洛的需要层次理论

美国人本主义心理学家马斯洛于1943年首次提出了需要层次理论，将人类的需要从低到高分为五个层次，分别是：生理需要、安全需要、社交需要、尊重需要和自我实现需要。一般来说，一定层次的需要得到满足后，将向更高层次发展，追求更高层次的需要就会成为行为的动力。因此,需要获得基本满足后不再是一种激励力。当个体的生理需要和安全需要得到满足后,将不再成为个人的动力。人的行为动力则来自于第三层次和第四层次的归属感,即属于社交需要和尊重需要当中。当个体的归属需要和尊重需要得到满足,才能产生自我实现的内驱力。合理的团体建设对于个体的意义是非常重要的,每个成员被团体其他成员接纳,每个成员在团体中感受到被接纳、被肯定、被欣赏,进而激发他们自我成长的内驱力。团体动力成为满足个体社交需要和尊重需要的重要途径。

四、团体动力学的产生

勒温于1933—1935年最早提出了团体动力学理论,内容泛指团体成员在团体内的一切互动历程与行为现象。人类的行为受到所处环境的影响,个体与环境交互作用产生的运作与结果,即为团体动力。团体名称、目标、组织、属性及其固定的特征是团体的静态面,组织气氛、物理环境、成员成长、交流沟通等是团体的动态面。动态与静态的交互作用,也决定了团体的行动方向与发展结果。

在一个团体中,这些交互作用的影响力构成了团体动力,正如个体受到内在因素与外界环境的影响,形成个体的成长动力一般,团体动力自然地发生在团体中。团体动力学强调整体动力观,开展科学研究与具体实践相结合的行动研究,认为通过引起社会团体变化而改变其个体要比直接改变个体容易得多。

团体动力学的积极意义有四个方面:第一,它指出一种行为的发生受到团体的内部力量和外部力量的双重影响,而最主要是由它内部力量所决定;第二,团体成员之间所形成的合力大小与团体凝聚力密切相关;第三,团体动力学不仅注重环境的影响,更注重人的能动作用;第四,社会的发展离不开团体的作用,而团体作用的发挥需要科学方法的指导。

第二节 主要观点

一、场论

团体动力学的理论基础是勒温的场论。这一概念最早出现于勒温1938年发表的《社会空间实验》一文中。场论是借用物理学中"场"的概念来解释心理活动的理论,它把人的心理和行为视为一种"场"的现象,是人与环境的函数,用公式表示为:

B=f(PE)。B是行为，P是个人，E是环境。环境是指心理环境，它是一个整体，其中每一部分都依存于其他各部分。对人而言，意志和需要等具有重要的动力作用。"场"具有复杂的非物理的力，力之间有错综复杂的变化，而这种变化所产生的动力结构使"场"成为动力场。随着动力场的千变万化，人的心理和行为也随之变化。

场论把心理事件的原因归于当前场的结构，既不推诿于未来，也不推诿于过去，这就使它不免对心理行为只注意横断面的分析，而忽视了纵向研究。场论坚持心理要研究个人与心理场之间的相互作用。它既反对过分强调环境影响，也反对过分强调内部决定因素的心理学倾向，具有一定辩证的因素。场论的基本特征可以概况为：第一，场是将行为主体及其环境融为一体的整体；第二，场是一个动力整体，具有整体自身独有的特征；第三，场的整体性在于场内并存事实相互依存和相互作用关系。由此可见，勒温非常重视在生活环境中研究人的行为。[①]

二、团体动力学的要素

（一）团体气氛

根据团体动力学理论，一个团体的整体气氛和整体功能会对其中成员的心理与行为产生重要作用，并集中体现于团体凝聚力中。团体凝聚力是成员在共同活动中形成的，凝聚力会成为吸引成员留在团体的合力，促进他们相互合作和交流。团体凝聚力的增强，团体内人际关系的和谐与安全，成员之间的情感支持，会使个体更加开放自己，增强自信和对他人的信任。随着团体活动的深入，团体动力会像磁铁一样，将成员紧紧联结在一起，从而使他们产生集体归属感。[②]

团体动力学最著名的实验之一是团体气氛的研究。20世纪30年代中期，勒温与利皮特为了研究民主和专制的团体气氛，从大学附属的小学五六年级志愿者中选出了10岁和11岁的孩子共30人，组成两个制造面具的实验俱乐部，由大学生担任各俱乐部领导人，分别扮演民主的和专制的领导，进行轮组实验（两个星期轮换）。按照这种做法，每个小组要体验两种不同的领导方式，从而形成两种不同的团体气氛。两种不同领导方式的区别见下表（表10-1）。

[①] 樊富珉，何瑾. 团体心理辅导[M]. 上海：华东师范大学出版社，2010.
[②] 吴增强. 发展性心理辅导理论与实务[M]. 上海：上海科技教育出版社，2018.

表 10-1　专制式与民主式领导方式的比较

专制式	民主式
所有政策的决定由一个强人操纵	所有政策都由集体决定，领导鼓励、支持，最后认定
实现目标的技术和步骤由权威独断，每次做一个，成员无法知悉团体未来的方向	领导解释工作的步骤与行动方案，需要技术指导时，领导会提出两到三种可行方案
权威者经常控制每个团体成员的活动，即由领导决定与谁一起干活	成员可以自由选择和自己一起干活的人，分工由大家决定
权威者批评和表扬成员个人的活动，但他不与成员待在一起	领导不参加实际工作，只对关系到整个团体的工作提出表扬或批评

实验结果发现成员在不同团体气氛下的行为有很大差异。

第一，专制型团体中成员的攻击性言行显著，而民主型团体中成员彼此友好相处。

第二，专制型团体中成员对领导服从或出现引人注目行为的情况较多，而民主型团体中以工作为中心的接触较多。

第三，专制型团体中成员多以自我为中心，而民主型团体中"我"字使用频率低，注重"我们"的感情。

第四，当实验导入"挫折"时，民主型团体成员更团结且一直试图解决问题，而专制型团体则彼此推卸责任或人身攻击。

第五，领导不在场时，民主型团体的成员仍能继续工作，而专制型团体成员的工作动机则大大降低。

第六，民主型团体成员对团体活动的满意程度与满足感比专制型团体高。

第七，同一成员在民主型团体内攻击性言行少，而调到专制型团体内，攻击性言行明显增加。

实验结果证明，在团体情况中，民主的领导方式创造的团体气氛能提高工作效率；而专制型的领导方式创造的团体气氛虽能保证一定的工作效率，但成员缺乏信任感和创造力，相互间充满敌意与冲突。[1]

(二) 团体凝聚力

团体凝聚力是指团体对其成员的吸引力和团体成员之间的吸引力，以及团体成员的满意程度。社会心理学家弗斯廷格(L. Festinger)指出，团体凝聚力是"为使团体成

---

[1] 樊富珉,何瑾. 团体心理辅导[M]. 上海：华东师范大学出版社,2010.

员留在团体内而施加影响的全部力量的总和。"团体凝聚力是团体巩固与稳定的社会心理特征,对团体的存在、活动、效率有重要的作用。勒温、卡特赖特(D. Cartwright)、赞德(A. Zander)等学者对此进行了深入的研究。

团体凝聚力是以团体共同活动为中介。在团体活动中,成员经过彼此诉说自己的喜怒哀乐等互动,增进了成员之间的感情和思想交流。这时,如果彼此发生认同,互相满足心理需要,即会产生亲密感和互相依赖感,增强成员间的相互吸引以及团体对个人的吸引。在这样的团体中,成员心情愉快,精神振奋,行为、认知、情感一致,凝聚力就高。相反,如果团体成员之间经过交流,在思想和情感上不能产生共鸣或有严重的分歧、冲突,相互不能满足心理上的需要,成员感到心情压抑、相互"离心",团体对个人的吸引力必然小,凝聚力自然很低。可见,团体凝聚力取决于团体内人际关系的状况。

克瑞奇(D. Krech)等人认为,凝聚力强的团体有七个特征:(1)团体的团结非起因于外部的压力,而来自团体内部;(2)团体内的成员没有分裂为互相敌对的小团体倾向;(3)团体本身具有适应外界变化的能力,并具有处理内部冲突的能力;(4)团体成员彼此之间有强烈的认同感,成员对团体有强烈的归属感;(5)每个团体成员都能明确团体的目标;(6)团体成员对团体的目标及领导者持有肯定的、支持的态度;(7)团体成员承认团体的存在价值,并具有维护团体继续存在的意向。

一个团体的凝聚力对于团体的活动具有重要的影响。首先,团体凝聚力会使团体成员紧密团结在一定的目标之下,使团体成为一个具有高度整合性的团体。其次,团体凝聚力对团体的工作效率有重要影响。一般来讲,高度的凝聚力会提高团体成员的士气,明确活动的动机,让团体成员自觉地努力完成团体工作,提高工作效率。如果一个团体有许多内在冲突,成员彼此不合作,精神受压抑,不但不能激发工作热情,甚至还会有意制造麻烦,工作效率自然降低。

团体凝聚力要受到许多因素的影响。影响因素可分为两大类,即团体内部因素及外部因素。团体内部的影响因素包括团体的规模、成员的相似性、信息沟通状况、成员对团体的依赖程度、领导者与团体成员的关系等;团体外部的影响因素主要来自团体间的竞争。当团体面临压力或威胁时,成员为保护团体的利益而相互配合、相互协调、一致对外,从而使团体凝聚力大大提高。①

---

① 樊富珉,何瑾. 团体心理辅导[M]. 上海:华东师范大学出版社,2010.

（三）团体目标

团体目标是团体成员对于任务完成的预期,在团体目标中包含了团体成员对于团体的期望,实际上是团体的一种激励状态。团体目标的建立,一方面会促使团体成员团结一致,努力争取尽快达到目标;另一方面也有利于对团体的工作进行评估,有利于团体成员进行自我评价并调动他们的积极性。除此之外,团体目标被团体成员所认同和接受之后,就会形成一种"求同的压力",对团体和团体成员的活动和行为起到一种整合作用。团体目标的设立应明确、具体、具有可操作性和可评估性,并且富有激励和挑战意义,能够为团队成员所接受。

（四）团体规范

团体动力学认为,团体规范是团体内部制定的,每个团体成员都必须遵守的条约和纪律。团体规范对于保证团体的稳定、协调和促进团体效能的发挥具有重要作用。

1. 团体维持

团体的存在形式是它的整体性,而这种整体性就表现在团体成员的认知、情感和行为上的一致性。团体规范是这种一致性的标准,它统一着团体成员的意见和看法,调节着他们的行为。没有团体规范的团体,也就失去了其整体性而不成为团体。另一方面,团体是由多个个体组成的,要维持其整体性,就需要用一定的规则来约束其成员,而成员也正是依据这种对准则的认同,相互一致形成一个整体。团体的规范能否建立,能否为绝大多数成员接受,直接影响团体的凝聚力,直接影响团体能否走向整合与稳定成熟,发挥其辅导功能。

2. 规范一致

规范就像一把尺子,摆在每个成员面前,使他们对问题的认知和评价有一个统一的标准,从而形成了共同的看法与意见,即使有个别人持不同的意见,但由于规范的压力和个人的从众性,也会使其与团体规范保持一致,这种统一成员意见看法的功能就是认知的标准化。

3. 行为定向

规范不仅约束着团体成员的认知和评价,而且还约束着他们的行为。规范对行为的定向作用,主要是为成员制定活动范围,制定团体活动的行为方式,也就是告诉人们应该做什么,不应该做什么,如何去做,等等。规范可以是团体内部预先规定的,也可以是在团体运行过程中逐渐形成的。有积极的规范,也有消极影响的规范。作为团体辅导者,要用他的影响力与辅导技能建立有治疗功能的规范。比如根据人的模仿、暗示、遵从等社会心理特点,塑造适当的团体行为,以促成规范的建立。

团体规范应该明确、合理和必要,在充分讨论的基础上由团队成员共同制定,内容的表述应以正向引导为主。在实施和执行中要始终如一、公平一贯。执行规范应采用积极的方法,注重对实施规范进行检查,发现问题及时解决。[①]

三、团体动力学的发展与运用

(一) 团体动力学与团体辅导

团体是指两个人以上的集合体,但是如果人数符合,但彼此之间没有任何互动的关系,也不能称之为团体。团体成员需要彼此之间产生交互作用,而且有统一的目标。构成团体的主要条件包括:有一定的规模、成员彼此之间有相互的影响、有一致性的共识、有共同目标。中小学生的班集体、选修班级、社团、为共同的发展目标而组建的团队等就可以称为团体。

团体辅导是指在团体领导者的带领下,团体成员围绕着某一个共同关心的问题,通过一定的活动形式与人际互动,相互启发、诱导,形成团体的共识与目标,进而改变成员的观念、态度和行为。团体辅导是一种帮助团体成员解决类似困难或者困扰的有效方法。

团体动力学不仅为团体辅导提供了理论依据,而且为团体辅导过程中团体气氛的创设、领导者的作用等提供了重要的研究成果。团体动力学的一些研究,如敏感性训练等直接成为团体辅导的方法、技术,广泛应用于教育等领域。团体动力学证明了团体能有效地自我探索和解决问题。团体动力学将团体作为整体,体验相聚的当下时刻——此时此地,为团体的感受性训练搭建了舞台。

团体辅导充分贯彻了团体动力学理论的优势,合理建设团体,充分尊重成员,共同商议目标,在探讨、感悟、分享中促使个人状况发生预期变化,不仅实现了传统教育的普及、预防、发展功能,同时可以解决学生成长中遇到的人际交往、挫折压力、自卑焦虑等具体问题,提升整体素质。团体辅导在团体成员的互相促进中实现互相学习、各有收获。

(二) 团体动力学与中小学生涯教育

1. 中小学生涯教育的团体辅导属性

(1) 团体辅导是中小学生涯教育的重要途径

国内有学者认为班级辅导活动依其性质而言:1. 是一种团体辅导;2. 以班级为单

---

① 吴增强,沈之菲.学校心理辅导通论[M].上海:上海科技教育出版社,2004.

位;3.以学生需求与问题为导向;4.是一种有系统、有计划的教育方案。[1] 因此生涯教育中的生涯教育课、生涯团体辅导都可以被认为是以生涯教育为主题的团体辅导形式。

与生涯教育的个别咨询不同,中小学生涯教育课以及生涯教育团体辅导都是以团体的形式,在生涯教育教师的带领下,学生围绕个人生涯发展过程的主题,彼此之间开展充分的互动、互相启发、互相帮助,共同成长。团体的生涯教育模式既缓解了当下生涯教育师资不足的困难,满足了全体中小学生的生涯教育需求,同时也为中小学生的人际接纳、人际互动和增强社会适应性提供了途径。

(2) 团体辅导能够实现中小学生涯教育的不同需求

儿童和青少年在不同发展阶段表现出不同的特点、能力和需求。一般来说,小学生处在具体运算的阶段,小学生涯教育应从身边具体的、可以感知的真实世界着手,从适应学习生活、学校生活开始,以启发职业世界的觉察为基本目标。小学阶段的生涯教育侧重于生涯启蒙。主要通过观察、模仿、游戏体验等活动形式,注重幼小衔接,指导小学生发现并了解自身的兴趣爱好,感受学习乐趣,提高学习兴趣,增强学习自信心。

中学时期的青少年将进入关键的自我同一性发展时期,他们会进行更深入的自我探索,努力建立与外部世界的和谐关系,因此中学生涯教育可以更广泛、更深入地进行自我体验和外部世界体验、学习自我规划。初中阶段的生涯教育侧重于生涯探索,促进初中学生拓展自我认识,培养合作能力、学习能力和生活适应能力。普通高中阶段的生涯教育侧重于生涯规划,深化高中学生的自我认识,增强他们的社会意识和社会参与能力,激发学习潜能,培养学业和职业的规划能力,提高生涯决策和管理能力。

小学、初中、高中不同学段的学生因其年龄差别、能力差异、需求不同等因素对生涯教育的内容提出了差别化、针对性的要求。因此,生涯教育工作者必须立足于现实基础,依据不同群体的需求,开展内容和重点不同的生涯教育。团体辅导模式正好契合不同学段、不同人群需求不同的现实特点,通过丰富多彩、目标各异的团体辅导来满足多种需要。

(3) 团体辅导有助于提升中小学生涯教育的有效性

首先,青少年时期是一个孤独的探索阶段,许多青少年在这个阶段都会有没人帮

---

[1] 樊富珉,何瑾.团体心理辅导[M].上海:华东师范大学出版社,2010.

助和无人理解的感受。青少年会面临依赖与独立的矛盾、接受与拒绝的冲突、认同危机、寻找安全感、同伴压力等重大课题。同时,青少年进入青春期之后,会表现出疏远成人,热衷于与同伴交往的特点,并对同伴倾注越来越多的感情。同伴团体是儿童及青少年成长过程中重要的生活背景,同伴对儿童及青少年成长的影响作用大大增强。儿童及青少年的社会化主要在同伴团体中完成,同伴关系尤其是同伴团体,对他们的发展具有无可替代的独特作用。将团体辅导引入生涯教育,就是要借助同伴互助的力量。

其次,团体具有较强的整体性,对个体具有很大的支配力,要改变个体应该先使其所属团体发生变化,这远比直接改变个体来得容易。只要团体的价值观没有改变,就很难使个体放弃团体的标准而改变原有的主见;而一旦团体标准发生了变化,那么由于个体依附于该团体而产生的那种抵抗也会随之消失。

综上,生涯教育中的团体辅导模式,包含生涯教育课、生涯教育主题活动、生涯团体辅导等,都具有通过团体和同伴的力量来帮助青少年实现生涯信息传递、分享成长经验与个体感受、进行深层次的自我认识、提升他们的人际交往技能以及满足个性化需求等功能。团体辅导模式的引入提升了中小学生涯教育的效率,也为青少年构建了安全、开放和互相学习的团体空间,大大提升了中小学生涯教育的有效性。

2. 中小学生涯教育引入团体动力学的优势与意义

中小学生涯教育的主要内容包括自我认识、职业探索和生涯规划三大模块。不论是以班级为单位、以全班同学为对象的班级团体,还是为满足部分同学的共同需求而开展的生涯教育团体辅导,抑或是通过组织形式多样、内容丰富的实践体验活动进而促进学生生涯规划意识和能力的生涯教育活动,都需要依托团体动力学的理念和技术。

(1) 深入自我探索

团体动力学思想下的团体为成员提供了更多和更深入的互动,成员可以借助互动加深对自我的了解,也会在互动中对团体其他成员了解更多,还有机会通过团体反馈发现和获得自我完善的方向和途径。这是中小学生涯教育的基础内容。

(2) 获得更多信息

团体成员因各自的生活背景、成长经历、知识结构和价值观的不同,对同一个问题有不同的见解,因此团体中会产生更多元的观点和解决问题的方案。成员因此可以开阔视野,获得更多信息,弥补因个人盲区带来的局限。团体中每个人对职业世界了解的内容进行分享,会大大扩充个人对职业世界的认知。

(3) 共同的感受与体验

个别成员的消极性情绪体验、迷茫、困惑等可以通过团体内部的分享得到倾听、共鸣和疗愈,也可以通过他人的建议和支持找到解决问题的办法。

(4) 模拟现实生活

生涯教育的核心目标是帮助学生在成长过程中学会选择、主动适应变化。团体的出现很好地模拟了现实生活,团体不仅是社会的缩影,更是对社会的真实反映。团体动力学基础下的生涯团体教育为中小学生提供了一个与真实生活类似的情境。在这个情境中,学生接受多元的刺激和讯息,学习面对和处理自己的困难和问题,提升个人的社会适应性和自我实现能力。

第三节 实践应用

以团体动力学为基础的团体生涯教育包括生涯教育课、生涯教育活动、生涯团体辅导等。不少学校和教师在以上各项工作中开展了有益的探索,取得了一些经验,下面从生涯教育课、生涯团体辅导两个方面给出案例,并进行分析,以供参考。

一、生涯教育课程中团体动力的体现

案例　　　　　　　　"毛头小鹰"课例[1]

教学流程:

(一) 绘制个人的兴趣星空图

(1) 提问:你了解自己的兴趣爱好吗?哪些事是你喜欢做、愿意做的?

(2) 绘制:请学生绘制个人的兴趣星空图,找到自己最大的兴趣。

(3) 分享:全班交流分享。

(二) 主题活动

每个人都有自己的兴趣爱好,它让我们更开心、生活更有趣。今天我们一起来认识一只可爱的毛头小鹰,看看它有什么样的兴趣爱好。

---

[1] 本方案由上海市虹口区广灵路小学董旭老师和上海市虹口教育学院叶丽青老师共同设计.

1. 阅读绘本故事《毛头小鹰》前半段

绘本《毛头小鹰》描述了一只喜爱表演的猫头鹰毛头,鹰爸爸希望它长大了成为律师或医生,鹰妈妈则认为毛头有天赋就该被培养,将来会成为一名演员或剧作家。

2. 提问

(1) 毛头最大的兴趣爱好是什么呢?你是怎么发现的?

(2) 爸爸、妈妈对毛头小鹰未来的职业选择分别是什么观点?

3. 思维碰碰碰

(1) 观点选择:学生在爸爸、妈妈及其他三个阵营中,选择自己更支持的一个阵营,加入后形成新的小组。

(2) 小组讨论:支持这方的理由有哪些?不支持其他方的原因有哪些?

(3) 分享:全班交流分享。

4. 立场转换

(1) 提问:刚才我们都分别为自己所支持的立场罗列了很多理由,现在请各位同学抛开自己的立场,重新去审视黑板上所有关于兴趣与职业选择的观点,现在有哪些是你认同的?

(2) 全班交流分享。

(3) 小结:就如同学们所说的,未来的职业应该是由我们自己选择,在选择的过程中我们可以参考爸爸、妈妈、老师的建议和想法。我们有很大可能根据兴趣选择职业,因为如果职业能够是我们的兴趣所在,那会给我们带来很大的动力。

设计意图:通过对绘本中不同角色观点的讨论和分享,激发学生主动去思考,结合自身实际经验和已有知识,输出观点,并且在不同小组的观点碰撞中,予以丰富和整合。

三、总结提升

1. 结局探讨

(1) 猜一猜,毛头将来会从事什么职业?

(2) 阅读绘本故事:《毛头小鹰》后半段。

毛头为了让爸爸妈妈都开心,就演了一出戏,剧情是关于两个从来不见面的医生和律师(由毛头自己演两个角色)。不过绘本的最后,毛头成为了一名消防员。

(3) 讨论:为什么毛头会从事"消防员"这个职业呢?

2. 总结

和毛头小鹰长大后成为一名消防员一样,虽然兴趣是未来职业选择的一个重要因素,但却并不是唯一因素。那还会有什么因素影响我们的职业选择呢?后面的课我们将再继续揭秘。

课例分析:首先,这节课的设计符合小学生身心发展的特点。小学的生涯活动课以启蒙为主,旨在通过小组合作、互动游戏等,使学生获得真实、生动的体验,并激发其对生涯相关话题的兴趣,树立起对未来生涯的美好期待和向往。兴趣是生涯教育的重要主题,绘本是小学生喜爱的素材。因此,这节课以《毛头小鹰》绘本为素材,依托分小组辩论的形式,引导学生对兴趣与未来职业选择之间的关系进行讨论,在观点的碰撞中,体验、表达、重构相关的生涯认知。

其次,这节课中团体动力对教学目标的达成起到了关键作用。

1. 团体动力激发学生的积极性

课程中教师设计了"小组辩论"的环节,小组成员之间互相启发、互相补充、提炼观点、进行分享;小组之间通过表达自我小组的观点、聆听其他小组的想法、思维之间充分碰撞等过程,充分调动了每个学生的积极性,认真思考,实现了学生之间互相学习的目标。这是团体动力学思想的体现。

班级教学中(团体辅导)教师鼓励学生从自己出发,连接自身的经验,分析并绘制自己的兴趣星空图,对于部分没有感受和思考过自身兴趣的孩子来说,这是一个很好的自省机会,同时,团体(班级)中其他同学自我星空图的分享也是重要的学习机会。特别是绘本最后毛头的最终职业选择出人意料,"毛头为什么会这样选择?"带着这样的好奇心进入后续的课程学习,提升了学生的学习兴趣和学习动力。

2. 民主氛围增强学习的开放性

教师作为"班级"这个团体的带领者,营造了开放、接纳、支持和尊重的氛围,学生们可以各抒己见,充分表达。教师在面对每个学生的不同观点和不同表达方式时,给予了充分的倾听和支持。尽管不同角色(爸爸、妈妈、其他)小组的观点存在一定的差异性,但是在这种友好、尊重的团体氛围下,每个小组都对自己和他人的发言保持了积极而开放的态度,能够暂时离开自己的角色,进入他人的理论框架中去感受和思考。

同时,民主的课堂氛围帮助师生之间进行更加充分地讨论,实现重点问题的解决(毛头小鹰的未来职业应该从哪些角度去考虑)和难点问题(如何从不同的建议中发现自己真实的想法)的突破,从而使得学生能够更好更深入地进行体验和思考。

最后,民主的氛围也促使老师留给学生更多的讨论时间(课程中设计了两轮小组讨论,成为课程教学的核心),更加民主地对待自己的学生,而不是一味地进行灌输(教师耐心地组织学生讨论、倾听学生的观点,鼓励学生从不同的角度来思考)。学生的民主意识也因此得到进一步的巩固,对于一些问题的思考能力也有所提升(毛头小鹰最终选择的职业与爸爸和妈妈的意见相去甚远),师生之间的沟通与交流更加流畅。

3. 团体动力打开学生的思维大门

在主体活动设计上,采用课堂辩论的活动形式,学生基于绘本故事中产生的观点,结合自身的经验,在不同的立场上,就"兴趣与职业选择"这一话题展开探讨。团体(班级)在辩论中陈述自己的见解,在思维的碰撞中,输出了不少令人称赞的观点,如"兴趣可能是不稳定的,它未必一定会成为将来从事的职业""兴趣的培养不应该带有功利性的目的""不管是职业还是兴趣都应该是孩子自己的选择,作出了选择之后,也要自己负责""父母根据自己的生活经验,给孩子提供职业选择的方向,出发点也是为了孩子好"等。

"立场转换"的活动环节,能让学生跳脱出原有的思维,转换视角重新去审视其他同学输出的观点,以更加开放、接纳的态度去看待"兴趣与职业选择"这一话题。

二、生涯教育辅导中团体动力的体现

案例　　　　　　　　　初中生职业探索团体辅导方案[①]

(一) 职业情报探,未来有答案

(二) 团体主题:探索外部职业世界,思考现在,准备未来

(三) 团体性质:结构式、发展性团体

(四) 团体总目标:成员能用发展变化的眼光看待职业,对部分职业的工作内容有一定了解,认知到职业对个人生活状态及幸福感的影响;初步思考自己的职业理想,树立规划和准备意识

(五) 团体规模:10人

(六) 团体对象:八年级学生

(七) 每周一次,每次60分钟

(八) 团体辅导安排

---

① 本辅导方案由上海市虹口区教育学院附属中学吴秋平老师提供.

分主题	分主题名称	活动内容
主题1	变化的世界	讨论新兴变化、思考职业变迁
主题2	家人职业知多少	绘制职业家谱图、描绘理想职业
主题3	未来已来	职场幻游故事创作

(九)实施过程

1. 主题1——变化的世界

(1)团体辅导目标

感受到世界在快速变化,认识到世界的变化也影响着职业的变迁。初步思考未来职业世界需要求职者有什么样的品质,增加对世界变化的重视。

(2)团体辅导过程

① 热身活动——我手机里必不可少的APP

成员围坐一圈,互相分享自己手机里最必不可少的APP,如:微信、QQ、美团、淘宝、支付宝、王者荣耀等。

辅导教师总结自己初中时代用的是小灵通。虽然只有十来年,但是整个社会在衣食住行方方面面都发生了无比巨大的变化。

辅导老师组织分享:"关于外部世界发生的快速变化,谈谈你最喜欢和最不适应的一个变化。"

辅导老师指出世界的变化离不开开拓者和建设者,但变化像一个大浪,也卷走了一些职业。

② 职业博物馆

辅导老师提问:"如果有这么一个博物馆,专门收集已经消失或即将被淘汰的职业,你觉得里面会有哪些职业呢?"

成员们依次分享。

辅导老师请成员们总结即将消失的职业有什么特点。

成员们自由分享。

③ 新生职业大展望

辅导老师指出变化的浪潮淘汰了一些职业,也催生了一些职业。职业更多是应运而生,并不断发展变化的。老师提问:"等到十年或十年后你们步入职场,那时候的招聘会现场会有哪些岗位在招人呢?"

成员们自由发言,并陈述理由。

辅导老师请成员们总结新生职业有什么特点。

成员们自由发言。

辅导老师提问:"如果你是负责招聘面试的 HR(人力资源师),你希望录用什么样的人呢?"

成员们自由发言。

辅导教师总结,职业的形式、名称、工作内容都可能会是变化,但一些内在的职业品质如沟通、诚信、认真、负责、好学等是不变的。

④ 收获分享

成员分享自己本次团体辅导的感受。

辅导老师布置家庭作业——了解家人的职业类别和职业内容。

2. 主题2——家人职业知多少

① 团体辅导目标

通过绘制和分享职业家谱图,成员增加对职业工作内容、任职要求的了解,能够认识到职业影响个人的生活方式和幸福感,初步思考职业与个人的匹配性及理想职业。

② 团体辅导过程

—热身活动——工作时说得最多的一句话。

—成员围坐一圈,分享自己某一位家人在工作时说得最多的一句话。如"左下角签字""您的外卖""哪里不舒服"等。其他成员来猜一猜是什么职业。

—家庭职业图片。

—辅导老师总结:说得最多的话只是体现了工作内容的一部分。请大家绘制自己的家庭树,并在每位家人旁边备注出他们的职业名称、工作内容、性格特点(3—5个形容词)以及你觉得他的职业幸福感(1—10打分)。

成员绘制后依次分享,成员在倾听过程中可以提问。

辅导老师提问:"听过介绍后,哪一种职业和你原先想的并不一样?"

成员自由发言,讲明原因。

辅导老师提问:"有没有觉得哪位成员分享的家人的职业工作内容与其性格比较不相符或非常匹配的?"

成员自由发言,讲明原因。

辅导老师提问:"为什么你会觉得你的家人做这份职业的幸福感不高呢?""为什么

你会觉得你的家长做这份职业的幸福感很高呢?"

成员自由发言,讲明原因。

辅导老师提问:"你觉得幸福感不高的家人,回到家中是什么样的状态呢?"

成员自由发言。

——我理想的职业。

辅导老师提问:"职业是一种选择,你们未来存在很多可能性,你理想的职业在上班时候是一种什么样的状态,下班后又是一种什么样的状态呢?如上班时候可以比较悠闲,下班后可以有很多自己的时间等。"

——成员自由发言,讲明原因。

——收获分享。

成员分享自己本次团体辅导的感受。

辅导老师布置家庭作业——进一步调查自己今天听到的感兴趣的职业。

3. 主题3——未来已来

(1) 团体辅导目标:成员初步思考自己的职业理想,认识到达到职业理想会遇到很多阻碍,需要提前做好规划和准备。

(2) 团体辅导过程

① 热身活动——冥想放松

辅导老师播放电影《千与千寻》主题曲,引导学员们关注自己的呼吸,放空大脑,冥想放松。

伴随着冥想音乐,辅导老师引导成员漫想15年后自己从事的理想职业,眼前看到的是什么,听到的是什么,自己在说什么或做什么。

成员依次分享,表达感受。

② 职场幻游记

辅导教师结束冥想活动,宣布活动规则:进行"职场幻游"的即兴故事创作,故事是关于自己从事理想职业过程中遇到的种种挫折。

成员依次分享,每一个成员分享后,由其他成员自由补充还可能遇到什么样的挫折或挑战。

辅导教师总结成员分享过程中,出现比较多的挫折,如工作比想象的枯燥、同事矛盾、任务太难、工作和学校教的不一样等。组织成员针对挫折如何去应对,包括可以请教的人、可以学习的技能、可以转变的想法等。

③ 准备行囊

辅导教师提问:"其实有更多的挫折可能发生在从事理想职业之前,比如没有合适的学历等,你们觉得还有其他挫折吗?"

成员自由发言,互相补充。

辅导老师提问:"那在追梦的路上,此时此刻,我们能做什么准备呢?"

成员依次分享,说出具体可行的准备。

④ 收获分享

成员分享自己本次团体辅导的感受。

辅导老师布置家庭作业——观察或体验自己的理想职业。

案例分析:

1. 小规模团体增强了团体的凝聚力

团体凝聚力是团体各种活动得以开展的基础,是由团体活动中各种作用力组合而成的,表现为一种友好与合作的气氛。它不仅能够吸引团体成员为了共同任务而努力,而且还能让团体成员愿意主动分担责任,共同成长。团体凝聚力与团体规模成反比,规模大,成员之间沟通相对较难,相互作用也较难,影响团体凝聚力。

本次团体辅导共 10 位成员,且都来自八年级,人数较为适中,年龄相当,能力与经验水平相近,需求相似。这样同质的小规模团体可以帮助学生快速认识和接纳彼此,在不同的主题下开展探索。辅导教师(团体带领者)搭建了团体能够共同讨论和分享的平台,确定了团体的目标以及具体内容,在 3 次团体辅导中,同学们坦诚、开放、互相启发,很好地实现了团体辅导的预期目标。

2. 团体动力丰富了学生的视角和知识体系

从本次生涯团体辅导的形式上来说,教师选择成员围坐一圈的方式,引入了冥想、绘画等生动的受学生喜欢的方式,充分激发了学生参与的兴趣和动力,构建了安全、稳定的团体氛围,为团体辅导目标的实现奠定了基础。

从本次生涯团体辅导的内容上来说,三个主题下的讨论和学习需要每个成员的分享和共同努力。例如在"家人职业知多少"的主题下,每个成员的分享对于其他成员来说都是一次丰富和拓展。再如在"未来已来——职场幻游故事创作"的主题下,每个成员依次分享后,由其他成员自由补充。辅导教师对成员分享进行总结,组织成员思考针对挫折如何应对,包括可以请教的人、可以学习的技能、可以转变的想法等进行头脑风暴,学生在团体的共同智慧中学到适合自己的内容。依托团体的动力,每个成员都尽可能地开放自己,贡献自己的思考和答案,成员之间彼此丰富和补充。

3. 团体规范助力团体更聚焦更深入

首先,本次生涯团体从招募开始就明确了团体的规范和要求(时间要求、频率要求、态度要求等),成员需要遵守这些规范和设置。这些规范既是对团体成员个人的约束,也是对生涯团体能够有效开展的保障。团体动力学通过建立团体间的动力场来间接影响团体成员的行为,从而达到团体影响个体关系的目的。上述的生涯团体中,团体规范的制定很好地助力团体动力的发生和流动。

其次,团体规范帮助团体中的师生、生生在讨论相关问题时,形成良好的讨论秩序,使得师生、生生可以在一定标准和流程下进行问题讨论,从而使得讨论更加有序,更加深入和聚焦。

最后,团体规范助力生涯教育的团体中每个成员学会如何与他人相处、如何倾听、如何表达、如何坚持、如何"妥协"等,并能在团体中主动练习以上技能,进而迁移至自己的生活和学习实践中。

第四节 注意要点

一、要注意团体目标的清晰

生涯教育活动要达成的目标既有团体目标也有个人目标。在团体活动开始之前,团体领导者应向成员阐明团体的目标,并帮助成员确定、澄清和建立有意义的个人目标。不论团体的目标还是个人的目标都应该是清晰的、恰当的、可以实现和达到的。

二、要注意团体规范的建立

团体规范是团体能够正常存续并有效开展活动的重要保证。团体规范包括团体中的基本规则,如出勤要求、成员的权力和责任、保密和限制等。团体规范通常是通过签订团体契约来实现的。签订团体契约的过程也是一个团体带领者和成员、成员和成员之间充分沟通和协商的过程,团体的运作和影响由此开始。面向中小学生的生涯教育团体,因其对象的身心特点和辅导主题的个人化,都应该注意团体规范的制定。

三、要注意团体领导者的基本要求

团体动力学认为,影响团体辅导效果的重要因素是团体氛围和团体凝聚力。这两个因素都对团体领导者的个人素养和能力提出很高的要求。樊富珉老师认为,有效的团体带领者应具体以下条件:1.健康的自我形象;2.建立良好关系的能力;3.敏锐的自我意识;4.不断成长的意愿。团体领导者本身就是团体成员的良好示范。因此,团体领导应具备:1.与人交往的经验;2.计划和组织的才能;3.和团体一起工作的经验;4.对团体的主题具有相应的知识储备;5.对基本人性冲突和两难问题有良好理解;6.对辅导理论有良好理解。在团体辅导中,领导者扮演着多重角色,依据情境不同而不同。包括:1.创造者角色;2.领导者角色;3.教育者角色;4.协调者角色;5.朋友的角色;6.促进者角色;7.治疗者角色;8.鼓励者角色;9.评估者角色。[①]

四、要注意对团体的评估

团体评估的目的一般有这样四项:一是通过评估来发现问题并及时纠正;二是通过评估来检视目标达成情况;三是通过评估来完善辅导方案,为以后的团体辅导提供经验;四是通过评估来改进带领者的领导技能等。以上四个目的都有助于中小学生涯教育团体的有效实施和发展。因此,除了明确团体目标和提升凝聚力以外,对团体的及时评估也极为重要。团体评估的方法一般有观察法、问卷法,如制作成员自我评价表和团体活动反馈表等。另外,一些标准化的心理测量也可以成为团体评估的依据,如青少年自我评估量表等。

---

① 樊富珉,何瑾. 团体心理辅导[M]. 上海:华东师范大学出版社,2010.

第十一章 生涯发展的量化评价与应用

在生涯教育与咨询的过程中,为了了解学生的个性特质、能力水平、兴趣需求、生涯价值观以及内在的发展动机等,需要借助于生涯测评与量化工具。总的来说,生涯评估分为量化与质性评估。本章从量化评价的视角来看生涯发展,首先介绍心理与生涯测评的发展历史和背景,其次介绍当前生涯量化评价中典型的和现代的评估理论与方法,最后介绍生涯量化评价的相关工具、案例与操作流程等。本章的重点在于概括地梳理了当前学校生涯教育和学生生涯发展量化评价的相关理论、技术、方法等。

第一节 生涯量化评价的背景

一、心理测验运动

1879年,心理学之父威廉·冯特(Wilhelm Wundt,1832—1920年)为了研究人的感觉、知觉、智力和情感等方面的发展差异,和他的研究团队制订了相应的评估指标和评价工具。心理学历史第一个真正的认知测验是由法国心理学家阿尔弗雷德·比奈(Alfred Binet,1857—1911年)发明的。1904年,法国教育部委派专家组成了一个委员会,研究公立学校中低能学生的管理问题,比奈作为其中一员,他主张用测验法去辨别有心理缺陷的学生。1905年,他与助手西蒙(Simon)发表《诊断异常儿童智力的新方法》一文,介绍了世界上第一个智力测验(包括30个难度不同的试题,每个项目的难度是根据测试样组的结果确定的)。这些测评的工具为后来智力测验的发展作出了积极的贡献,也让心理学家和教育工作者通过心理测验来了解学生的发展特点有了工具的支持。

英国科学家和遗传学家弗朗西斯·高尔顿(Francis Galton,1822—1911年)非常重视个体差异研究,重视运用测量和测验来收集证据。他设计了很多测量工具,并在1884年设立了人体测量实验室,并在此后6年内测量了9 337人。他重视和倡导运用数学方法处理和分析心理学研究资料。他提出人类的许多心理特性的表现呈正态分布,也提出相关概念及图示法,其学生皮尔逊还发明了积差相关法。

美国心理学家詹姆斯·麦基恩·卡特尔(James McKeen Cattell,1860—1944年)受到冯特与高尔顿两人的影响,1890年,他在《心理》杂志上发表《心理测验与测量》一文,首次提出了"心理测验"(mental test)这个术语,并报告了他编制的一套能力测验的应用结果[1]。他还指出:"心理学不立足于实验与测量,决不能有自然科学的准确性""如果我们规定一个一律的程序和步骤使在异时、异地得出的结果可以比较、综合,则测验的科学和实用的价值都可以增加"。其测验主要是测定感觉敏锐性、短时记忆、动作灵敏性,但还不是真正意义上的认知和能力测验。这对后来的人才选拔与评估产生了积极的影响。

1938年,英国心理学家瑞文(J. C. Raven)根据智力的G因素理论,编制了瑞文标准推理测验(非文字智力测验,简称SPM)。主要用来评价6岁以上学生至成人的问题解决、清晰知觉、思维等能力,它的优点是适用的年龄范围宽,测验对象不受文化、种族和语言的限制,因此具有文化公平性,可用于个别施测,也可用于团体施测。

随着测验技术、理念和方法的不断丰富与完善。大卫·韦克斯勒(David Wechsler,1896—1981年)于1934年制定了成人智力量表,1939年编制出《韦氏成人智力量表》,1942年编制出《韦氏军队量表》。他还创造性地把比奈依据心理年龄计算智商的方法(比率智商)改换成运用统计方法计算,提出"离差智商"的概念。最有名的是他于1949年编制出《韦氏儿童智力量表》(WISC),该测验是继比奈—西蒙量表之后,世界上应用最广泛的个人智力与认知发展的测试量表之一,其适用对象为6—16岁的儿童。截至2003年,该量表已经修订了3次,我国于2006年引入了WISC第四版,并做了常模修订,并在各研究机构和学生生涯指导中对其加以推广与应用。

二、将心理测验应用于生涯指导中

1. 心理测验在学生的学业发展指导中的运用

准确判断和了解每个学生生涯发展的不同特征,是生涯教育中极为重要的部分。

---

[1] [美]安妮·安娜斯塔西.心理测验[M].缪小春,等译.杭州:浙江教育出版社,2001.

中小学阶段是学生生涯观、价值观形成以及个性发展的关键时期，也是生涯发展探索与选择的重要时期。认识自我是生涯发展探索的第一步，如何让学生客观理性地发现自己的兴趣、能力、性格、需求和价值观很关键。但是学生如果对自我认知的分析还不全面，看不到自身隐藏的潜能，就需要借助一系列科学的测评量表对自己的职业兴趣、职业性格、能力等方面进行标准化测量，将测评过程系统化、信息化、平台化，测评结果能引导学生发现潜能，对潜在的自我树立更多的信心，为选科决策、专业选择、职业定位提供科学参考。

2. 心理测验在学生的生涯选择中的应用

教师通过标准化生涯测评报告的分析与解读，可以给学生一个更为生动、更具个性化的生涯辅导体验，促进学生对自身生涯发展作出选择。即通过生涯测试与个人报告的呈现以及"一对一"测评解读，除了能让学生更加及时全面地了解自己之外，还可以建立学生生涯成长档案，帮助学校及时跟进和预测学生的发展变化。一方面，根据学生的个性特点给出符合他们学习规律的方法和建议，作为学生选科的依据，也可以结合学生综合素质记录与评价档案，作为高考志愿填报依据；另一方面，通过学生生涯的量化评价结果，也让家长更全方位、立体地了解自己孩子的特质、兴趣和所思所想，让教师更加有针对性地开展生涯辅导与咨询。

3. 大数据背景下的生涯心理画像

这也是未来心理测量技术发展的一大趋势。可以借助生物反馈、面孔识别、脑电等技术，将心理测试数据和生理测试数据以及行为数据相结合，对个体的个性特点（如兴趣爱好、学习风格、生涯意识等）进行全方位、立体化的评估，对学生进行"三维立体心理画像"（生理＋心理＋行为），制订个性化的咨询与教育方式，寻求最佳的解决学业困惑、人际交往、情绪调节、生涯发展等方面的方案，做到"私人定制""一人一档案"或"一人一方案"。同时还可以将学生的生涯发展数据与学业发展、日常行为习惯等数据进行链接，做出比较和相关分析，找到影响学生心理发展的主要因素，为学生的健康发展设计最优的教育路径。

三、生涯量化评价展望

1. 更加重视评估在生涯教育中的应用

2015年，上海开始开展学生生涯教育，各学校在学生的生涯指导、职业咨询中非常重视生涯测评与工具的使用。这对心理测验的发展产生了积极影响，主要表现在内容方面,即测验内容不再局限于关注智力能力的发展与培养,有关人格特质、兴趣爱好等的鉴定与评估也大量涌现。社会各界对于个体差异和心理意识对人行为的影响有了一定的理解,并逐步意识到心理测量在这方面的价值,就此,我国心理测验的应用领域和生涯测试也得到广泛扩展。

2. 生涯量化评价的手段与方法更加多元

当前的心理测试量表基本都是独立编制和使用的。通过传统的心理测试方法,编制一个量表或问卷,从设计、编题、试测、抽样到建立常模等,这一过程的时间成本与人力成本比较高。但是借助互联网与信息技术实施生涯发展测试,效率会大大提升。尤其是随着信息技术和5G时代的发展,网络生涯测试与服务也开始迅速发展。生涯发展测量的研究者与学习者,也逐步用"跨界"的思维,突破专业"壁垒",将大数据、云计算、物联网等技术应用到测试中。无论是学生的"生涯发展指数"还是学生心理健康的发展白皮书,都可以通过这些技术来完成,这也会大大拓展生涯与心理测试的应用范围和使用价值。

目前,随着互联网、大数据和人工智能(AI)技术的发展,越来越多的心理与生涯测试通过网络来完成。很多大学的心理学实验室将脑核磁共振(fMIR)、生理反馈技术以及量表测评技术相结合,通过比较全面系统的测试为个体进行"心理画像",实现了对个体心理与生涯更加全面的评估,这也是当前心理与生涯量化评价的重要发展方向。

第二节 生涯量化评价的主要观点

一、生涯量化评价的主要理论

(一)霍兰德的生涯类型理论

约翰·霍兰德(John Holland)是美国约翰·霍普金斯大学心理学教授,美国著名的职业指导专家。他于1959年提出了具有广泛社会影响力的职业兴趣理论。他认为人的人格类型、兴趣与职业密切相关,兴趣是人们活动的巨大动力,职业兴趣可以提高人们的积极性,促使人们积极地、愉快地从事该职业,且职业兴趣与人格之间存在很高的相关性。霍兰德认为个体的职业人格可分为现实型、研究型、艺术型、社会型、企业型和常规型六种类型(见图11-1)。

霍兰德认为人格是兴趣、价值、需求、技巧、信仰、态度和学习个性的综合体。就职业选择而言,兴趣在个体进行职业选择和匹配的过程中起到重要作用。职业兴趣作为一种特殊的心理特点,通过职业的多样性和复杂性反映出来。职业兴趣的个体差异是相当大的,也是十分明显的。一方面,现代社会职业划分越来越细,社会活动的要求和规范越来越复杂,各种职业间的差异也越来越明显,所以不同职业对个体的吸引力和要求也就迥然不同;另一方面,个体自身的生理、心理、教育、社会经济地位以及环境背景不同,所乐于选择的职业类型、所倾向于从事的活动类型和方式也就十分不同。

1991年,加蒂(Gati)针对霍兰德的正六边形模型(见图11-1)中有关相邻职业群距离相等这一假设的局限性,提出了三层次模型。两年后,普雷迪格(Prediger)在霍兰德六边形模型的基础上加上了人和物维度、数据和观念维度,使职业的类型和性质有机地结合了起来。美国大学考试中心在普雷迪格所提出的兴趣的两维基础上,将职业群体的具体位置标定在坐标图上,由此得到工作世界图。

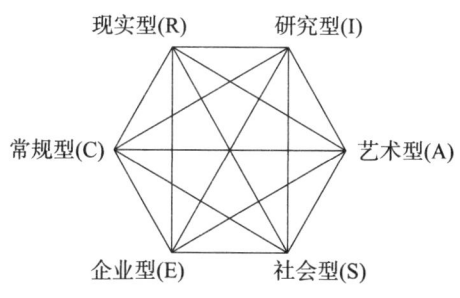

图 11-1 霍兰德 6 种职业类型

(二)施瓦茨的生涯量化观评估

施瓦茨的价值观量表是由谢洛姆·施瓦茨(Shalom H. Schwartz)等人(1992,1994,1995)编制的,他们试图描绘出一个世界范围的价值观地形图(geography of values),将各个文化标识在相对的位置上(mapping cultural groups)。他的研究包括了57项价值观,用以代表自我超越、自我提高、保守、对变化的开放性态度等4个维度10个普遍的价值观动机类型,并揭示他们之间的结构关系(见表11-1,图11-2)。

表 11-1 施瓦茨价值观维度与类型

维度	动机类型	内　　容
自我超越	普通性	指为了所有人类和自然的福祉而理解、欣赏、忍耐、保护。例如:社会公正、心胸开阔、世界和平、智慧、美好的世界、与自然和谐一体、保护环境、公平。
	慈善	指维护和提高那些自己熟识的人们的福利。例如:帮助、原谅、忠诚、诚实、真诚的友谊。

续 表

维度	动机类型	内　　容
自我提升	权力	指社会地位与声望、对他人以及资源的控制和统治。例如：社会权力、财富、权威等。
	成就	指根据社会的标准，通过实际的竞争所获得的个人成功。例如：成功的、有能力的、有抱负的、有影响力的，等等。
	享乐主义	指个人的快乐或感官上的满足。例如：愉快、享受生活等。
保守	传统	指尊重、赞成和接受文化或宗教的习俗和理念。例如：接受生活的命运安排、奉献、尊重传统、谦卑、节制等。
	遵从	指对行为、喜好和伤害他人或违背社会期望的倾向加以限制。例如：服从、自律、礼貌、给父母和他人带来荣耀。
	安全	指安全、和谐、社会的稳定、关系的稳定和自我稳定。例如：家庭安全、国家安全，社会秩序、清洁、互惠互利等。
乐于改变	自我定向	指思想和行为的独立——选择、创造、探索。例如：创造性、好奇、自由、独立、选择自己的目标。
	刺激	指生活中激动人心的、新奇的和具有挑战性的事情。例如：冒险、变化和刺激的生活。

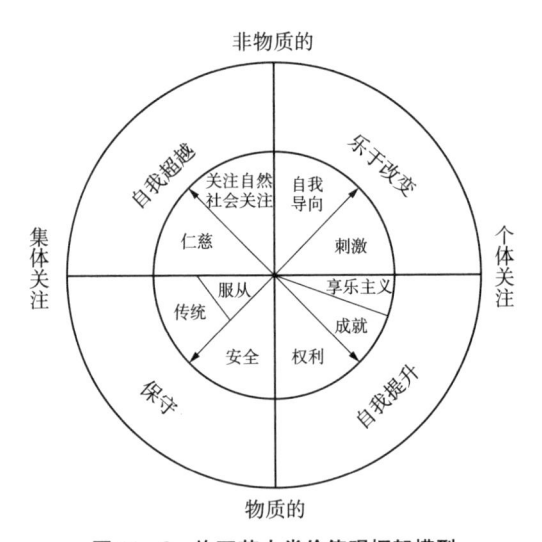

图 11－2　施瓦茨人类价值观框架模型

在评价中，可以将四个维度设计成不同的题目，算出相应维度的得分，哪个维度得分高，就是哪种价值观占主导。施瓦茨的价值观量表其实是一种生命与生活价值观，是生涯与职业价值观的基础。

（三）罗伊的职业选择量化评价

成功的生涯评估与规划要求大量的知识和技能。20世纪40年代，心理学家安妮·罗伊(Anne Roe)开始研究科学家和艺术家的生涯行为。通过多年的研究,她提出了职业选择理论:认为可以用12个因素来解释一个人的职业选择过程,这12个因素又可归为四个不同的类别。她对这些因素进行排序,形成了一个字母子公式。罗伊的公式看起来有点难懂,但能帮助个体更充分地理解自己的职业生涯决策。以下就是罗伊的职业选择公式:

职业选择 $= S[(eE + bB + cC) + (fF, mM) + (lL + aA) + (pP * gG * tT * iI)]$

其中:S=性别,E=一般经济状态,F=朋友,同伴群体,M=婚姻状况,B=家庭背景,种族,C=机遇,L=一般的学习和教育,A=后天习得的特殊技能,P=生理特征,G=认知或特殊天赋能力,T=气质和个性,I=兴趣和价值观。

以上公式中,罗伊使用小写字母来表示校正系数,用12个大写字母表示一般因素,每个因素在特定的时间点和独特的环境中会受到个人独特品质的影响,每个人的公式都是独特的,只有S(性别)因素前面没有校正系数,同时它也是唯一会影响其他11个因素的一般因素。罗伊将这些因素(除S因素外)分为四组:第一组包含的因素是人们无法控制的,而后三组中所包含的因素以遗传和后天经验为基础。在某种程度上,一个人可以选择自己的经验、兴趣、技能。

罗伊的分析有助于理解为何职业生涯发展和职业选择如此艰难。解决职业生涯问题和进行职业生涯决策是一个复杂的任务,但只要有时间、动机和努力,就能发展技能,提高认知能力,澄清自己的兴趣、价值观、技能,了解职业知识,认识职业世界,从而提高职业生涯的决策技能并学会控制自己的职业生涯。表11-2就是罗伊的职业分类系统,它将职业分为8个门类,每一个门类又从低到高分为6个层次。

表11-2 罗伊的职业分类系统(1984年)

分类\层次	1.专业及管理(高级)	2.专业及管理(一般)	3.半专业及管理	4.技术	5.半技术	6.非技术
Ⅰ服务	社会科学家,心理治疗师,社会工作督导	社会行政人员,社工人员	社会福利人员,护士	技师,领班,警察	司机,厨师,消防员	清洁工人,门卫侍者
Ⅱ商业交易	公司业务主管	人事,经理,营业部,经理	推销员,批发商,经销商	拍卖员,巡回推销员	小贩,售票员	送报员
Ⅲ商业组织	董事长,企业家	银行家,证券商,会计师	会计秘书	资料编纂员,速记员	出纳,邮递员,打字员	

续 表

层次 分类	1. 专业及管理（高级）	2. 专业及管理（一般）	3. 半专业及管理	4. 技术	5. 半技术	6. 非技术
Ⅳ技术	发明家，高级工程师	飞行员，工程师，厂长	制造商，飞机修理师	锁匠，木匠，水电工	木匠（学徒），起重机驾驶员，卡车司机	助手杂工
Ⅴ户外	矿产研究员	动植物专家，地质学家，石油工程师	农场主，森林巡视员	矿工，油井钻探工	园丁，农民，矿工，助手	伐木工人，农场工人
Ⅵ科学	医师，自然科学家	药剂师，兽医	医务室技术员，气象员，理疗师	技术助理		非技术性助手
Ⅶ文化	法官，教授	新闻编辑，教师	记者，广播员	一般职员	图书馆管理员	送稿件人员
Ⅷ演艺	指挥家，艺术教授	建筑师，艺术评论员	广告艺术工作员，室内装潢家，摄影师	演艺人员，橱窗装潢员	模特儿，广告绘制员	舞台管理员

当前，在学校推进生涯教育和综合素质评价的过程中，可以参考通过罗伊的生涯分类系统，让学生了解自己的生涯取向，并对未来职业有初步的选择意识和倾向。

二、职业兴趣的量化评价

兴趣测验研究可以追溯到20世纪初，桑代克于1912年对兴趣和能力的关系进行了探讨。1915年詹姆斯发展了一个关于兴趣的问卷，标志着对兴趣测验进行系统研究的开始。1927年，斯特朗编制了斯特朗职业兴趣调查表，这是最早的职业兴趣测验。库德又在1939年发表了库德爱好调查表。

职业兴趣测试（vocational interest tests）是心理测试的一种方法，它可以表明一个人最感兴趣的，并最可能从中得到满足的工作是什么，该测试是将个人兴趣与那些在某项工作中较成功的员工的兴趣进行比较。它是用于了解个体兴趣方向以及兴趣序列的一项测试。

兴趣似乎在很长一段时期内是稳定的，并与某些领域的成功有关。但是兴趣不等于才能或能力，对这些特点的测试应与兴趣测试同时进行。此外，被测者很容易在兴趣测试问题的回答上作假，因此在个体选择中可能会用到一些兴趣测试，但是它们主要用于评议和职业的指导方面。

(一) 斯特朗职业兴趣量表

有关职业兴趣测验,常用的技术方法有斯特朗职业兴趣量表(Strong Vocational Interest Blank,SVIB)和库得兴趣记录(Kuder Preferenee Record,KPR)等。兴趣测验通常会列出众多的兴趣选择项,涉及运动、音乐、艺术、文学、科学、社会服务、计算、书写等领域,例如,喜欢踢足球,喜欢看球赛,喜欢听流行音乐,喜欢听交响乐,喜欢看画展,喜欢外出写生,喜欢看爱情小说,喜欢看侦探小说,喜欢看科普杂志,喜欢自己做小家具,喜欢写诗歌,喜欢做数字游戏,喜欢写信,喜欢外出旅游,喜欢独立思考,喜欢下棋,等等。根据被测试者对各种兴趣项目"是"或"否"的选择,或者依据受试者排列出的兴趣序列,可以对其是否适合某一职业或某一种工作做出判断。

(二) 生涯评估量表 CAI

生涯评估量表(Career Assessment Inventory,简称 CAI)是一种兴趣量表,是比明尼苏达职业兴趣量表更新且专门为非专业成人准备的兴趣问卷。它于 1975 年首次提出,1987 年首次正式使用,其模式与斯特朗职业兴趣量表(SVIB)极为相近。但 CAI 的特别之处在于,它是专为不需要大学学历或进一步专业技术训练的职业者所设计的,特别针对技巧性的贸易、牙科卫生师、自助餐服务员、电脑录入员等。这个问卷共有 305 个题目,内容包括三类,即活动、学校科目及职业名称。测验编制者还特别注意保证职业评鉴量表无文化差异的问题,避免性别偏差。每个题目有从"非常喜欢"到"非常不喜欢"5 种选择,以小学六年级的阅读水准写成,可用于阅读能力不佳的成人。

CAI 提供三个主要类型的量表,包括 6 个一般主题量表、22 个同质的基本兴趣量表和 91 个职业量表。CAI 的指导手册非常完整和清晰,各种心理测量学指标也很好。除了 6 个一般主题量表外,其他各类的量表均为 CAI 所专有。

三、职业性格的量化评价

(一) 迈尔斯布里格斯类型指标(MBTI)测试

MBTI 的全名是"Myers-Briggs Type Indicator",它是一种迫选型、自我报告式的性格评估工具,用以衡量和描述人们在获取信息、作出决策、对待生活等方面的心理活动规律和性格类型。

1913 年,瑞士心理学家荣格(C. G. Jung)在慕尼黑国际精神分析会议上提出了内向型性格与外向型性格,揭开了现代性格类型与生涯发展研究的序幕。1921 年,荣格的《心理类型学》(德文版)出版,该书被公认为现代性格类型理论的奠基之作。1942

年,美国的凯瑟琳·布里奇斯(Katherine C. Briggs)和伊莎贝尔·布里奇斯(Isabel Briggs Myers)母女在荣格理论的基础上,开发了MBTI的第一张量表——量表A。当时正值第二次世界大战,伊莎贝尔母女希望通过MBTI增进人与人之间的相互理解和欣赏,从而避免战争。1957年,MBTI升级到量表D,增设"词对问题"。1962年,MBTI由新泽西普林斯顿的教育测试服务机构(ETS)出版,但ETS规定它只能被用于研究领域。同年,伊莎贝尔出版了她的研究手册,这是有关MBTI的第一份正式文献。

MBTI是当今世界上应用最广泛的性格测试工具之一。它已经被翻译成近20种世界主要语言,每年的使用者多达200多万。据相关统计,世界前100强公司中已有89%引入了MBTI,用于员工和管理层的自我发展、组织绩效的提升等各个领域。当前的学生职业发展与就业指导中也会用到MBTI。MBTI把性格分为4个维度,每个维度上包含相互对立的2种偏好(见表11-3):

表11-3　MBTI测试的性格维度

外向 E	or	内向 I
感觉 S	or	直觉 N
思考 T	or	情感 F
判断 J	or	认知 P

其中,"外向 E——内向 I"代表着各人不同的精力(energy)来源;"感觉 S—直觉 N""思考 T—情感 F"分别表示人们在进行认知(perception)和判断(judgement)时不同的用脑偏好;"判断 J—认知 P"针对人们的生活方式(life style)而言,它表明我们如何适应外部环境——在我们适应外部环境的活动中,究竟是感知还是判断发挥了主导作用。4个维度上特定偏好的组合就构成一种特定的性格,譬如ISTJ代表"内向—感觉—思考—判断"型性格,ENFP则代表"外向—直觉—情感—感知"型性格。由此可知,性格一共有16种不同的类型(见表11-4):

表11-4　MBTI测试16种性格类型

ISTJ	ISFJ	INFJ	INTJ
ISTP	ISFP	INFP	INTP
ESTP	ESFP	ENFP	ENTP
ESTJ	ESFJ	ENFJ	ENTJ

MBTI的每一种性格类型都具有独特的行为表现和价值取向。了解性格类型是寻求个人发展、探索人际关系的重要开端。MBTI揭示了性格类型的多样性和由此所导致的不同个体之间行为模式、价值取向的差异性：性格类型深刻影响着个体观察事物的角度、思考问题的方式、决策的动机、工作中的行事风格，乃至人际交往中的习惯与喜好；不同性格的人在相同的境遇中或者面对相同问题时往往做出截然不同的反应。每一种性格类型都表现出独特的行为特征，为个人带来不同能力优势与局限，怎样扬长避短，为最合适的人安排最合适的工作？每个人具有哪些能力优势与局限？怎样根据性格类型找到最佳的职业定位、规划未来的职业发展？MBTI从性格类型入手，引导个体认识自己、理解他人，在个人发展中建立自信并相互信任，从而更富成效地开展合作，也为个人生涯铺就最佳途径。

（二）职业锚测试

职业锚理论是由美国麻省理工大学斯隆商学院教授、美国著名的职业指导专家埃德加·施恩（Edgar. H. Schein）领导的专门研究小组提出的，通过对该学院毕业生的职业生涯研究演绎而形成[①]。

职业锚实际就是人们选择和发展自己的职业时所围绕的中心，是指当一个人不得不做出选择的时候，他无论如何都不会放弃的职业中的那种至关重要的东西或价值观。职业锚测评由此应运而生，成为一种职业生涯规划咨询、自我了解的测评工具。能够协助组织或个人进行更理想的职业生涯发展规划。

职业锚以个体习得的工作、生活、学习经验为基础，产生于职业生涯早期。个体的工作、生活与学习经验进一步丰富发展了职业锚。1978年，施恩教授提出的职业锚理论包括五种类型：自主型职业锚、创业型职业锚、管理能力型职业锚、技术职能型职业锚、安全型职业锚。在20世纪90年代，相关研究者又发现了三种类型的职业锚：安全稳定型职业锚、生活型职业锚、服务型职业锚，从而将职业锚增加到八种类型，并推出了职业锚测试量表。

四、职业能力的量化评价

（一）霍兰德能力倾向性测试

表11-5是霍兰德六种职业能力倾向的选择。列举若干种活动，让被测者选择能

[①] 刘志明.职业锚[M].北京：中国劳动社会保障出版社出版，2007.

做或大概能做的事。擅长的记1分,不擅长的不计分。

表 11-5　霍兰德六种职业能力倾向评估内容

R：实际型能力	A：艺术型能力
1. 能使用电锯、电钻和锉刀等木工工具 2. 知道万用电表的使用方法 3. 能够修理自行车或其他机械 4. 能够使用电钻钉、磨床或缝纫机 5. 能给家具和木制品刷漆 6. 能看懂建筑设计图 7. 能修理简单的电气用品 8. 能修理家具 9. 能修理收录机 10. 能简单地修理水管	1. 能演奏乐器 2. 能参加二部或四部合唱 3. 能独唱或独奏 4. 能扮演剧中角色 5. 能创作简单的乐曲 6. 能跳舞 7. 能绘画、素描或书法 8. 能雕刻、剪纸或泥塑 9. 能设计板报、服装或家具 10. 能写一手好文章
I：调研型能力	S：社会型能力
1. 懂得真空管或晶体管的作用 2. 能够列举三种蛋白质多的食品 3. 理解铀的裂变 4. 会使用计算尺、计算器、对数表 5. 会使用显微镜 6. 能找到三个星座 7. 能独立进行调查研究 8. 能解释简单的化学 9. 能理解人造卫星为什么不落地 10. 经常参加学术会议	1. 有向各种人说明解释的能力 2. 常参加社会福利活动 3. 能和大家一起友好相处地工作 4. 善于与年长者相处 5. 会邀请人、招待人 6. 能简单易懂地教育儿童 7. 能安排会议等活动顺序 8. 善于体察人心和帮助他人 9. 能帮助护理病人和伤员 10. 能安排社团组织的各种事务
E：事业型能力	C：常规型能力
1. 担任过学生干部并且干得不错 2. 工作上能指导和监督他人 3. 做事充满活力和热情 4. 能有效利用自身的做法调动他人 5. 销售能力强 6. 曾作为俱乐部或社团的负责人 7. 向领导提出建议或反映意见 8. 有开创事业的能力 9. 知道怎样做能成为一个优秀领导者 10. 健谈善辩	1. 会熟练打印中文 2. 会用外文打字机或复印机 3. 能快速记笔记和抄写文章 4. 善于整理保管文件和资料 5. 善于从事事务性的工作 6. 会用算盘 7. 能在短时间内分类和处理大量文件 8. 能使用计算机 9. 能搜集数据 10. 善于为自己或集体做财务预算表

被测者可以将表11-5中各维度的分数统计在表11-6中：

表 11-6　霍兰德六种职业能力倾向维度得分统计表

测试内容	R型 实际型	I型 调查型	A型 艺术型	S型 社会型	E型 事业型	C型 常规型
擅长的分数						

注：在表11-6中,哪三项或哪一项的分数高,学生自评就在哪方面能力比较强。

(二) 克莱茨的职业成熟度理论及测量

克莱茨(Crites)认为职业成熟度是个人作出职业决策所需条件的知晓程度以及选择的现实性和一致性程度。职业成熟度包括职业认知、职业态度、职业价值观、职业选择等因素。

学生职业辅导与咨询一直是心理学关心的焦点问题,因此对学生职业成熟度的研究也比较深入。克莱茨是职业成熟度研究的集大成者,他在职业成熟度研究的基础上,提出了职业成熟度理论,该理论成为这方面研究的重要指导思想。克莱茨(1978年)模拟智力的层次模型,提出了一个多层次的、多维度的职业发展模型(如图11-3所示)。该模型的顶端是职业发展的总体程度,类似于一般智力因素,第二个层次是概括(generality),由四个主要的因素群构成,左边两个是描述职业选择的内容,右边两个是描述职业选择的过程。在每个主要的群因素中又包括了特定的职业成熟因素。

职业选择内容即选择了什么职业,包括两个特定的成熟因素:即职业选择的一致性和现实性(见图11-3)。一致性有三个指标,即跨时间、同领域、同水平的一致性,所谓跨时间是指喜欢的职业不随时间而改变;同领域的一致性是指喜欢的职业处于相同的职业领域,如科学或艺术;而同水平的一致性则是指所喜欢职业的专业化程度是一致的。所谓现实性是指个人的特点与所喜欢的工作环境是否匹配。

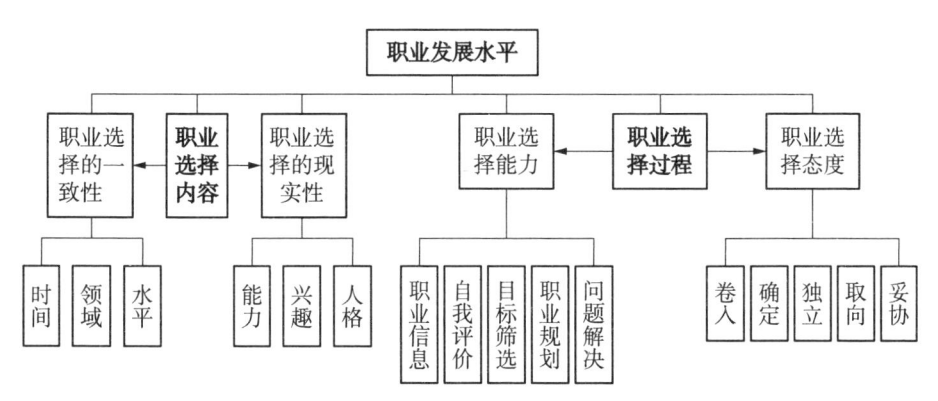

图11-3 青少年职业成熟度模型(Crites, 1978)

克莱茨的职业成熟度问卷是对这两个过程变量的测量。其中能力测量主要是用来测量个人获得职业信息、进行职业规划和作出现实的、明智的受教育和职业决定的能力。具体包括五个成份:(1)自我评价能力,即了解自己的能力、职业兴趣、与职业有关的需要和价值以及自我概念等的能力;(2)获得职业信息的能力,即个人对工作世界的特定职业的职责、任务的了解程度;(3)目标筛选能力,指将个人的属性与工作的特点进行匹配的能力;(4)职业规划能力,指在作出职业决策后,对决策的实施能力。用克莱茨的话说,是个人考虑达到预期目标的手段的倾向。具体地说是指花在规划上的时间、所用手段的相关性及规划步骤的顺序;(5)问题解决能力,指解决或应付在职业决策的过程中所遇到的问题或障碍的能力,这些问题包括如与父母的冲突、缺乏所喜欢的职业的能力、决策犹豫和不现实等。

职业态度部分也分成五个分测验:(1)职业决策的确定性(decisiveness),指个人作职业选择的明确程度,即是否有了确定的职业;如不断地变化职业就属于明确程度低的表现;(2)职业决策的卷入度(involvement),指个人积极参与职业决策过程的程度,如"直到离开学校,我才开始担心职业选择",说明其卷入度低;(3)职业决策的独立性,指个人在作职业选择时依赖他人的程度,如"我打算按我父母的建议选择职业",就说明该学生的独立性低;(4)职业决策取向(orientation),指个人对工作的态度是任务取向还是快乐取向,如"对于工作是什么样的,我一点主意都没有",说明学生对自己的职业决策取向模糊;(5)职业决策的妥协(compromise),指个人愿意在需求和现实之间妥协的程度。

(三) 加德纳的多元智能评估

1. 多元智能的内涵与维度

多元智能理论由美国哈佛大学教育研究院的心理发展学家霍华德·加德纳(Howard Gardner)于1983年提出。加德纳在研究脑部受到创伤的病人时发现了他们在学习能力上的差异,从而提出该理论。

加德纳认为过去对智力的定义过于狭窄,未能正确反映一个人的真实能力。他认为,人的智力应该是一个量度其问题解决能力(ability to solve problems)的指标。根据这个定义,他在《心智的架构》(*Frames of Mind*, Gardner, 1983)这本书里提出,人类的智能至少可以分成七个范畴(后来增加至九个):

(1) 语言智能(verbal/linguistic);

(2) 逻辑数学智能(logical/mathematical);

(3) 空间智能(visual/spatial);

(4) 肢体运作智能(bodily/kinesthetic);

(5) 音乐智能(musical/rhythmic);

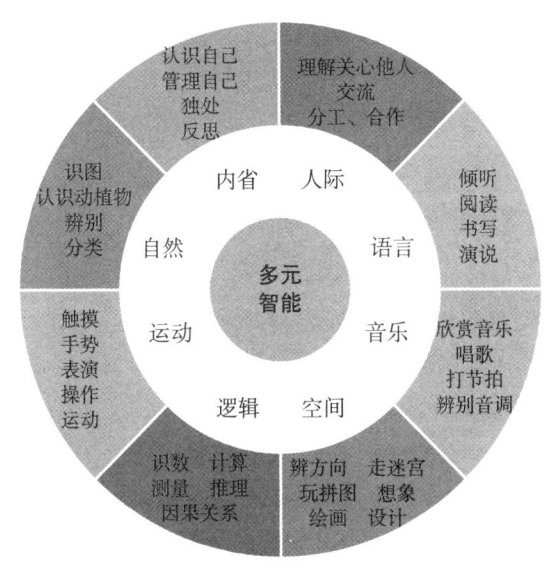

图 11-4 加德纳多元智能图谱

（6）人际智能（inter-personal/social）；

（7）内省智能（intra-personal/introspective，包含"灵性智能"spiritual intelligence）；

（8）自然探索智能（naturalist，加德纳在1995年补充）；

（9）存在智能（existentialist intelligence，加德纳后来又补充）。

2. 多元智能的评价

关于多元智能的评价，一般有两种方式，专家评分法和自我评价法。目前多以自评式的自陈问卷为主，其中一种就是通过里克特式的等级问卷（如5个等级）进行的，每种智能根据其概念、特征和表现形式设计5—10道题目（如表11-7），然后计算出每种智能的题目选项总评分，通过比较，就可以看出被测者的哪种智能比较有优势。还有一种自评方法就是给被测者提供多元智能的内涵解释与具体特征，每一种智能的等级评分为1—10分，然后让被试者根据对自己的了解进行自我评分，这样就可以形成一个多元智能评价的雷达图。当然，这种自陈式的评价方式，信度与效度会比较低，只能作为学生自我了解和心理辅导与咨询中的评价参考。同时，对于年龄低于14岁以下的学生，多元智能的自我评价是不合适的。

表11-7 多元智能自评问卷(语言智能)示例(分数越高能力越强)

测试项目	分值				
	5分	4分	3分	2分	1分
喜欢阅读各种读物					
能做好笔记,认为笔记能帮助记忆和理解					
经常通过信件或电子邮件的形式与朋友保持亲密的联系					
能简单清楚地向别人解释自己的想法					
喜欢玩字谜游戏或其他文字游戏					
喜欢外语					
喜欢参加辩论和公众演说活动					
写作能力强,能坚持写日记,并喜欢记录自己的所感所想					
能记住别人的姓名、事情发生的地点、日期或其他的小事					
喜欢打油诗、押韵诗,喜欢说双关语等					
喜欢通过谈话或写作与人交流					
喜欢开玩笑、吹牛皮和讲故事					
能正确地拼写且词汇量很大					
喜欢模仿他人的声音、语言、阅读及写作					
能仔细倾听别人,并能理解、概括、分析并记住别人所说的内容					
得分:					

五、职业价值的量化评价

(一)舒伯的职业价值观量表

职业价值观量表(Work Values Inventory,WVI)由美国著名生涯辅导大师唐纳德·舒伯(Donald Super)研究开发,WVI列出了15种工作价值,被测者可以通过对这15种工作价值的重要程度作出排序,对工作价值进行衡量。WVI量表一直处于修订完善的过程中,下面列出15种工作价值:

利他助人——让你能为他人的福利作贡献的职业,社会服务方面的兴趣。

美的追求——使你能够制作美丽的物品并将美带给世界的职业。

创造性——能使你发明新事物、设计新产品或产生新思想的工作。

智性激发——能让你独立思考、了解事物怎样运行和作用的工作。

成就感——能让你有一种做好工作的成功感,重视成就的人喜欢能给人现实可见结果的工作。

独立性——能让你以自己的方式去做事,或快或慢随你所愿地工作。

声望地位——让你在别人的眼里有地位、受尊敬,能引发他人敬意的工作。

管理权力——允许你计划并给别人安排任务的工作。

经济报酬——报酬高、使你能拥有想要的事物的工作。

安全感——不太可能失业,即使在经济困难的时候也有工作。

工作环境——在怡人的环境里工作(不太冷也不太热,不吵闹也不脏乱),环境或工作的物质条件对某些工作者来说是很重要的,他们对于相应的工作条件比工作本身更加感兴趣。

上司关系——在一个公平并且能与之融洽相处的管理者手下工作.和老板相处融洽。

同事关系——能与你喜欢的人接触并共事。对某些人来说,工作中的社交生活比工作本身重要得多。

生活方式——工作能让你按照自己所选择的方式生活并成为自己所希望成为的人。

变异性——在同一份工作中有机会尝试不同种类的职能。

通过WVl测验,可以得出每种工作价值的分数,得分最高的3～5种价值就是对学生来说最重要的价值观取向。

具体的量表见表11-8,被测者在每题前方填上1—5的数字,代表该选项对你的重要性。其中5代表非常重要,4代表很重要,3代表重要,2代表不太重要,1代表不重要。测试后根据表11-9进行计分和解释。

表11-8 舒伯的职业价值观量表

分值	题号	题目	分值	题号	题目
	1	能参与救灾济贫的工作		6	可以经常看到自己的工作成果
	2	能经常欣赏完美的艺术作品		7	能在社会中扮演更重要的角色
	3	能经常尝试新的构想		8	能知道别人如何处理事务
	4	必须花精力去思考人生		9	收入能比相同条件的人高
	5	在职责范围内有充分自由		10	能有稳定的收入

续表

分值	题号	题目	分值	题号	题目
	11	能有清净的工作场所		36	能知道自己的工作绩效
	12	主管善解人意		37	能让你觉得出人头地
	13	能经常和同事一起休闲		38	可以发挥自己的领导能力
	14	能经常变换职务		39	可以使你存下很多钱
	15	能成为你想成为的人		40	有好的保险和福利制度
	16	能帮助贫困和不幸的人		41	工作场所有现代化设备
	17	能增添社会的文化气息		42	主管能采取民主的领导方式
	18	可以自由地提出新颖的想法		43	不必和同事有利益冲突
	19	必须不断学习才能胜任		44	可以经常变换工作场所
	20	工作不受他人干涉		45	工作常常让你觉得如鱼得水
	21	常常觉得自己的辛劳没有白费		46	常常帮助他人解决困难
	22	能使你更有社会地位		47	能创作优美的作品
	23	能够分配调整他人工作		48	常提出不同的处理方案
	24	能常常加薪		49	需对事情深入分析研究
	25	生病时能有妥善照顾		50	可以自行调整工作进度
	26	工作地点光线通风好		51	工作结果受到他人肯定
	27	有一个公正的主管		52	能自豪地介绍自己的工作
	28	能与同事建立深厚的友谊		53	能为团体拟定工作计划
	29	工作性质常会变化		54	收入高于其他行业
	30	能实现自己的理想		55	不会轻易被解雇或裁员
	31	能够减少别人的苦难		56	工作场所整洁卫生
	32	能运用自己的鉴赏力		57	主管学识和品德让你敬佩
	33	常常需要构思新的解决方法		58	能够认识很多风趣的伙伴
	34	必须不断地解决新的难题		59	工作内容随时间变化
	35	能自行决定工作方式		60	能充分发挥自己的专长

表11－9　舒伯的职业价值观量表记分和解释

得分	对应题目	职业价值观	得分	对应题目	职业价值观
	1、16、31、46	利他主义		9、23、39、54	经济报酬
	2、17、32、47	美的追求		10、24、40、55	安全稳定

续　表

得分	对应题目	职业价值观	得分	对应题目	职业价值观
	3、18、33、48	创造发明		11、25、41、56	工作环境
	4、19、34、49	智力激发		12、26、42、57	上司关系
	5、20、35、50	独立自主		13、27、43、58	同事关系
	6、21、36、51	成就满足		14、28、44、59	多样变化
	7、21、37、52	声望地位		15、29、45、60	生活方式
	8、22、38、53	管理权力			

通过表11-9计算出每个价值观维度的得分，得分越高，说明被测者该价值观越强烈。

（二）霍兰德的职业价值观问卷

这一份问卷列出了人们在选择工作时通常会考虑的9种因素（见所附工作价值标准）。被测者会在其中选出最重要的两项因素，并将其填入下面相应空格上。

霍兰德列出的工作价值标准如下：

1. 工资高、福利好

2. 工作环境（物质方面）舒适

3. 人际关系良好

4. 工作稳定有保障

5. 能提供较好的受教育机会

6. 有较高的社会地位

7. 工作不太紧张、外部压力小

8. 能充分发挥自己的能力特长

9. 社会需要与社会贡献大

最重要：_____；次重要：_____；次不重要：_____；最不重要：_____。

通过前三种的价值观选择，可以简单明了地发现学生的价值观取向。

第三节　实践应用

生涯的量化评价在学校的应用范围比较广泛，通常被应用于学生的生涯指导与选科指导中,也可以被用于学校的生涯档案与生涯数据库的建立中。

一、学校生涯指导中心理测评工具的使用

案例　　　　　　　　　上海市奉贤中学的生涯测评①

步骤一：科学选择测评量表,引导学生发现潜能

上海市奉贤中学通过生涯量表评估,对学生开展相应的生涯咨询与辅导。学校将学生生涯测评量表分成三个基本要素：测评题目、测评标准和测评报告。测评题目是指将测评内容细化成一个个条目；测评标准是描述测评题目之间的程度差异与状态水平的度量；测评报告是通过书面文字的形式呈现测评的结果,描述学生的典型特征和行为倾向。

学校在参考相关理论的基础之上,通过调查、试测、分析和对比,选定了外部生涯机构专家团队研发的一套适合高中学生的生涯测评系统。该套系统基于国际知名测评量表,以心理测量学为依据,由霍兰德职业兴趣测评量表、MBTI 职业性格测评量表和多元智能测评量表组成。

步骤二：有序组织测评实施,分析发现学生潜能

学生做完全部测评题目后,平台会自动生成测评报告,即"标准化测评报告"。标准化测评报告包括职业性格类型、职业性格描述、优势分析、劣势分析、匹配的职业推荐、职业匹配的专业推荐等内容（如图11-5、图11-6所示）。

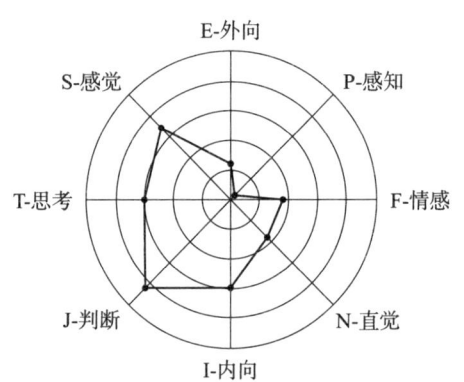

图 11-5　学生 MBTI 职业性格雷达图例

九种智能分布情况

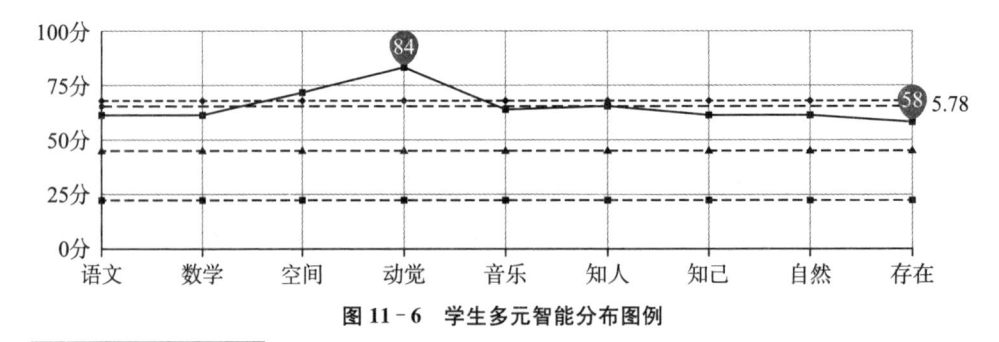

图 11-6　学生多元智能分布图例

---

① 本案例内容由上海市奉贤中学吴明霞老师提供.

当学生看报告时,有些维度如果没有老师的讲解可能不容易读懂,而借助老师的经验,则更加具有横向比较的意义。因此,在测评完成后,需要进行面对面的交流,给学生一个更为生动、个性化的生涯辅导体验,促进学生对自身生涯选择的决策。

案例分析:上海市奉贤中学的教师结合使用生涯测评工作,在对高中学生进行个别咨询与辅导时,引导学生恰当地评价自己的特点和优势,客观地认识与理性处理其生涯发展和自身成长中遇到的困难,着力帮助学生分析心理困扰、生涯选择困境背后的原因并寻找积极的解决对策,进而做到把对学生的心理和生涯咨询与辅导有机融合在一起,更有效地帮助学生解决生涯发展中的困惑。

二、运用生涯测评,进行个案辅导

案例　　　　　　　　一个生涯咨询的实例①

李伟(化名),男,高二年级学生,出身于商贾家庭。母亲是家庭主妇,父亲一直在商场上"驰骋",从最初的一个普通业务员到客户经理再到副总裁,如今已经自己创业开公司。他从小便受到父亲的影响,听父亲打电话处理客户的抱怨,看父亲分析财务报表,与父亲一起应酬饭局——这一切都让李伟对商业这个板块有了比较深刻的印象。

最初的李伟并不曾想要接触这个职业,因为在李伟的印象中,商人需要时刻勾心斗角,工于心计,而他认为自己是个活泼开朗而又直率的人,所以在他眼里,这个职业并不适合自己;另一方面李伟希望将来自己能成为一个律师,在法庭上以法律为武器,在法官面前与对方一辩高低。

霍兰德职业倾向测验

| 实际型: | 2 | 调查型: | 0 | 艺术型: | 15 |
| 社会型: | 28 | 事业型: | 29 | 常规型: | 12 |

学校心理教师向李伟解释,其实法律、商业(市场/销售)有着共同的霍兰德兴趣代码(E—事业型、S—社会型、A—艺术型)。实际上,李伟对商业的认识基本都来自于他的父亲,这其中可能有利有弊,因为父亲对待公司事务的处理方式、态度和看法将直接影响着李伟的价值判断,让他形成一种应不应该这样去做的思考,李伟的纠结也许源于两代人的价值冲突。心理老师建议李伟别着急下结论,正好学校DIY学园人文分

---

① 本案例由上海市莘庄中学朱静华老师提供。

园中有个相关的社团——财经社,老师建议他,等学习体验之后再做决定也不迟。

李伟接受了心理老师的建议,申请加入财经社,积极参加财经社的各项活动,通过学习接触财经知识,进一步了解了什么是真正的商业。让李伟有所触动的是高一暑假的"中学生商业大赛"。对于一个从未参加过类似比赛的学生来说,这是一次挑战自我的机会,也是自我验证兴趣和潜力的机会。当天晚上,李伟跑遍所有参赛同学的宿舍,向陌生的对方介绍自己、推销自己和公司,功夫不负有心人,李伟获得了他们的信任,一晚上谈成了几笔大订单,成功挽救了公司,并且在销售额度上远超同行。虽然最终在评委的评比中因为一次失误与奖项失之交臂,但他内心仍感觉获得了成功。李伟也因此成了财经社的骨干。

然而好景不长,新问题很快就来了,李伟有时候为了社团的琐碎事务忙到半夜十二点,导致和父母发生矛盾,并引起周围老师和同学的不理解。高二第一学期的期中考试成绩更是给了李伟重重的一击,总成绩排名掉了两百多名,他打算"放弃"财经社。

但通过与学校心理老师沟通后,他发现自己花在学习上的时间确实比以前少了,大部分都用在财经社和日常放松上,这使得他慢慢偏离轨道。"分心+贪玩"是李伟成绩下降的主要原因。李伟运用心理课上讲到的时间利用黄金法则进行反思,深刻认识到学习是他的主业,参加财经社从根本上说也是为了促进学习的。他表示接下来会在实际行动中把学习放到时间安排的主位上。不出所料,李伟在期末考试中发挥了应有的水平,取得了令人满意的成绩。

案例分析:本案例中,教师借助了霍兰德的职业兴趣测验,帮助孩子对自身成长的家庭因素进行分析,鼓励其参与学校社团活动和生涯体验实践,帮助学生找到了自己的职业方向,也扫除了学生以前对商业的误解,激发了学生的职业兴趣,提升了学生对未来的期待,让学生更清晰地认识到自己未来的人生规划又多了一条阳光大道。生涯测验成为学生了解自己的工具以及探索职业的起点,它也使得教师在进行个案辅导时有了具体的抓手。

第四节 注意要点

一、把握好生涯量化评价的基本原则

(一)标准化

生涯测评或心理测验是一种数量化手段,因此必须始终贯彻标准化这一原则。测

量应采用公认的标准化的工具,施测方法要严格根据测验指导手册的规定执行;要有固定的施测条件、标准的指导语、统一的记分方法和常模。

(二) 保密性

关于测验的内容、答案及记分方法等,只有参与此项工作的有关人员才能掌握,决不允许随意扩散,更不允许在出版物上公开发表;否则必然会影响测验结果的真实性。保密原则的另一个方面是对受试者的测验结果作出保护,这涉及个人的隐私权。有关工作人员应尊重受试者的权益。

(三) 客观性

生涯测验的结果只是测出来的东西,所以对结果做出评价时要遵循中立的客观性原则。对结果的解释要符合受试者的实际情况。此外还要注意,不要以一两次生涯测验的结果来下定论,尤其是对于小学生的生涯发展评估,更要注意这一点。总之,在下结论时,评价应结合受试者的生活经历、家庭、社会环境以及通过会谈、观察获得的其他资料全面考虑。

二、明确生涯量化评价的内容与对象

量化评价的内容可以从时间和空间两个维度来确定。时间上,可以通过不同年龄群体的生涯成熟度、职业选择等来确定。空间上,可以是校内和校外、职场前和职场中等角度来做评估。而生涯量化评价的对象就是不同群体生涯发展的特质与能力等。

以数据库的方式来说明生涯评估的对象与内容。数据库的基本格式(格子)是由行列交错的数据形成的。每一行代表的是一个个体的数据,每一列代表的是一个测试项目或标签的数据类型。所以在学校心理或生涯测试的数据库中,所有数据来源是以人为单位,确切地说是学生数据,而教师、家长的数据信息都可以以标签的形式划归到学生的"背景数据"中,如家长的学历、教师的年龄、职称以及教学风格等数据信息都可以放置到对应学生的数据中去。如,教师的教学风格如果是A、B、C、D四种类型,某教师的教学风格测试下来是D标签,那么他所任教的所有学生(假设有N个)的这门学科教师的教学风格都是"D"标签(N个D标签)。

三、生涯量化评价注意事项

(一) 了解量化评价的局限

任何测试与量化信息都不可能做到全面与长期对学生有所了解并进行表述,也就是所有的测试都有其局限性。测试的结果既不能夸大其没有测试到的领域,也不能因为其有局限就不去分析与应用,导致测试的虚无。量化测试是了解学生的一种途径与工具,关键在于使用者如何正确了解与解读。

(二) 看到学生的发展

无论是学生的生涯测试还是生涯档案记录的结果,都是某个时段学生生涯发展状况的写照。学生在学校的学习、生活与生涯倾向会随着时间推移而发展变化。因此,生涯测试与量化评价是为了更好地了解学生的发展特质与各种可能性,而不是给学生定性或贴标签,要看到学生的发展,通过生涯教育数据和档案的积累,促进学生生涯认知和综合能力的提升。

(三) 发挥数据档案的功能

学校的生涯量化测试与档案数据库的建立应该是开放的,要结合当前生涯测试发展,不断完善与丰富学校的生涯量化测试工具和数据库。学校在生涯教育中要充分发挥各类生涯测验和生涯档案的探索功能,同时不断地丰富和积累学生比较全面的档案信息,让学生在生涯测试和档案的完善与发展中了解自己。学校通过学生的团体生涯档案与测试数据,对生涯教育面临的主要问题做深入和有针对性的分析,做到有的放矢。

(四) 谨慎和有效使用生涯测试的数据

建立学生生涯数据库或档案建立的目的之一就是通过档案信息与数据的收集、整理,一方面是对学生个体做测试结果的发展性反馈以及对班级或年级的生涯发展状况做反馈;另一方面就是要为学校生涯教育的特色发展、采取有的放矢的措施提供数据支持与依据。因此要定时、定量地对收集的数据进行分析和反馈,这样既可以提高档案数据的使用效率,让数据"活"起来,又可以在数据收集使用与反馈中,发现档案信息的不足,以推动后续进行补充与完善。

(五) 遵守测试的伦理

生涯测试、量化评价与建立档案和数据库所收集的信息,不是用来给学生划分等级与贴标签的,而是用于让学生自我了解与改进学校生涯教育的。同时要注意生涯测试与档案信息的保密,尤其是学生的个人信息,在没有经由本人或监护人同意的情况下,不得用于与生涯教育无关的活动,要恪守测试的伦理。

第十二章　生涯发展的质性评价与应用

较之量化评价,质性评价更多地关注学生的学习过程。本章详细介绍了质性评价方法在生涯教育中的具体应用,如学生自评、过程性评价等在生涯辅导过程中的具体应用。最后就质性评价在生涯教育应用中的注意事项作了简要说明。质性评价注重学生之间的个体差异,为生涯教育中的学生评价提供了另一种好思路。

生涯教育具有独特性、发展性、终身性三个特性。质性评价关注个性化,重视过程性,突显体验性。质性评价主要是借助哲学社会科学中质的研究方法和范式,它更多地关注学生自身在学业学习过程中建构的过程,深入挖掘学生的自身发展,运用深度描述学生成就的"质"的方法,关注学生"质"的方面的发展,重点是系统地检查学生的优缺点,并对学生的个性特征作出"质"性的分析和解释。[①]

第一节　时代背景

一、质性评价的起源

(一) 质性评价的哲学背景

质性评价源于解释主义哲学。主体和客体两者是互为主体、相互渗透的。知识是主体不断通过建构和检验而形成。20 世纪 60 年代末 70 年代初,人们深刻反省传统的量化评价,量化评价因此受到了猛烈的冲击,于是人们渴求一种更加人性化的、新的范式。

传统的评价范式,源于教育研究中一直占优势的实验或心理测量传统。这种评价范式适用范围狭窄,不能解决评价中所遭遇的复杂问题。随着建构时期的到来,人们

---

① 苑毅.质性评价:另一种学生学业评价方法[J].教育教学论坛,2020(19).

把评价视为评价者和被评价者"协商"进行的共同心理建构过程;评价是受"多元主义"价值观所支配的;评价是一种民主协商、主体参与的过程,而非评价者对被评价者的控制过程,学生(被评价者)也是评价的参与者、评价的主体。[①]

(二) 教育中的质性评价

1. 现实背景

量化评价起源于20世纪初,随着自然科学的不断进步与前进,人们开始将统计、测量应用于教育领域,并逐步发展使用问卷、观察和测验等方法来检测学生的教育目标达成度。

质性评价起初在美国被广为运用,就是为了改变当时美国学生进入社会后缺乏就业能力的状况,这是美国基础教育使用质性评价的现实基础。质性评价随后得以不断推进,更为清晰地展现在基础教育评价的面前,最终成为美国基础教育阶段学生学业评价的重要方式。

2. 学科基础

质性评价兴起的学科基础就是认知科学在学习的建构性模式上取得了成就。20世纪80年代,在皮亚杰(Piaget)提出的建构主义的理论基础上,形成了一套新的、并且有效的认知学习理论。在该理论中,建构主义中的教学观和评价观都体现了质性评价的重要性。知识建构过程中的评价比评价的结果更重要。对学生的学习情况评价来说,它包括了学生对自己的课堂即时评价和学生对自己的成果分析评价。

3. 互动性需求

很多教育学者对教育质量低下的现象进行了批判和反思。他们建议,应该建立起一种完善的模式,对学生进行评价。在这样的评价过程中,学生应该有学习的互动、交流和理解,等等。质性评价模式的建构主义特点符合人们对学生学业评价的要求。其真实性(或者说仿真性)、实践(表现)性和互动性(这种互动,既可以是师生之间的互动,也可以是学生之间的互动,还可以是学生和知识之间的互动),使它受到了改革者的青睐,因而在美国流行开来。

二、质性评价的流行

质性评价的流行有三大缘由:第一,20世纪80年代末期对标准化考试(多项选择

[①] 许军.质性评价建构时期对前三代评价的批判及其启示——质性评价(2)[DB/OL]. https://mp.weixin.qq.com/s/MsMrUkAzvfO4tkfF6blRwA,检索日期2016-06-13.

题)所产生的负面结果的反思;第二,认知科学在学习的建构性模式上的发展;第三,也是最为重要的一点,美国的学生在进入劳动力市场之后,没有具备足够的能力。要改变这种现状,就应该让教学的目的放在运用知识上,如果要做到这一点,教学评价的重点也必须放在学生运用知识的能力上。这就是基础教育使用质性评价的现实背景。这种思想,在 20 世纪 90 年代,更为清晰地展现在基础教育评价的面前,最终成为美国基础教育阶段学生学业评价的重要方式。

三、质性评价的发展

在 20 世纪 90 年代,教育的发展受到后现代主义的重大影响。持后现代主义观点的人认为,在进行评价时不能忽视个体之间的不同。在进行质性评价时,应该由评价的主要对象来制定相关的评价内容以及评价标准。

在教师对学生进行课堂观察评价和成果分析评价时,需要对学生的学习态度、知识技能等方面进行评价。进行评价的标准从注重一般性以及普遍性转向注重学生的个体差异的自我评价。在进行评价时除了要进行传统的笔试,还要采取多种评价模式;在评价时从仅在教师层面上进行评价转变为学生以及老师共同进行评价的模式;在评价时从只注重评价后的结果转变为注重评价的过程并且以提高学生学习的自主性为目标。从中可以总结出,在评价时要注重评价主要对象,其中不仅要包括老师还要包括学生,在评价过程中我们也把学生作为评价主体。

随着课程改革的深入,教学评价的理念和方法也随之发生变化。"选拔"的评价目的向"促进学生发展"的评价方式转变。传统的量化评价方式是对学生的学习情况进行终结性评价。简明精确是量化评价研究的特点,可是却无法考察学生自主学习能力、班级参与和语言能力等方面。

由此我们可以看出,质性评价表现出我们所强调的教育评价要具有多元性以及人文性,这是近年来教育改革的重点。把学生作为评价的主要对象,注重学生个体的发展即为人文性;多方面评价主要对象以及评价内容的多样化即为多元性。

第二节 主要观点

一、质性评价的要义

2002 年,教育部《关于积极推进中小学评价与考试制度改革的通知》中明确提出:

"教师要在教学过程中采用多元化的评价方法（如行为观察、情景测验等）了解每个学生的学习情况以及发展的需要。"

质性评价的主要特点有两点。一是自然性，质性评价必须在自然的情境下进行，对评价对象在他的"学习世界"中的学习过程情况进行评价。如果要客观地、深入地、全面地评价学习对象的学习情况，必须把他们放到丰富、复杂、流动的自然学习情境中进行观察。评价者和评价对象必须要有较长时间的直接接触，评价者才能了解评价对象学习的全过程。质性评价的自然性特点强调评价结果的真实性和可靠性。二是解释性，评价需要在自然的情境中进行，评价者了解评价对象在自然情境中的学习情况，即学习态度、学习思想、学习动机、思维水平等各种特质。从而为评价对象的学习成就寻找最切合评价者的诠释。

在质性评价中，学生的学习建立在教师、学生、家长、专家等人合力共建、平等协商的环境之下。学生不完全等待教师的指导、教师的肯定，其是多元的评价，尊重主体的评价。但需要强调的是，质性评价从本质上并不排斥定性、定量的评价，它常常与其二者的评价结果整合应用。

二、质性评价的理论基础

（一）建构主义理论

后现代主义是 20 世纪 60 年代流行于西方社会的一种哲学和文化思潮，90 年代后，其影响波及教育领域。它设定真理的多样性，强调学生的个体差异，尊重个性，反对约定俗成，强调个体的创新，倡导多角度看问题，认为教师和学生应该是平等的关系，教师在课堂教学中要多和学生对话与交流。后现代主义认为知识具有不确定性、文化性和情境性，而学习本质上是一个重建的过程，学习者应通过创造性重建来把握学习材料的意义，从而整体地理解其内在含义。

从教学评价的角度来考量后现代主义，给我们的思考是应充分尊重学生的主体性，看到学生自我评价的重要作用，并倡导多视角、多元化的评价方法，全面、客观地评价每一个学生。

皮亚杰的建构主义学说提倡学习应以学习者为中心，并在教师的指导下进行。建构主义认为：想让学生成为主动建构者，就需要要求学生在学习过程中运用探索法、发现法，搜集资料并假设求证，与已知事物相联系，进行"协商"——包括自己和自己争辩的"自我协商"以及学习小组内部相互讨论的"相互协商"，从而发挥主体作用。教师要成为建构的帮助者,就需要在教学过程中帮助学生激发学习兴趣,创设有助于提示新旧知识之间联系的情境,组织学生进行协作学习并引导其朝着有利于意义建构的方向发展。

随着建构主义学习理论逐步取代传统教学的行为主义学习理论,评价也开始注重学生认知建构的个体差异,重视其在学习过程中的自我反思和自我调节。这与质性评价非常重视学生在学习过程中的参与程度,强调学生对知识技能的主动构建是一致的。由于每一个学生都是一个知识构建的独立的个体,因而教学评价所关注的不应仅是最后的考试成绩,而更应该关注其在学习过程中遇到的问题及学生作为学习主体解决问题的过程。

(二) 人本主义

人本主义教育理论是西方人本主义心理学的研究成果,它产生于20世纪50年代末60年代初,通过倡导教育革新运动冲击了美国的传统教育,其代表人物主要有马斯洛(Maslow)等。我国在20世纪80年代开始涉及人本主义教育思想。该教育思想目前已成为世界各国教育界推崇的重要教育思想。人本主义提出,教育的目的不仅是传递知识,更重要的是通过发展学生学习的自主性从而提高学生的学习能力。然而,基于以成绩为准的终结性评价,对于学生智力的评判以他在学习过程中的最终笔试成绩为依据,致使很多学生被考试成绩束缚,若学生答试卷的最终成绩不尽人意,学生便感到失望、沮丧,失去对学习的兴趣和信心。

评价学生的时候,教师要从学生的角度观察学生的学习情况,敏于了解学生的心灵世界,为学生着想。在实际的教学过程中,教师既要培养学生的学习自主性,也要通过学生的自我评价分析学生的差异性,进而因材施教。人本主义理论要求教师要重视学生在学习过程中的质性评价,从而增强学生自我评价的能力。所以,人本主义理论为本研究所建立的评价体系提供了有力的理论依据。

(三) 教育生态学

教育生态学(educational ecology)是美国教育家劳伦斯·克雷明(Lawrence Creming)于1976年出版的《公共教育》一书中提出的。教育生态学是教育学和生态学互相结合的结果。"教育"一词的英、美、法文均为"education",原意为"引出",即教育者引导学习者学习。教育生态系统包括宏观生态和微观生态,前者主要是研究国家领域内的大教育系统,后者主要研究学校和课堂生态环境等。

20世纪90年代初,有学者提出课堂教学是一个多要素组成的系统,它由教师、学生、教学目标等多种要素组成。如今,课堂生态系统的定义是以课堂教学为中心的教师、学生和教学环境相互影响的统一体。教育生态理论强调,教师和学生的关系不只是授予与被授予的关系,而是一种平等、民主、鼓励和帮助的关系。教师在教学过程中需培养学生学习的自主性,通过与学生的对话了解学生学习的情况,并得到教学反馈帮助学生解决学习过程中的疑难从而提高学生的学习成就。教师要尊重学生,让学生多发问、多思考。

教育生态学理论主张要以学生为主体进行教学活动。在教育生态学的理论指导下,研究者主要关注如何培养学生的学习自主性,如何指导、帮助学生进行知识建构等问题。教师要在课堂上为学生提供自主权,让学生进行自主预习、自主探究和自我评价。教师要引导学生学习,真正的学习过程不能由教师代劳。教学过程中由教师主导转变成学生自己主导,教师在教学过程中角色发生了改变,成为学习的促进者角色。从教育生态学理论中,我们可以明白,教师若想促进学生的学习,其中的决定性因素不再是教师的专业技能,而是要为学生营造出适合的学习环境,采用科学、有效的教学管理方法。因此,教育生态学理论为研究生态课堂的质性评价体系提供了有力支持。

三、质性评价的价值取向

(一)质性评价强调过程

是指从"终结性评价"转化为"形成性评价",改变传统以量化评价为主的一次性、终结性评价,把对学生学业过程中的现有状况及其发展变化过程联系起来,由原来的一次评价改为多次评价。持续性原则是以促进学生发展为根本目的,使评价成为分析、诊断、激励的过程。一是持续性原则要把有价值信息的全部活动都纳入评价范围,而不论这些目标与预期目标是否一致,坚持价值理性;二是在采用量化评价的基础上利用数据分析,并且更多地采用质性评价来追踪学生的持续性变化;三是坚持过程本身的价值,强调评价主体与评价对象之间的交流与沟通也存在价值。

(二)质性评价强调主观体验

强调以学生为中心,关注的是学生学到了什么,而非教师教了什么。这就要求教师在开展评价时要以学生自评和互评为主,通过访谈、学习日志和评语等质性评价方法让学生记录自己学习的过程;学校教师和企业导师在开展评价时,可以观察学生在由单一项目或任务向复杂项目或任务转变过程中,其知识运用、职业技能和能力、情感和态度的变化,也可以从横向同伴之间和纵向自身情况进行多维度的质性评价;家长作为评价主体则可以从学生的个性和兴趣爱好等角度开展评价,从单一的分数评价转变多维度的评价,使其更加客观地接受评价结果。

质性评价强调学生自我评价的作用,这是这个阶段的评价所具备的另一个很明显的特点。传统评价中,学生在评价过程中是完全被动的,他们只能根据所提供的问题,通过选择和判断,进行回答。而且,对于自己的答案没有解释的机会。质性评价则不同,学生可以根据任务的要求,对自己的答案进行解释。例如在"档案袋评价"中,学生直接参与评价,成为评价的主体,不但对评价的内容有选择权,而且可以对自己所做出的选择进行诠释。这种评价的特点,使学生可以在评价中建构自己的知识,还可以让教育者掌握学生在学习中已经掌握的和没有掌握的方面。

(三) 质性评价强调主体经验

是指采用人本管理的方法,促进学生的发展,侧重观察和衡量学生的表现,重点关注学生的内在情感、意志以及态度的激发。发展性原则更多地关注学生自身的完善、反馈和调控,让学生逐渐成为评价的主体;其次,更多地关注学生学业中出现的偶发性因素和成长变化,开展个性化和差异化评价,为学生以后的职业发展提供支撑。

第三节　实践应用

一、生涯体验活动后的个人评价

生涯体验活动后需要一定的评价,如利用表 12-1 中的自评表,采用量化评价和质性评价相结合的形式。学生个体的评价既是学生自我反思的过程,也是学生自我评价的过程。其实评价不仅要重视结果,更要注重发展、变化和过程。教师利用自评表引导学生在反思中巩固学习成果,并为今后的生涯活动甚至是今后的生涯发展积累经验。

案例　　　　　　　　　　小组职能体验实践自评表[①]

上海市闵行区七宝第二中学利用学校临近七宝老街的便捷位置和老街中丰厚的人文资源,让学生就地取材,选择感兴趣的"匠人",如汤圆师傅、糖画艺人、旗袍匠人、微雕大师等进行探访,让学生通过探访过程了解自我,通过探访结果了解职业。

学校的活动除了能让学生了解匠人的职业生涯和职业素养,还能让学生形成初步的职业价值观;通过对探究职能的实践体验,提升对职能的了解清晰度和胜任效能感,进行自主选择和规划;通过探访行业和时代的变迁,认识自我与社会发展的联系。学

---

① 本案例由上海市闵行区七宝第二中学方圣杰老师提供.

校让学生分成小组,通过合作探访的方式体会组织分工,认识自我与团队的关系。表 12-1 为小学活动后"小组职能体验实践自评表"。

表 12-1 生涯探索活动"小组职能体验实践自评表"

姓名:		小组主题:					
本阶段自评日期:							
探访阶段	职能	本次选择	清晰度	擅长度	兴趣度	效能感	再选倾向
		打勾	均为5点计分,得分越高表示程度越强				
一、组织工作	规划及组织小组活动 管理督促组员完成任务 与组员联络沟通						
二、选题阶段	收集解读资料、分析问题 对资料进行分类、整理						
三、研究设计	设计问卷题目或访谈提纲						
四、实地探访	采访调查对象或发放问卷 拍照修图、拍摄编辑视频						
五、数据分析	整理问卷及输入数据 统计及研究数据						
六、作品设计	设计产品图稿						
七、产品制作	制作产品实物或模型 使用工具修整实物						
八、PPT制作	制作PPT 设计美化海报或PPT						
九、作品呈现	演讲并说服观众或听众						
十、后勤工作	自愿帮其他组员解决困难 小组收支记账						
本阶段实践体会:							

组员吴同学说:这次活动,让我认识到制作糖画需要的技巧主要在于控温融糖,画稿全在艺人的头脑里,做糖画必须趁热一气呵成。艺人能坚持这份职业主要是出于热爱和家人的支持,同时也要积极创新以应对日新月异的糖果市场。

组员宋同学说：我性格活泼开朗，经常能发现生活中美好的一面，所以我选择的职能主要是拍摄编辑照片。摄影表面看起来轻松，但需要及时地捕捉到采访过程中美好或关键的画面，这对我来说也是挑战。汇报后老师对我们的探访十分肯定，我所拍摄的照片让同学们仿佛身临其境，更给汇报的PPT增添了一抹色彩，我非常高兴，决心要继续参加摄影社团，长大以后或许可以从事摄影方面的工作。

案例分析：上海市闵行区七宝第二中学让初中生进行小组活动，活动后让学生通过自我评价和质性反馈，从整体上把握个人参与小组活动的全过程，是一个形成性和过程性的评价，更全面地反映出个体在小组活动中的参与程度与作用，从而可以看出学生的能力擅长和个性倾向，而不只是看学生的一个结果和分数。评价可以促进学生认识自我，激发和培养学生的学习兴趣，使学生实现自主学习、自主发展，整体提升自身的生涯意识和能力。

二、生涯课程表现性评价

案例　　　　　　　　　"古风新韵"生涯课程参与后的评价[①]

上海市罗店中学探索生涯教育多年，在多方位开展生涯教育的同时，围绕属地文化探索生涯教育特色。学校从"古镇文化"入手，致力于开发适用于新高考、符合生源实际的生涯特色课程，在引导学生参与古镇民俗文化的体验活动时，不仅仅着眼于一些简单的民间技艺，还引导学生去品读技艺背后的文化意蕴，并从根文化的角度去培养学生对属地的文化认同。

表12-2是罗店中学对他们"古镇文化"生涯课程实施后的评价。

课程阶段	评价指标	具体内容	学生自评	教师他评
		"古风新韵"生涯课程表现性评价表		
自主拓展课阶段	态度	积极参与拓展课活动，不迟到、不早退、不无故旷课（0或5分）		
	技能	了解罗店古镇民俗文化，学会简单的制作工艺（0—10分）		
	价值	共感古镇人的生涯历程；品读工匠精神，认同古镇文化；能初步探寻古镇民俗的创新之路，传承古镇文化（0—10分）		

① 本案例由上海市罗店中学袁燕敏老师提供.

续 表

"古风新韵"生涯课程表现性评价表					
限定拓展课阶段	态度	积极参与社会实践,不迟到、不早退、不无故缺席(0或5分)			
	技能	具有一定的规则意识;掌握一定的职业访谈技巧;具有一定的应变能力、人际交往能力(0—10分)			
	价值	探寻古镇人的职业故事、生涯历程,能够联系自身思考自己的生涯轨迹、职业发展(0—10分)			
研究性学习阶段	态度	积极参与研究性学习活动,不迟到早退、不无故缺席(0或5分)			
	技能	养成"计划先行、团队合作、知识产权、科学严谨"等规则意识,提高"观察、分类、数据、信息、交流、预测、推理、论证、质疑、综合思维、辨伪求真、组织管理"等关键技能(0—10分)			
	价值	能关注传统文化及文化传承,关注古镇创新及古镇未来(0—10分)			
成果展示阶段	态度	积极参与展示活动,不迟到早退、不无故缺席(0或5分)			
	技能	初步掌握自主设计、规划、经营、演说、现场调控等经验(0—10分)			
	价值	能认同古镇文化,发现文化传承的多元途径,初步思考让古镇文化走向世界的方法(0—10分)			
学生活动感想:					签字:
教师评语:					签字:

"古镇事·古镇人·古镇未来"生涯系列活动深受教师、学生、家长的认可,学生参与度高、满意度高。通过生涯活动学生前后测试数据比较,学生在归属感、效能感、乐观感上有明显的提升。学生在生涯报告中表达了自己的感受。

A同学:传承民间艺术是不分年龄与性别的。一份初心、一份坚持,我们需要为民俗文化的发展贡献自己的力量。全民创客时代已经来临。

B同学:我很喜欢古镇人的那种质朴,那种仅仅为了兴趣与意义而坚持的信念。如果职业只为生存,那么职业感最终会枯竭,这不是我想要的。我愿像有些古镇人一样,因为意义而坚持。不过我也发现,那些可以因为意义而"任性"的人,都有一个特点,那就是他们都是高学历者。所以为了将来的"任性",我现在需要认真学习,积累知识,为了将来更自由的选择奠定基础。

C同学：我设计的摊位是解九连环、数独等益智类游戏，一开始还很担心只有少部分同学对这个感兴趣，没想到很多同学都想挑战自己，摊位上人流络绎不绝。可见，一些中国古代的智力游戏并没有走向末路，还是有很大市场的，大家还是有情怀的。

D同学：虽然罗溪庙会只有半天的体验时间，但是我们从学习古镇民俗到筹备罗溪庙会花了将近3个月。这让我们意识到，一个好的展会负责人并不是那么容易的，一个好的展会背后一定是用了无数时间来筹备，有无数个幕后英雄的付出。

案例分析：上海市罗店中学的生涯课程，以培养学生综合素质为导向，聚焦学生生涯意识的培育，促进学生的社会理解，以此发展学生的生涯规划能力。罗店中学的评价表，贯穿了学校生涯课程的整个过程，有"自主拓展课阶段"的评价表，有"限定拓展课阶段"的评价表，有"研究性学习阶段"的评价表，还有"成果展示阶段"的评价表，是全过程的评价。评价主体也突出了多元性，既有学生评价，也有教师评价。评价既尊重学生的主体地位，指导学生开展自我评价和促进反思，也鼓励同伴、家长等参与到评价之中，使评价成为学校、教师、学生、同伴、家长等多个主体共同积极参与的交互活动。

第四节　注意要点

质性评价是顺应时代潮流，符合当今社会对人才的需要和学生个体发展的需求的新的评价方法。但质性评价并不是没有缺点与不足。质性评价主观性强，往往带有很强的个人特征，这个缺陷往往被作为攻击的对象；质性评价弹性很大，具有很强的灵活性，很难制定出一个统一的标准，对于目前的班级授课制而言，实施起来非常困难。班级授课制是建立在学生各方面条件基本相同这个假设的基础上，采取的管理与教学方式强调效率优先，整齐划一是它的基本特征；还有其他方面的问题，如在收集"成长记录袋"材料时，更多地在关注正面评价，负面因素往往被学生或者教师人为地剔除在外。教师在实施质性评价时，需要注意以下几点。

一、在进行生涯教育质性评价前，需要熟悉相关的理念与流程

质性评价需要教师掌握较丰富的教育理论，包括教育评价理论，掌握较多有关质性评价的专业知识，教师要能确定观察评价的重点，制定和掌握适当的评分标准。因此，在实行质性评价之前，应加强教师对教育理论的培训和研究，应加强教师对质性评

价的培训和研究,否则,即使对学生进行质性评价,也可能造成误导或偏离评价目标。

二、进行生涯教育质性评价,需要多维度全方位考量

从多个角度对学生学业进行评价。具体来说,首先是评价主体的多维性。以往对学生的学业评价主要以教师或者教育行政主管部门为主,缺少了学生主体以及其他相关主体。而评价主体的多维性要求评价主体除了教师外还应该包括学生自身、生涯导师、第三方专业机构以及家长,改变传统单一评价主体,将专业性的他评、促进性的互评和提升性的自评结合。

其次是改变传统以量化评价为主的一次性终结评价,把对学生学业过程中的现有状况及其发展变化过程联系起来,由原来的一次评价改为多次评价。持续性原则是以促进学生发展为根本目的,使评价成为分析、诊断、激励的过程。一是持续性原则要把有价值的活动全部纳入评价范围,而不论这些目标与预期目标是否一致,坚持价值理性;二是在采用量化评价的基础上利用数据分析,同时更多地采用质性评价来追踪学生的持续性变化;三是坚持过程本身的价值,强调评价主体与评价对象之间的交流与沟通也存在价值。

三、进行生涯教育质性评价,要坚持真实性与发展性

真实性原则是指对学生学业的评价要在职业工作情境下进行,职业性工作情境应包括真实性的工作项目或任务,即某一领域内可能遇到的真实工作活动或者挑战。在真实性评价中,师生需要共同完成评价,学生不再是被动参与评价而是主动参与到评价中,这也是学生学习的另一种体现。

发展性原则是指采用人本管理的方法,促进学生的发展,侧重观察和衡量学生的表现,重点关注学生的内在情感、意志以及态度的激发。发展性原则更多地关注学生自身的完善、反馈和调控,让学生逐渐成为评价的主体;其次,更多地关注学生学业中出现的偶发性因素和成长变化,开展个性化和差异化评价,为学生以后的职业发展提供支撑。

第十三章 胜任力理论与应用

胜任力这个概念最早是由美国研究学者提出的,是企业有效地区分普通职员和出色职员之间的能力差别,甄别和培养杰出人才的重要理论依据。在我国现代企业的人力资源管理领域中,胜任力和胜任力模型的研发和使用虽起步较晚,但在近几年得到了广泛推广,大多数经营良好的大中型企业,如华为、中兴等都已经形成了或者正在建设自己企业的胜任力模型,并将其直接运用到大学生招聘过程中。在高等教育、中职教育以及中小学教育的职业和生涯辅导课程设置中,也会通过胜任力的概念,帮助学生在不断认识自我的基础上,认识和了解企业需求,并不断发展自我、完善自我,提升就业竞争力和事业发展能力。

第一节 时代背景

一、时间-动作研究

最早开始胜任力(Competencies)研究的是被誉为"管理科学之父"的泰勒(Taylor)。早在 20 世纪初,泰勒在大量观察案例的基础上,提出了著名的"时间-动作研究"[1](Time and Motion Study)。他将复杂的工作拆分成一系列简单的步骤,用以识别不同工作活动对能力的要求。泰勒所提出的胜任特征是指那些可直接观察的动作技能或体力因素(Physical Factor),如灵活性、力量、持久性等,可以说泰勒开创了胜任力研究的先河,他的研究方法也被后来的研究者所采用。

---

[1] [美]弗雷德里克·泰勒.科学管理原理[M].马风才,译.北京:机械工业出版社,2007.

二、胜任力概念的提出

胜任力概念的正式提出者为美国心理学家麦克利兰(David Clarence McClelland)。1973年麦克利兰在《美国心理学家》(*American Psychologist*)杂志上发表了《测量胜任力而不是"智力"》①(*Testing for Competence Rather Than for "Intelligence"*)一文,他主张用胜任特征评估来代替传统的学绩和能力倾向测试,并提出了基于胜任特征的有效测验的原则。麦克利兰的工作被人们视为由胜任特征运动取代智力测量运动的一个发展关键点。

在麦克利兰研究的基础上,越来越多的研究者开始关注胜任力这一领域,并推动了胜任力研究的发展。美国学者理查德·博亚特兹(Richard Boyatzis)通过大量的研究,出版了《胜任的经理:一个优秀绩效的模型》一书,书中总结了优秀管理者的胜任力模型,迈出了胜任力理论在人力资源管理应用的重要一步。

美国学者斯潘赛夫妇(Lyle M. Spencer & Signe M. Spencer)基于20年的研究成果,于1993年出版了《工作中的胜任特征》一书。他们针对全球200个以上的工作进行了胜任力研究,归纳出管理人员的21项胜任力,编制了胜任力词典,同时建立了包括技术人员、销售人员、服务人员、经理人员和企业家五大类的胜任力模型。从那以后,胜任力开始广泛地应用于人力资源管理活动中。

三、胜任力概念在学生生涯辅导中的运用

教育的目标就是为社会培养有用的人才,在大学、中职甚至中小学普及推广职业及生涯辅导教育,就是为了帮助学生在求学的各个阶段中,逐步地、充分地认识企业对各类人才的需求,进而帮助学生更好地认识自己,了解自己的优点和不足,并朝着既定的目标去提升和完善自我,提升就业竞争力和事业发展能力,实现人才在学校教育和企业之间的无缝对接。

第二节 主要观点

一、胜任力的定义

目前国外学者对胜任力的普遍定义大致分为三种②:特征观、行为观以及综合观。

---

① David C. McClelland. Testing For Competence Rather Than for "Intelligence"[J]. American Psychologist,1973.
② 王裕豪.大学生就业通用胜任力模型的建构与验证[D].杭州:浙江理工大学,2009.

具体内容如下：

(一) 特征观

博亚特兹(Boyatizis)、斯潘塞(Spencer)和杜波依斯(Dubois)三位学者是特征观的代表人物，他们将胜任力定义为能够产生高绩效的个体潜在的特征。如Boyatizis在1982年将胜任力定义为：能够产生工作中优秀绩效的个人潜在特征，具体涵盖了特性、动机、技能、知识、社会角色和自我形象[1]；斯潘塞在1993年则将能够区分表现优异者与平庸者的个人潜在的、深层次特征作为胜任力[2]；同年Dubois也对胜任力提出了自己的定义，他认为胜任力是能够使企业员工产生高工作绩效的潜在特征，即自我形象、社会角色、特质、动机、技能或一系列知识[3]。

持有特征观的学者们一般认为个体特征包含两个方面，即外显性特征(Explicit Characteristic)和内隐性特征(Implicit Characteristic)，这样界定胜任力既具有包容性，又包含了稳定性，同时实现了胜任力成为"通用语言"的要求。但是也存在明显的不足，那就是不便于对抽象特征和具体行为进行实际测评，难以控制它的信度和效度。[4]

(二) 行为观

持有行为观的学者一般认为，胜任力是员工在具体实践工作职责时的行为表现，是个体内在的特征在工作中的现实表现，而这种内在的、潜在的特征与优秀绩效有着密切的联系[5]。

从外显行为的角度来界定胜任力便于对胜任力进行观察和测评。但是，从行为的角度定义胜任力，也存在很多缺点：不利于将胜任力与行为绩效进行有效地区分；在与特征进行对比时，行为的不稳定性比较明显，这就需要针对不同的工作情景对每个个体的胜任力进行"量体裁衣"，不利于胜任力的理论在实践中的应用；在实际运用领域很多行为不容易被觉察和总结归类。

(三) 综合观

持有综合观的学者则认为，高绩效的个体有两个方面的体现：一是拥有相对稳定

---

[1] R. E. Boyatzis. The Competent Manager: A Model for Effective Performance. New York: Wiley, 1982.

[2] L. M. Spencer, S. M. Spencer. Competence at work: Modeling for superior performance [M]. New York: John Wiley & Sons, 1993.

[3] [美]戴维·D·杜波依斯, 威廉·J·罗思韦尔, 德博拉·乔·金·斯特恩, 等. 基于胜任力的人力资源管理[M]. 于广涛, 等, 译. 北京: 中国人民大学出版社, 2006.

[4] 仲理峰, 时勘. 胜任特征研究的新进展[J]. 南开管理评论, 2003, 16(2).

[5] C. Woodruffe. Competent by any other name [J]. Personnel Management, 1991.

的深层次的个体特征;二是在特定工作情境下所表现出来的具体行为。因而,胜任力既包含个体特征又包含具体行为,两者相互补充和结合,因此对胜任力内涵的界定应该将个体特征和具体行为表现相结合[①]。

从胜任力的一系列定义中,可以归纳总结出胜任力的三个特征:胜任力与实际工作绩效有着密切联系,可以对员工未来绩效进行预测;胜任力能够区分员工中绩效优秀者与一般者,并具有显著差异;胜任力与员工的岗位实际要求有紧密联系,受到很多因素影响,包括工作环境、条件和岗位特点等。

二、胜任力模型的构建

(一) 胜任力模型的涵义及构成

胜任力模型(Competency Model)是指个体要做好一项特定的任务所需具备的胜任力要素的组合,具体包括三个部分:胜任力要素的名称、胜任力要素的定义和行为表现。胜任力模型分为单一胜任力模型和通用胜任力模型,单一胜任力模型具有良好的针对性和实用性,但是它只针对一个具体的岗位,不能进行广泛推广;而通用胜任力模型拥有良好的普遍性,它针对同一类相似岗位或者一类群体而设计。相对于单一胜任力模型而言,通用胜任力模型总结和归纳了同一类的组织、群体工作胜任力的相同特性。

通用胜任力模型在国外得到了较早的研究。1982年,Richard Boyatzis进行了广泛的调研,调研范围涉及12个行业、41个岗位、2 000多名员工,在对胜任力进行全面分析的基础上,得出了专门针对企业管理人员的通用胜任力模型[②③]。

KeyLogic公司也历尽数年的调研和实践,在2005年总结出了以决断力、推动力、驱动力、应变力和洞察力为五个维度的"新五力模型",模型当中共凝练了11项重要的胜任力要素。

斯潘斯在1993年归纳出了21项针对管理人员的胜任力要素,在胜任力要素的基础上建立了常见的五大类的通用胜任力模型[④],并在2003年提出了由基础胜任力、鉴

[①] M. J. Cheng, R. I. Dainty, D. R. Moore. The differing faces of managerial competency in Britain and America [J]. Journal of Management Development,2002,22(6).
[②] 仲理峰,时勘. 胜任特征研究的新进展[J]. 南开管理评论,2003,16(2).
[③] R. E. Boyatzis. The Competent Manager: A Model for Effective Performance [M]. New York: Wiley, 1982.
[④] 王重鸣,陈明科. 管理胜任力特征分析:结构方程模型检验[J]. 心理科学,2002,25(5).

别胜任力、潜在胜任力为三大维度的 TDL 通用胜任力模型。

从国内的研究来看,王重鸣、陈民科(2002)对全国 51 家企业的 220 名中高层管理人员进行研究后得到了企业管理人员的通用胜任力模型。甄月桥、王裕豪等(2008)针对农民工群体建立了农民工就业通用胜任力模型,该模型包括沟通能力、职业能力、职业情感、性格特质、创新能力和择业能力 6 个维度 18 项胜任力要素①。

通用胜任力模型的构建,可以为大学生和中小学生的生涯教育提供社会和企业需要的人才标准,帮助大学生和中小学生在求学阶段就能有意识地培养自己的职业通用技能,并通过了解自己喜欢的职业类型需要的职业胜任力,不断发展和完善自我,提前做好职业的规划,以提升自己就业的竞争力。

(二) 构建胜任力模型的主要方法

当前,比较流行的构建胜任力模型的方法有四种,分别为战略演绎法、行业标杆法、行为事件访谈法以及主题分析法。其中,行为事件访谈法是目前在胜任力建模过程中使用较广的方法之一。

1. 战略演绎法

这是一种自上而下的构建胜任力模型的方法。它主要通过确定组织的战略目标,分析并制定出为达成组织的战略目标员工所应具备的核心能力。这些能力往往是当前员工所欠缺的,通过对现有员工进行培训或招聘具备这些特质的员工,可以促进公司战略目标的达成。

2. 行业标杆法

行业标杆法通过分析某一行业关键的成功因素(KSF)来构建胜任力模型。简单来说,就是通过分析并比较同一行业或同一领域中绩优企业的胜任力模型,从中挑选出适用于本组织的关键性胜任特征,形成胜任力模型。通过这种方法构建的胜任力模型实用性较强,极具参考价值,而且因为所有胜任力要项都已经过分析、比较和研究,相对成熟,可操作性比较强。但是这种方法也有不足,即所构建的胜任力模型与其他组织的共性过多,缺乏自己的独特性和适应性。

3. 行为事件访谈法

行为事件访谈法,又称关键事件访谈法(behavioral event interview,BEI),它是麦克利兰(McClelland)于 1973 年提出的。行为事件访谈法是一种通过开放式的行为、回

---

① 甄月桥,王裕豪,陈辉,等.农民工就业通用胜任力模型的建构[J].人类工效学,2008,14(3).

顾式探索技术来考察胜任力特征的方法。具体来说,在进行行为事件访谈时,要依据先前制定好的访谈提纲,让受访者详细回忆并描述其在工作中曾经遇到过的三个成功的案例和三个失败的案例。通过对这些具体的案例进行汇总、分析和比较,来了解要胜任某一工作,需要具备哪些能力。

4. 主题分析法

主题分析法是一种对数据进行识别、分析得出主题或模型的一种方法。主题分析法的含义通常包括两个方面:一是基于胜任力词典提出的胜任力分类及相关定义与分级,提炼行为事件访谈中的胜任力信息,对其进行编码与归类整理的过程;二是在通用胜任力词典之外,对行为事件访谈过程中新出现的胜任力要项进行分析、提炼与概念化的过程。同时,它还可以进一步表现出所研究主题的多方面。简单来说,它既是对访谈的文本数据进行编码和归类的过程,也是进一步提炼新主题并将其概念化的过程。

在学校开展生涯辅导活动中,可以把胜任力模型的构建方法用于学生的生涯辅导活动中,通过带领学生运用胜任力模型的构建方法,比如行为事件访谈法,通过访问学生期待行业的从业者,使学生了解要胜任某一工作,需要具备哪些重要的能力。

(三) 胜任力的模型的经典代表

根据胜任力模型的概念和构建方法,研究者尝试构建胜任力的模型,其中以"冰山""洋葱"模型最为经典。

1. 胜任力冰山模型

最早提出胜任力冰山模型的是美国心理学家麦克利兰(David McClellan,1973),该模型借助漂浮于水中的冰山,用"水上部分"的表象层和"水下部分"的潜在层来描述员工的不同个人表现。该模型包括易被人们观测感知的外显部分与较难具体考核且不易被察觉的内隐部分,其中,"冰山以上部分"包括基本知识、基本技能,是外在表现,是容易了解与测量的部分,相对而言也比较容易通过培训来改变和发展;而"冰山以下部分"包括社会角色、自我形象、特质和动机,是人内在的、难以测量的部分。它们不太容易通过外界的影响而得到改变,但却对人员的行为与表现起着关键性的作用(图 13-1)。

之后,在前人研究的基础上,斯潘塞夫妇(Lyle M. Spencer & Signe M. Spencer,1993)将其进一步凝练,提出了经过整合的"新冰山模型"(图 13-2)。

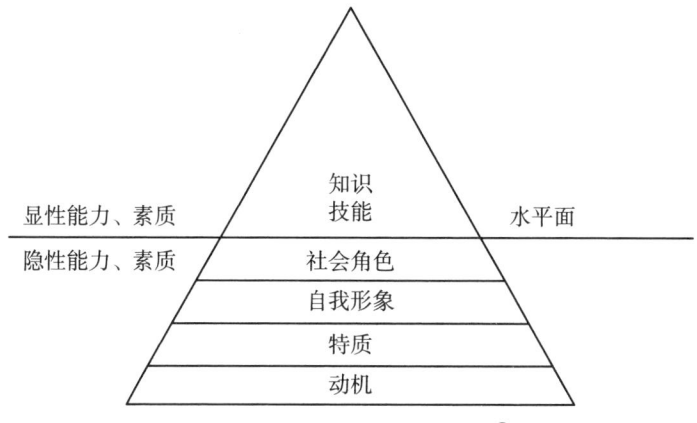

```
              /\
             /  \
            / 知识\
  显性能力、素质  / 技能 \   水平面
  ─────────/──────\─────────
  隐性能力、素质/ 社会角色 \
          /──────────\
         /   自我形象   \
        /──────────────\
       /      特质       \
      /──────────────────\
     /        动机         \
    /_____\
```

图 13-1 麦克利兰的冰山模型①

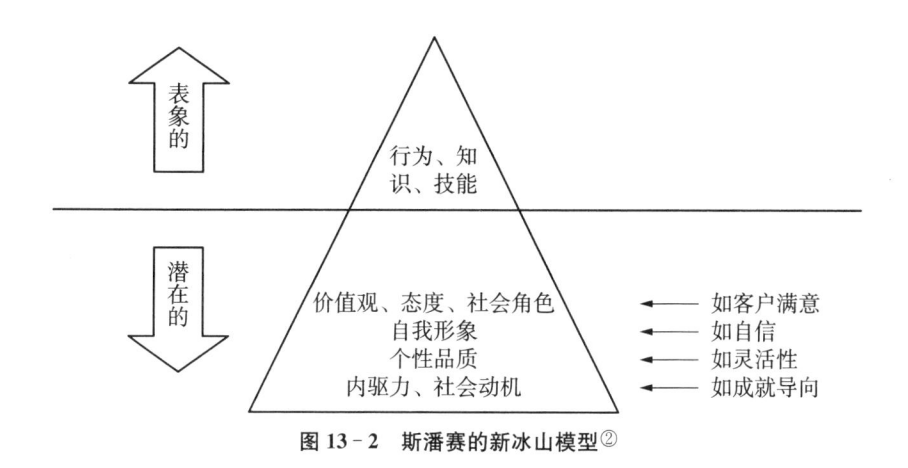

```
   ↑       /\
 表      /    \
 象    /行为、知\
 的  /  识、技能  \
    /──────────────\
   / 价值观、态度、社会角色 \ ← 如客户满意
 潜/      自我形象         \ ← 如自信
 在/       个性品质          \ ← 如灵活性
 的/    内驱力、社会动机         \ ← 如成就导向
  /_____\
   ↓
```

图 13-2 斯潘赛的新冰山模型②

　　斯潘赛把个体素质形象地描述为漂浮在洋面上的冰山,其中知识和技能是属于裸露在水面上的表层部分,这部分是对任职者基础素质的要求,但它不能把表现优异者与表现平平者区别开来,这一部分也称为基准性素质(Threshold Competence)。基准性素质是容易被测量和观察的,因而也是容易被模仿的,换言之,知识和技能可以通过针对性的培训习得。内驱力、社会动机、个性品质、自我形象、态度等属于潜藏于水下

---

① David C. McClelland. Testing For Competence Rather Than for "Intelligence"[J]. American Psychologist,1973.
② Lyle M. Spencer,Signe M. Spencer. Competence At Work:Models for Superior Performance[M]. Wiley,1993.

的深层部分的素质,这部分称为鉴别性素质(Dif-ferentiating Competence)。它是区分绩效优异者与表现平平者的关键因素,职位越高,鉴别性素质的作用比例就越大。相对于知识和技能而言,鉴别性素质不容易被观察和测量,也难于改变和评价,这部分素质很难通过后天的培训得以形成。

在中小学的生涯辅导中,冰山以上的部分,更多体现的是具体的专业知识和专业技能,这个部分学生在上了高一级的学校后,可以在专业学习中得到不断的提高;但是冰山以下的那个部分,也就是鉴别性素质,虽然难以改变,但并非无法培育,只是需要更多的时间,更好的环境。鉴别性素质是中小学生涯辅导的重点,需要中小学的生涯辅导者创设更好的环境,来培育学生未来走入社会所需要的胜任力。

2. 洋葱模型

美国学者理查德·博亚特兹(Richard Boyatzis)对麦克利兰的素质理论进行了深入和广泛的研究,提出了"素质洋葱模型",展示了素质构成的核心要素,并说明了各构成要素可被观察和衡量的特点(图 13-3)。

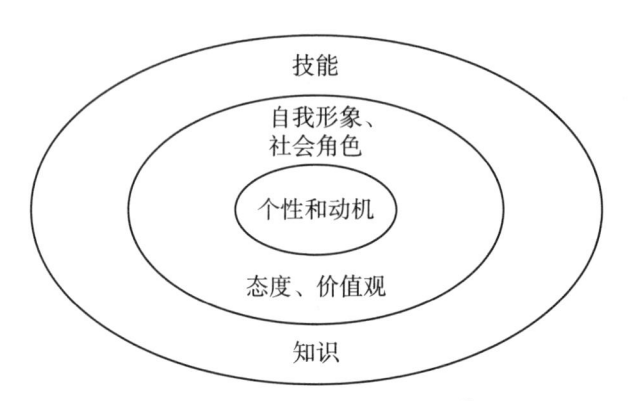

图 13-3 博亚特兹的洋葱模型[①]

所谓洋葱模型,是把胜任素质由内到外概括为层层包裹的结构,最核心的是个性和动机,然后向外依次展开为自我形象、社会角色、态度、价值观,知识、技能。越向外层,越易于培养和评价;越向内层,越难以评价和习得。大体上,"洋葱"最外层的知识和技能,相当于"冰山"的水上部分;"洋葱"最里层的个性和动机,相当于"冰山"水下最深的部分;"洋葱"中间的自我形象与社会角色等,则相当于"冰山"水下浅层部分。洋

---

① Richard E. Boyatzis. The Competent Manager: A Model for Effective Perforance [M]. Wiley, 1982.

葱模型同冰山模型本质是一样的,都强调核心素质或基本素质。对核心素质的测评,可以预测一个人的长期绩效。相比而言,洋葱模型更突出潜在素质与显现素质的层次关系,比冰山模型更能说明素质。

除了冰山模型和洋葱模型以外,还有由米拉布尔(Mirable)提出的 KSAO 四要素模型等,其基本思想与冰山和洋葱类似,均强调了个人的素质由知识(Knowledge)、技能(Skills)、本领(Abilities)和其他个性特征(Others)组成,并对每个要素做了具体的定义。

第三节 实践应用

运用胜任力理论开展中小学生的生涯辅导,可以通过课堂教学、学科渗透、活动实践等方法,帮助学生在接触社会的过程中,了解社会各行各业对人才的要求和标准,以及职业发展的通道和轨迹,再通过自我认识,做好自我发展的规划。

一、开发以胜任力模型为基础的生涯课程

当下,各学校的生涯课程正如火如荼地开展,各培训机构为呼应社会对生涯培训的关注,也纷纷开出了职业生涯规划的课程。

案例　　　　　　　　　　新精英生涯课程[①]

新精英生涯已经开展了多期生涯规划师认证培训课程,承办了多期"生涯规划师"认证培训,很多生涯规划师均出自此课程体系。

"职业生涯规划基础班"三天的课程包含了生涯规划的理论知识和工具模型及使用方法,其课程内容主要有:

第一部分:职业发展地图——职业定位的理论知识与工具

主要包含:"三点一线"职业定位模型、霍兰德职业测试、职业定位十字架、能力三核、职业价值观系统、生涯决策与选择方法、生涯决策平衡单。

第二部分:职场适应和发展的理论知识与工具

主要包括:职业发展 CD 模型及 3Q 定位问题和 4S 解决方案、三叶草职业情绪协调模型及协调策略、兴趣星空图、兴趣三层级、能力管理矩阵、价值观修炼。

---

① 资料来源于新精英生涯(北京)教育科技公司网站,https://www.xjy.cn/.

第三部分：职场转型理论知识与工具

主要包含：生涯四看技术、"三点一线"模型应用。

第四部分：生涯平衡理论知识与工具

主要包括：舒伯生涯发展理论、人生纵贯线、生涯角色饼图和生命之花。

第五部分：生涯发展阶段定位理论知识与工具

主要包括：生涯三阶段理论、生涯发展阶段测评。

第六部分：生涯规划师成长之路

主要包含：生涯规划师路径图、生涯发展能力模型。

案例分析： 上述生涯规划课程，主要面向的还是职场人士以及人力资源相关从业者。对中小学从事生涯辅导的教师而言，参与这些课程的设置有助于他们根据中小学生的实际情况，修订中小学的生涯课程，帮助学生更好地认识企业对员工的要求，从而有意识地在求学阶段培养自己的能力。

以胜任力模型为基础的生涯课程，从企业的角度而言，是希望能把合适的人才放到合适的岗位上；从个人发展而言，是要更好地规划好自己的生涯路径，以使自我的发展能满足企业和岗位的需要。

不管是通用型的胜任力模型，还是专业型的胜任力模型，从胜任力模型的典型代表（冰山模型和洋葱模型）来看，专业知识和技能都属于基准性素质，这些可以在短期内通过培训得到较大的提升，但是诸如敬业精神、责任意识、团队合作、执行力、沟通协调、学习发展等鉴别性素质才是能真正区分表现优异者与表现平平者的关键因素，是需要长期培育才能逐步提升的，并逐渐成为个体为人处事的稳定部分，因此更需要在中小学阶段就带领学生认识并逐步发展。

二、将胜任力的概念融入学科教学的情境之中

中小学的生涯教育，不仅仅需要专门的生涯教育课程，也需要在学科教学中注入丰富的生涯教育资源。倡导教师在课堂教学中加入情景模拟、案例分析、行为塑造等更多形式的教学活动，加强对内隐胜任力的引导，阐述敬业精神、责任意识等胜任力的重要性，通过情景模拟的方式，让学生真实体验到现代企业中工作的实际环境，以及解决实际问题时所需要的各项技能。

案例　英语学科中的生涯辅导——People from All Walks of Life 课例①

上海市行知中学的生涯辅导贯穿在各学科教学中,英语老师陈丁娜在"People from All Walks of Life"这节课中,和学生讨论各行各业所需要的职业胜任力。

教学流程:

(一)热身:复习课文内容

> - 教师:让学生回顾上节课所学课文内容。
> - 学生:阅读课文,并找出教师、外科医生、秘书和模特的相关工作内容。

引导问题:

Q: Do you recall the work content of the occupations listed in the passage?

(二)活动1:小组讨论、展示

> - 教师:将学生分成小组,通过抽签形式,讨论所抽到的特定职业所需的相关技能。
> - 学生:小组根据课文内容和自身了解,讨论特定职业所需的技能。讨论结束后各派一位代表上台展示讨论结果,并解释该项技能的实用性。台下学生进行补充或提问。

1. 八个小组各派一位代表上台抽签(抽签范围:教师、医生、秘书、模特),每两组讨论一个职业;

2. 各小组开始讨论所抽取职业所需的技能,并用荧光笔写在便利贴上(每页便利贴只写一项技能),PPT 上显示技能列表,帮助学生思考;

3. 讨论结束后,每小组各派一位代表上台展示小组讨论结果,并将便利贴贴在黑板上;

4. 展示结束后,同学找出四个职业所共有或特有的技能,并将便利贴贴在黑板的特定区域,以示区分;

5. 同学解释这两类技能的区别,得出 soft skill 和 hard skill 的定义;

6. 教师分析 soft skill 的重要性。

引导问题:

Q: What are the necessary skills required of this occupation?

---

① 本案例由上海市行知中学陈丁娜老师提供.

Q: How is the skill useful in this occupation?

Q: Do you have something to add to the list?

Q: What skills are shared among the four occupations?

Q: What skills are unique to a specific job?

Q: What are the differences between the two types of skills?

Q: Which skill is more important to your career success?

（三）活动2：头脑风暴

> ➢ 教师：提供情景，供学生讨论。
> ➢ 学生：针对老师提供的情景讨论。

情景提示：学生 Robin 以后想当律师，因此除了努力学习学业知识外，希望从现在开始参加一些活动，锻炼自己的 soft skills。假设你是 Robin 的职业规划师，你会给出什么建议？

引导问题：

Q: If you're Robin's career planner, what do you suggest him to do to improve his soft skills?

（四）课后作业：

举行一次课本剧的演出，根据不同的分工承担相应的岗位职责，体会不同职业对 soft skill 的具体要求。

1. 选定剧本；

2. 成立剧组，自行组团，进行分工，具体分工为：编剧、导演、剧务、舞美、造型师、现场指导、演员等，明确职责，分工合作；

3. 排练；

4. 汇演；

5. 交流收获。

案例分析：本节课立足于目前高中生的生活学习经验，旨在引导他们认识到，除了学习掌握学业知识等专业技能外，还应注重培养自己的软实力（soft skill）。教师通过用"引导理解—分析判断—解释说明"的模式启发学生理解相关的内容，运用小组讨论、头脑风暴两项活动把课堂内容串联起来，让学生分组讨论、合作探究、积极参与课堂教学，培养了他们主动参与的意识。课堂教学以学生为中心，让学生自己认识了软

实力(soft skill),进而做好充分的技能准备,以应对未来不断变化的职场和人生。需要注意的问题有:

1. 课前要让学生针对课文所谈论的四种职业做好充分的调研工作。提前通过网络或实地调研,了解更多工作相关的内容,培养学生独立自学、主动探究的能力,并为上课做好充足的知识准备。学生通过前期调查,在课堂上的参与度也提高了,使教学取得更好的效果。

2. 教师要注重掌控教学的局势和节奏,要善于激发学生的积极性,组织学生进行讨论、回答问题和上台展示,培养他们积极的参与意识和英语表达能力,最大限度地去开发学生的潜能。教师做好指导者、组织者和合作者的角色。

3. 设计教学环节时,尽量选择新颖生动的教具和活动,如便利贴、荧光笔、色彩鲜明的PPT、小组讨论、展示、走猫步,等,这样学生会认为更有趣,也更愿意主动表达自己的观点。

4. 教师要让每个学生参与话题讨论环节,每位同学有不同的分工,例如,小组长、记录员、计时员、点子王及负责总结发言的同学等。学生应该明白,自己生活在一个竞争激烈的社会中,必须要有一定的胆量与冲劲、学识与口才。这次活动不仅能使学生对话题理解透彻,还可以锻炼口才和胆量。这堂课不仅让学生意识到了什么是软实力及软实力的重要性,也锻炼了他们的软实力,如自信心、团队合作力等。

三、在模拟活动中提升学生的各项胜任力

基于学校的资源,针对学生的不同特质,为他们建立个性化的培训和实践平台,提供个性化的培训和实践,加强其特定领域的胜任力。上海市吴淞中学与企业合作,为学生开设了"财商课程",通过带领学生模拟自主创业,在校开设"学生公司",让学生体验未来企业的CEO、CFO、CHO等岗位所需要的胜任力。

案例　　　　学子创业行——经济课程与艺术课程有机融合[①]

本项目为期一个学年,面向吴淞中学高一年级"扎染艺术"社团、"面塑"社团、"创艺农业"社团、"学生公司"社团的学生们。

(一)第一学期的任务

1. 学校在平台上发布各艺术课程、学生公司课程介绍。招募对艺术和创业有兴

---

① 本案例由上海市吴淞中学白兰平老师提供.

趣的学生,分别成立学生公司社团和各艺术课程社团。

2. 学生公司社团成员向各艺术产品的研发者学习经济学课程,了解公司制度,成立公司。

3. 选修"工艺设计之扎染布艺的STEM+探索""非遗传承之面塑动漫人物制作""植物创新栽培"等课程的同学参与研发产品,以及迭代产品的创新。

4. 学生公司社团部分成员去学习艺术课程,了解产品。艺术课程社团的同学到学生公司社团学习经济学课程。

5. 各艺术课程进入产品调研阶段,制定问卷调查,确立调研及销售的目标人群,论证产品的社会需要和目标人群。

6. 学生公司社团的学生进行产品的商业计划书撰写(见表13-1),为产品赢得投资。

表13-1 学生公司社团的商业计划书

第一步: 成立公司	1. 设定公司目标:文化传承,使古老艺术与时尚和科技相结合。 2. 分配公司人员职务并明确各职务的职责。 总经理:＿＿＿＿＿＿＿＿＿＿ 财务总监:＿＿＿＿＿＿＿＿＿＿ 市场总监:＿＿＿＿＿＿＿＿＿＿ 销售总监:＿＿＿＿＿＿＿＿＿＿ 人事总监:＿＿＿＿＿＿＿＿＿＿ 设计总监:＿＿＿＿＿＿＿＿＿＿ 广告部总监:＿＿＿＿＿＿＿＿＿ 3. 公司名称:根据公司的目标、产品和服务,为公司取一个叫得响并有区分度的名字。
第二步: 产品和服务设计	1. 设计本公司的产品或者服务。 2. 对产品或者服务进行迭代升级。
第三步: 市场调研	1. 确立销售的目标人群及市场对产品的需求度。 2. 产品在市场的优劣势分析。 3. 产品价格的接受度。
第四步: 产品销售	1. 制定销售计划。 2. 确立销售渠道。
第五步: 财务管理	1. 融资(发售股票)。 2. 进行财务统计。 3. 制定财务报表。
第六步: 清算公司	1. 各公司完成年度报告。 2. 工资发放、股金分配。 3. 优秀员工表彰。 4. 收益捐助,完成公司的社会责任。

（二）第二学期的任务

1. 各艺术课程社团的学生进行产品发布、展示及评选，选出最受欢迎的产品。
2. 针对研发的产品进行产品推介，根据市场反应对产品进行调整。
3. 融资和股权的制定阶段。学生展示各公司的商业计划书，学生根据对商业计划书的评估进行投资，成为公司股东，共同承担创业的收益和风险。
4. 制作产品广告，确定销售渠道。决定现场销售还是网上销售：现场销售需要联系商场管理方，网上销售需要建立网店，并学习如何建立和管理一个网店。
5. 产品贸易阶段。确定销售场地，联系商场管理方并进行沟通。
6. 完成各公司的年度报告。
7. 清算公司。根据年度报告，学生对公司财务进行清算，分发工资与根据股份进行分红。

案例分析：吴淞中学在生涯教育的实施过程中，始终坚持以互动式、体验式为特色，帮助高中生在社会发展的坐标系中找到自己的位置。上述社团活动尝试着将社团已成熟的经济课程与学校的艺术课程相融合，把创新、创业理念更加具体地呈现在高中生的学习和生活中，从实践、体验出发，培养学生的职业构建、责任创业、金融素养和可持续发展等方面的品格和能力，满足学生未来发展的需要。

学生未来要进入的社会是一个经济社会，让学生尽早认识和体验社会中的经济活动，在工作生活场景中学习学科知识，通过创新让艺术、科技相融合，并有效推动非物质文化遗产项目融入现代生活是本项目生涯教育的重要任务。因此，该项目让学生学习经济理论，创办公司，把艺术作品变为商品，提升学生的学习兴趣，让学生在课程融合的过程中增强经济意识，同时体验创业的过程，提高合作、人际交往的能力。

第四节　注意要点

一、基准胜任力和内隐胜任力的辩证关系

在胜任力的模型中，基准胜任力是冰山以上的部分，主要包括岗位所需的专业知识和专业技能，可以通过职业培训等活动得到较快地提升；而内隐胜任力包含动机、情绪以及自我效能等，这个部分虽然不可直接观察到，但是它是可以通过外显的行为得以表现的，也就是说，基准胜任力的提升，与内隐胜任力有直接的关系。同时，内隐胜任力也必须要在个体达到基准胜任力的基础上，才能有效地发挥作用。因此，在中小

学的生涯辅导中,教师会更多地关注学生内隐胜任力的培养,但是学校也要创设更多的情境和机会,让学生得以提升并展示其基准胜任力,在获得更多的自我认知和他人肯定的基础上,不断促进其内隐胜任力的成长。

另一方面,不同类型的岗位对基准胜任力和内隐胜任力的要求也并不完全一致。相对而言,技术型的岗位,对基准胜任力的要求会更高一点,而管理型的岗位,对内隐胜任力的要求会更多。因此,对于不同个性特征的学生,学校在开展生涯辅导的过程中,要帮助学生更好地认识自己,并认识职业和岗位的不同胜任力要求,以做好符合自己特点的生涯管理,扬长避短,为未来的职业和事业发展做好规划。

二、现代社会的职业不确定性对人职匹配理论带来的挑战

现代社会,职业变化的速度越来越快,传统的职业在消失,新型的职业在不断地产生,运用胜任力理论对学生开展生涯指导,也是属于人职匹配的范畴。教师在引导学生进行自我探索和自我规划的同时,既要让学生不断地对照社会和企业对人才的标准,帮助学生比较清晰地看到自己的努力目标是什么,需要努力的程度是什么,同时也要让学生理解未来还有很多的不确定,有无限的可能,但唯一不变的能力就是适应变化的能力,这也是未来社会最需要的胜任力。

第十四章　交叠影响域理论与应用

生涯教育贯穿人的一生，囊括学习和生活的方方面面，是学生素质教育的一部分，也是社会发展的必然选择。这一切都需要家校共同参与，合力推进。家校如何合作实施生涯教育，并各自扮演怎样的角色，承担怎样的重任，需要确定和明晰。美国爱普斯坦（Joyce L. Epstein）教授提出的交叠影响域理论，着力打造以学生为中心、学校为主导，家庭、学校、社区各为主体、交互叠加影响的新型伙伴关系，这对提升孩子的教育抱负，促进孩子成长，提升家长育人水平，改善家校关系，进而提升学校教学和管理水平都有积极作用。该理论也势必会对生涯教育的深入持续推进起到积极作用。

第一节　时代背景

一、家校合作的历史[①]

人类文明早期，没有从事教育的专门场所和专职人员，教育通常在农耕、渔猎等社会实践中实施。工业革命前，家庭是孩子教育的重要场所，父母肩负主要教育责任，对孩子的教育和社会化是家庭附属的基本功能。19世纪前后，工业革命时期，越来越多的父母参与到生产中去，于是西方国家建立了政府主导下的公共教育制度与学校体系，学校成为孩子教育的主导机构。

1870年，英国政府颁布了《初等教育法》，家校合作思想出现了萌芽。1872年澳大利亚《教育法案》指出："每所学校应设有家长和市民代表的建议委员会，且该委员会必须有终止教师错误指导的权力。"这一法案体现了家校合作教育思想的萌芽。

---

① 秦望.家校共育,形成教育合力——家校合作的历史考察[J].新班主任,2018(3).

19世纪末至20世纪80年代是家校合作研究发展阶段。19世纪40年代美国出现了第一个民间家校合作组织"女子公立学校联合会",1900年还宣告成立了"家长教师协会"(PTA)。同一时期,其他西方国家也陆续出台了数十部家校合作的相关政策和法律文件。苏联著名教育学家苏霍姆林斯基也曾把学校和家庭比作两个"教育者",他认为这两个教育者要一致行动,需要志同道合。1966年美国的《科尔曼报告》和1967年英国的《普劳顿报告》提出,学校在学生学业方面并没有多少实际用处,家庭及其同伴的影响才是决定孩子学业成就的关键因素,要求家庭与学校在孩子学业水平方面应该肩负同样重要的角色。父母是潜在教育效益的主要来源,学校有义务鼓励父母参与到孩子的学校教育中来。

20世纪90年代至21世纪初期,西方国家开始进入知识经济时代,家校合作由此进入成熟阶段。在《科尔曼报告》发表后的30年间,美国的很多专家做了大量研究,从不同角度论证到底是学校教育还是家庭环境对孩子成长的影响更大。于是,大家开始意识到,既然家庭这么重要,与其反复争论是家庭重要还是学校重要,不如把家庭作为学校教育的一个基本组成部分纳入到现代学校制度里面去,把它作为一个校内校外相协调的机制予以考虑。至此之后,在美国形成了一个致力于家校合作研究的理论流派。1994年美国将家长参与学校教育纳入《2000年目标:美国教育法案》以及2000年发布的《不让一个孩子掉队法》中。美国还制定了"家校合作国家标准",家庭与学校合作的实践在美国也发展到一个较高的水平。同期,英、德、韩等国亦有相关法案出台。这些国家的家校合作政策,主要包括家长教育权利、家长参与学校教育、家长培训或教育、学校管理、教育改革等多个方面。

二、相关流派的产生

有关学校、家庭与社区在孩子成长过程中的作用与相互关系,从公共管理、生态系统理论到制度理论、社会资本、文化资本等,历来有很多的解释。总体来看,前期出现了三个流派。

(一)流派1:分离的(separated)流派

这些理论往往从迪尔凯姆的社会分工论出发,认为家庭与学校在孩子教育中只有分工才会达到最大效率。孩子在学校教育中的失败往往归咎于"流水线"上的某一方不力,代表性理论有责怪家长无能的"家庭缺失论"和责怪学校歧视的"教育机构歧视论"等。

（二）流派2：依序的（sequenced）流派

这类理论根据孩子成长阶段，认为孩子在学前、入学和进入社会三个阶段，依次是家庭教育、学校教育和社会教育发挥主要作用。其基本假定是前一阶段的成长状况是下一阶段成就的基础，家庭教育发生在学校教育、社会教育之前，是后期孩子取得成功的基础，所以非常重要。然而，一旦孩子进入学校，家庭就要淡出对子女的教育，因为这个时候，学校是孩子教育的主要责任者。

（三）流派3：嵌入的（embedded）流派

这类理论或观点从布朗芬布伦纳的生态系统理论出发，认为孩子成长受到一系列嵌套环境的影响。在这些系统中，系统与个体相互作用并影响着个体发展。社会资本、文化资本对孩子成长作用的研究大致可归入此类。

三、交叠影响域理论产生

美国约翰·霍普金斯大学的全美家校合作联盟研究中心主任兼首席科学家爱普斯坦教授对美国家庭、学校与社区关系进行了长期的调查研究。他发现，很多学校并没有做好和家庭、社区进行有效合作的准备。

传统的家校分离观点认为，家庭和学校在学生成长发展中的作用是独立的，并不产生交织，如家庭负责养育，学校负责教育等。"如果不能引导家庭和社区与学校建立持久的伙伴关系，势必会剥夺孩子受完整教育的权利。"伙伴关系的特质之一就是各方都要充分意识到家庭、学校、社区对孩子的成长都负有责任，并且能够为其成长创造更好的条件与机遇。爱普斯坦认为，在学校、家庭和社区三者之间建立伙伴关系不仅有利于改善学校教学，形成良好的氛围，而且能够为家庭提供服务和支持，提高家长的技能和领导能力，更重要的是，良好的合作关系能够帮助孩子在学校与未来生活中取得成功。

那么，这种合作伙伴关系到底是一种怎样的关系结构或存在样态呢？在实践中又如何去有效地设计、建构和推动展开？受布朗芬布伦纳的发展生态学理论和科尔曼的社会资本理论启发，经过多年研究，爱普斯坦在1987年提出了以"关怀"为核心的交叠影响域理论，作为家庭-学校-社会新型合作伙伴关系模式的理论分析框架。

交叠影响域理论的提出旨在以研究改善实践。爱普斯坦认为，与其陷入孩子成长中哪种因素影响更大的理论争辩，不如从改进实践的立场去建立家庭、学校和社区间的新型伙伴关系；与其静态解释家庭与孩子成长间的因果联系或一味地批判教育不平等再生产机制,不如从实践中去动态观察家庭、学校和社区的主动努力如何克服客观条件的不利影响。更为重要的是,家庭、学校与社区在孩子成长过程中主动、密切地合作,不但会提升孩子的教育抱负,促进孩子成长,而且对改良家校关系、提升家长育人水平、提升学校教学和管理水平等,都有积极作用。

第二节 主要观点[①]

一、交叠影响域的理论模型

交叠影响域理论以"关怀"(caring)为核心,构建了家庭、学校和社区三者的新型合作伙伴理论框架。

在理论中,爱普斯坦分别提出了一个外部模型和一个内部模型,如图所示(外部模型在左,内部模型在右,见图14-1)。

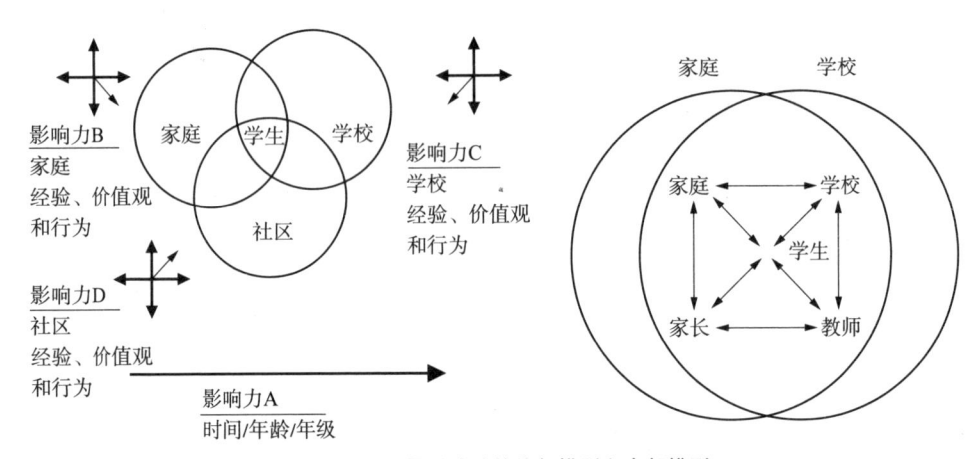

图14-1 交叠影响域的外部模型和内部模型

外部模型表达了以学生为中心,家庭,学校和社区三个主体之间的叠-离关系,认为家庭、学校和社区三者共同对学生的成长产生影响,影响中既包含三者独立的部分,也有三者交互叠加的部分。此外,三者影响的交叠区和非交叠区并不是一成不变的,随着时间以及学生的年龄和年级的变化,交叠区和非交叠区会发生动态变化。

---

① 张俊,吴重涵,王梅雾,等.面向实践的家校合作指导理论——交叠影响域理论综述[J].教育学术月刊,2019(5).

内部模型关注的则是各主体之间的关系和影响机制,这里的主体既包括机构层面(家庭、学校、社区)也包括个体层面(家长、教师、社区工作人员)。图中仅展示了家庭和学校的交叠区域,另外还有家庭和社区,学校和社区之间的交叠区域,另外非交叠区域之间也存在相互作用。

同时,爱普斯坦也指出,由于学校是教育发挥影响力的制度化机构,所以,学校在学校、家庭和学生三者的相互关系中起着主导作用。

二、交叠影响域的理论特征

(一)学生在家庭、学校和社区的交叠影响中处于中心地位

学生在教育中的主体性地位不容置疑,家校合作就是"关心我们共同的孩子"。这一提法为家校合作提供了动力机制,解释了为什么家长愿意参与到子女的教育中去,教师为何会在学校教育中接纳家长参与。学校、家庭、社区间的合作并不会简单地"生产"成功的学生,但交叠的影响可以吸引、引导、激励和激发学生追求成功。该理论还指出,学生也会在家校合作中发挥至关重要的作用,并反过来促进家校合作。比如,学生通常是家长获得有关学校信息的主要来源,学校要发展成功的家校合作,教师就需要帮助学生充分理解相关信息,使他们与家长进行有效交流。

(二)学校在家校合作中起主导作用

学校的角色很重要,学校不但决定了合作的内容,还决定其方向。它们很少(或拒绝)与家庭、社区合作,从而使三个直接影响学生成长的影响域保持独立。或者,它们也可能进行很多高质量的交流互动,把交叠影响域扩展得更大。学校、家庭和社区三者间的密切互动使学生可以从形形色色的人身上获得有关学校的、努力学习的、创造性思维的、互相帮助以及上学的重要性等观念一致的信息。

(三)家庭般的学校和学校般的家庭

交叠影响域用两个术语来巩固家校伙伴关系被激活的情形。第一个为"家庭般的学校",是指学校和教师都认识到家校合作的重要性,认识到孩子和家庭的个体差异,积极地谋求来自全体家庭的参与,并营造一个让学生和家长感受到家庭般的、受欢迎的气氛,"进学校就像回家一样",让他们感觉自己既与众不同又不是局外人。爱普斯坦指出,家庭般的学校欢迎所有家庭,并非仅仅欢迎那些易于合作的家庭。"家庭般的学校"也就是我们俗语所说的"师者父母心",即每个家长都希望老师像父母一样对待自己的孩子(而不只把他看作学生),发现他们的独特之处,为他们的进步感到高兴。

另一个术语为"学校般的家庭",这种家庭视每个孩子为学生,强调家庭中的环境、在家学习、培养学生技能以及成长体验的重要性,父母、兄弟姐妹和其他家庭成员一起开展乐在其中的教育活动。对家长来说,这一术语暗含了家长在家扮演教师角色,积极支持教师的工作,从而促进子女学习,也暗含了要求子女在家,也要像在校学生那样表现。

可以想象,如果"家庭般的学校和学校般的家庭"完全达成的话,那么"5+2=0"(即五天的学校教育与两天的家庭教育相冲突,减弱了对孩子的教育效果)现象就不复存在。

(四)学校般的社区和家庭般的社区

这里的社区既包括家庭所在的社区,也泛指影响孩子成长的社会环境。在社区与学校交叠部分,意指创造学校般的环境,提供一些活动和项目,以此促进学生成长,并认可他们的进步、创造力和贡献。在社区与家庭交叠部分,表明社区也创造家庭般的环境,提供一些服务和活动,以使家庭能够更好地支持孩子。需要注意的是,三者的交叠是相互的,也就是说,有社区意识的家庭和学生会帮助其他家庭。当所有这类概念结合起来时,学生就能体验学习型社区和有爱心的社区。这与"大教育观"的视野一致,努力构建社会、家庭和学校三位一体的学习化社会和终身学习环境,努力实现"教育的社会化"和"社会的教育化"。

三、交叠影响域理论对生涯教育的启示

(一)家庭开展生涯教育的优势

1. 得天独厚的环境优势

个体从出生到独立生活,成长过程中的大部分时间都是在家庭中度过的,会有一个相对较长的对家庭生活的依附期。在这期间,孩子的全部生活始终与家庭小集体有密切的联系,家庭教育对孩子的一生起着持续的、潜移默化的作用。而根据生涯发展理论,个体生涯发展从0岁开始,经历成长、探索、建立、维持和衰退五个阶段,贯穿人的一生,家庭能够全程参与孩子的生涯发展,保证了生涯教育的系统性和连续性。

2. 家长角色的独特优势

亲子之间的血缘关系、抚养关系、情感关系具有天然性和密切性,家庭成员根本利益更具一致性,这决定了家长最有机会了解孩子,最有机会创造促进孩子成长的条件,对于孩子的生涯探索、生涯发展有着特殊的帮助。而且家长也是这个世界上最关注孩

子发展、最希望成就孩子一生幸福的人,这与生涯教育促进人终身发展、追求自我实现的理念不谋而合。

3. 生涯教育的资源优势

家长的生涯发展可以成为子女的生涯启蒙,而且家长可以树立生涯发展的榜样,给予孩子成长的启示。如生活中常见的中医世家、书香门第等,都是家族生涯发展的传承。此外,家庭这个基本社会组织机构里有着丰富的社会关系网络,孩子在这些社会关系的互动中,接触各行业的人士,能获得更多的生涯认知和体验的机会,有助于开展生涯探索。

(二)家庭开展生涯教育的价值意义

1. 引导孩子树立生涯意识

家长要意识到,随着社会的进步,孩子潜能的发挥,使他能找准自己的发展方向,提高生命质量,获得未来幸福。这个过程就是生涯规划和管理的过程,孩子的发展就是谋划未来、自我栽培的过程。在此理念的基础上,家长要逐步引导孩子认识、了解生涯规划,培养生涯规划的意识,学习如何开展生涯规划。如在孩子小的时候就为其建立生涯发展档案或成长日志,可以在上面记录孩子每天的努力和探索、每天的成功和失败,同时也可以记录灵感的火花和每一阶段的计划,从而收集并分析他们的成长历程、学习成果、心理发展等。这有助于家长对孩子的了解和认识,把握孩子的发展现状,也能让孩子初步清晰地认识自己,看到自己每一步的成长历程和努力方向,有意识地确立下一步的目标,逐步展开生涯发展。同时,家长要跳出狭隘的学业观,不能孤立地安排孩子每一阶段的学习,而要将孩子的学习过程与其一生的发展联系起来,让孩子感受生涯规划的意义和价值。

2. 协助孩子探索内在自我

生涯规划建立在个体对自我全面、深刻的认识和分析的基础之上,要对自己的兴趣、爱好、能力、价值观等个人特质进行综合分析与权衡,需要充分考虑自身的主客观条件和资源。家长与孩子有亲密接触的机会,可以在日常生活中关注孩子的个性特征、行为方式,引导他们学会自我剖析,认识自己的优势与不足。通过课程学习、亲子活动、游戏、才艺培训等发现和挖掘孩子的兴趣爱好,引导他们把兴趣爱好发展成特长。同时,家长还可以就一些具体的生活事件,有意识地多与孩子交流这样一些话题:你经常和你同学讨论的话题是什么?逛书店的时候,哪类书最吸引你?你最喜欢学校的哪门课程?你最向往的生活是什么样的?以培养孩子的自我觉察和生涯觉察能力,促进其自我探索,形成正确的自我意识,为生涯抉择奠定基础。

3. 助力孩子深入体验职业

很多学生对社会、职业缺乏直接的认知和体验,导致在进行生涯规划时很难将自身条件和社会发展、职业要求联系起来考虑。因此,家长要让孩子积极参与社会实践,通过参与各种活动接触社会、体验生活,感受社会的变迁、发展。同时,家长可以充分利用自身资源让孩子接触到各行各业的工作者,帮助他们形成初步的职业意识。可以让孩子进行职业体验,年龄小的可以参与一些融入工作场景的益智游戏,如职业体验、角色扮演,让孩子在游戏、模拟场景中初步体验职业;而年龄稍长的孩子,则可根据其身心发展水平,让其利用假期在一些真实的职业岗位上进行职业锻炼,去实践和验证他们在某个领域的兴趣、能力,切身感知职业要求,为升学、就业、人生目标的确定奠定基础。

4. 培养孩子的生涯管理能力

生涯规划是个体对人生发展做出合理抉择并自主管理的过程,因此个体的自我选择、自我调整、自我管理能力就显得非常重要。家庭教育中要重视这些能力的培养,帮助孩子真正实现生涯梦想。

为培养孩子自我选择、自我调整的能力,家长首先要学会放权,在家庭事务中要让孩子参与决策,不要凡事都替孩子拿主意。在孩子的成长过程中,从生活选择到学业选择家长都要在提供有效信息的基础上指导孩子自己做决定,学习科学决策的方法;引导孩子明白凡事都有利弊,一旦做出决定,就要坚定自己的选择,承担相应的责任,并在实践中自我调整。孩子一旦养成这种自我负责、自我担当的习惯,在随后的生涯规划中就能学会理性谋划自己的发展,在不同的人生阶段都能理性决策,自觉实现目标。

同时,生涯规划非常重要的一环就是生涯管理,包括计划、执行、问题应对、自我反思、自我激励等一系列自我管理能力。因此,在家庭教育中,家长要有意识地指导孩子根据自己的发展方向分解目标,明确每一阶段的任务,制订合理的计划,科学高效地管理时间,提高自己的执行力,让生涯梦想逐步变为现实。在生涯推进的过程中,当孩子遇到困难和挫折时,要帮助他们冷静分析、自我反思、自我激励,学会建设性地处理问题,真正发挥生涯规划的人生发展导向作用。

第三节 实践应用

家庭开展生涯教育大有可为,运用交叠影响域理论去实施家校协作的生涯教育,更是势在必行。

一、家庭开展生涯教育的策略路径[①]

实践应用建议一:家长单位体验

单位是每一位职业人长期工作的场所,也是一个充满浓郁职业文化氛围的"家"。深入到单位这个具体的地方,观察和体验家长一天的忙碌,对孩子的启发会尤其大。

开展"跟随爸爸妈妈去上班"活动,让孩子利用双休日、节假日、寒暑假等课外时间走进家长单位,体验上班的感觉。出发前,孩子制定任务单,包含观测点和访谈问题"去上班",有任务不盲目。

在家长单位里,孩子可以接触不同的职业岗位,身临其境地进行实践体验。在一次次体验活动中,他们不但可以近距离观察,还可以亲自上阵体验,成为心灵手巧的木匠、裁缝,可敬可亲的教师、医生,英姿飒爽的警察、军人,正义凛然的法官、检察官,亲民和气的村官、老总,勤劳能干的花农、果农。他们可以通过参观、互动、体验等形式,接触不同的职业领域和岗位,了解不同职业所需的素质和规范,体验父母工作的快乐和艰辛,也感受父母对于自己职业的热爱和责任,进而思考如何使自己的人生更有价值,如何为国家的发展、社会的进步作出自己的贡献。

实践应用建议二:家长职业访谈

家长职业访谈是巧妙利用父母的职业对子女进行有效的家庭教育的有益尝试,比普通的道理说教无疑更有成效,让孩子们初步了解了未来生涯发展对自己的要求。

孩子拟定访谈提纲,甚至可以开发制作访谈工作手册,包含职业名称、工作内容、工作目标、收入水平、辛苦程度、工作前景、入职门槛等,每个学生还可以自行设计感兴趣的问题。学生可以利用和父母接触的时间,对父母进行直接的访谈记录;部分学生还可以拓展家长的范围,访谈祖辈家长、其他亲友甚至其他同学的家长。对于留守孩子而言,他们可以通过电话、网络等形式访谈自己的父母。

---

① 魏超波.小学留守儿童生涯辅导的实践探索——以上海市崇明区实验小学为例[J].江苏教育,2018(48).

家长职业访谈活动一方面拓宽了孩子的生涯视野,对他们的生涯发展有启发,同时也增进和改善了亲子关系。对处于青春期叛逆期的孩子而言,他们因为生涯教育而与父母有了可以深入聊的话题,减少了对立情绪,家庭教育比说教更有成效;对一些贫困家庭孩子来说,子女真切地体会父母工作的艰辛不易后,他们的学习动力会更强;对于富裕家庭孩子而言,他们在探寻父母生涯之路后,可以树立更加高远的人生目标。

实践应用建议三：家长资源拓展

每一位职业人都拥有多种社会角色和多类人际关系,每一个关系都能指向一个职业人,而这个职业人又有自己独特的职业体验资源。六度空间理论认为：最多通过六个人你就能够认识任何一个陌生人。因此,从理论上来说,家长通过人际资源的不断拓展延伸,最多延伸六次,就可以找到任何一种职业体验资源为自己的孩子生涯发展服务。

家长开展连环推荐的生涯教育游戏：将自己的朋友、同学、同事等"朋友圈"的职业进行梳理归类,由孩子自己去选择一个或多个职业人,经家长的沟通协调,孩子设计问题去访谈,或参加这个职业人提供的职业体验活动。

孩子还可以这样做：访谈一个感兴趣的职业人A；访谈结束后趁热打铁,让A推荐2—3个熟悉的且有趣的职业人；孩子选择其中一人B,告知是A的推荐,然后进行访谈；然后B再推荐2—3个有趣的职业人；孩子选择其中一人C再次进行访谈……这样的活动可以一直进行下去,孩子们的职业视野会扩大很多,这对他们认识广阔的职业世界,开展生涯规划非常有帮助。这种活动也能够锻炼他们与人交往的能力。

二、家校协作开展生涯教育的策略路径

实践应用建议一：为家长开设生涯教育培训课程

每所学校都非常重视定期召开的家长会。但一提到家长会,无论是学生,还是家长,都会产生一些恐惧或厌烦的心理,因为传统家长会的内容只有一个,就是教师汇报学生的成绩和平时的表现。成绩好的学生受到了表扬,学生和家长都会开心；而成绩不好的、调皮捣蛋的学生就会很害怕,其家长也会觉得很没有面子。这样的家长会不能很好地起到桥梁纽带的作用。

其实,家长会上,除了常规的信息沟通,学校还可以借此机会,利用本校的生涯指导师或邀请生涯教育专家,按照一定的专题系列,分阶段实施不同的生涯教育培训课程,让家长了解实施生涯教育的价值和能力,提升家长的生涯教育意识。家长参加家

长会每次都有收获,利用生涯教育这个新的抓手,他们在家庭教育中可以启发孩子开展生涯教育实践,和孩子有更多的沟通话题,家庭教育效果会更好。

实践应用建议二:家长委员会讨论决策

家长委员会是由家长代表成立的组织,是增进学校与学生、家长之间沟通的桥梁。每所学校都有校级家长委员会,部分学校还有年级或班级家长委员会。家长委员会(简称家委会)的任务一是为学校的发展献计献策,二是为学校发展创设有利环境,三是协助开展家庭教育和家长教育。但在实际操作中,家委会多是列席鼓掌的角色,能真正参与到学校工作中的机会还是比较少的。

其实,能进入家委会的这些家长一般都具备较好的服务意识和沟通能力,也是各自单位中的优秀工作者。学校可以发动这些家长宣传生涯教育的重要性,并请他们带头配合开展生涯教育活动。通过集体讨论,共同决策,形成可操作的家庭生涯教育实施方案。家委会成员率先示范实施,"星星之火,可以燎原",在他们的带动下,全体家长必能感受到生涯教育的价值和意义,积极配合与参与学校组织的各项生涯教育活动。

实践应用建议三:网络平台沟通交流

网络和即时通信是现在飞快发展的交流工具,可以突破时空限制,快速便捷地实现家校沟通。目前学校常用的网络平台有学校网站、微信公众号、班级微信群等,利用这些平台最常做的事就是发布学校活动通知或班级活动信息,内容一般比较单一。

其实,学校可以借助各种网络平台开展突破时空的生涯教育指导。如可以利用学校网站、微信公众号为生涯活动宣传预热,对已开展的生涯活动进行报道总结,还可以利用家长微信群、QQ群等工具,告知学校即将开展的生涯教育活动,发布注意事项与具体要求,并与家长及时交换意见,提供更快捷、更准确的专业指导。而且由于网络平台可以突破时空限制,教师可以及时和家长交换意见,沟通交流如何将生涯教育做得更细、更实、更有效。

实践应用建议四:家访指导居家学习

以往,教师进行家访的目的就是要让家长了解孩子在学校各方面的表现,从而取得家长的支持与配合,更有效地帮助学生成长,完善教学工作。然而,在家访时,有的教师却在家长面前只讲学生的缺点,导致有些家长会打骂孩子,这使得学生越来越惧怕教师家访,亲子关系也会受到影响,学生的学习习惯和学习成绩改善并不明显。

教师在家访时,应该多学习一些语言沟通的技巧,并尝试以生涯教育为主要切入点,与家长商议如何与学生讨论人生梦想,激发生涯意识,扩大生涯视野,增强生涯能力,最终以生涯带动学涯,让学生逐渐形成清晰的自我意识和良好的学习习惯,家访重点的更新最终促成家访效果的提升。家长根据教师家访提供的个性化建议,可以在家创设激发孩子探索自我和社会、探索现实和理想的情境,促进孩子生涯发展。

实践应用建议五:职场开放日及社区参与

很多学校每年都会设置若干天为校园开放日,大多是进行学校日常教育或特色教育的展示,一般会邀请家长参加,使其了解学校教育,增强对学校办学质量的信心。

其实,学校也可以设置"职场开放日",家长由被动的参观点赞者转变为主动的设计实施者,受益对象主要还是学生。学校将不同的教室分设成不同的职业分享场所,邀请不同类型职业的家长到校与学生面对面交流。每一个分享场所由相同职业的若干不同职位、不同职务、不同职责的家长组成行业专家团队,接受学生的咨询。这种一对一的交流有利于更好地解答学生的困惑,不断强化"职业理性"的过程体验。学校还可以将部分职业分享场所设置在附近社区,邀请孩子和家长去体验和实践,增强对社会的认识和对学校生涯教育的认同。

实践应用建议六:家长生涯教育志愿课程

每一个家长从广义上来说都是职业人,他们的日常工作都有值得学习和借鉴的地方,他们的成长历程故事都有值得学生汲取的生活智慧。

学校调研学生家长的职业背景,建立家长资源库,依托家委会与相关家长洽谈,聘请他们担任学校生涯教育志愿者,指导他们开发生涯课程。学校不定期组织家长开展生涯课程讲座,为班级、年级甚至全校学生分享各自行业、职业的精彩。每一位受聘的家长都做了充分的准备:有的做了精美的PPT,有的搬来了全套的职业装备,有的准备了互动道具,有的还特意准备了精美的礼品发放给孩子们。警察都有什么类型,各自都是做什么的? 医生的一天是怎么度过的? 法官是如何审理案件的? 酒店的餐桌是如何布置出来的……生涯教育家长讲师们把自己从事的职业知识介绍给学生,用自己的职业故事,帮助学生初步了解职业的性质、内容和特点。此外,学校还可以邀请不同领域的家长,录制8—10分钟的职业介绍微课,通过积累逐步建立和完善比较丰富的生涯课程体系,满足学生的个性化需求。

第四节 注意要点

运用交叠影响域理论实施家校协作的生涯教育,更多是基于学校立场去探究如何开展活动,无论是在观念方面还是实践操作方面,都具有很大的说服力和影响力。但也存在以下问题,值得注意。[①]

一、厘清各方责任边界

目前关于教育的主体观可分为单主体观(家庭或学校为主体)、双主体观(家庭和学校都为主体)和多主体观(家庭、学校、社区同为主体)。基于交叠影响域理论,并结合实际,我们认为,家、校、社是多主体共存的关系,在实施生涯教育过程中,要共同发挥各自的主体性,但三者又不是平面化的并列关系,这种主体间性以交互、叠加、生态为特征。

(一)存在的问题

现实中,常存在主体缺位、主体越位等"不平衡"现象。缺位指家庭或学校没有发挥应有的作用或责任完全缺失,比如家长会认为孩子的生涯发展应该由学校负责,理所应当地认为将孩子交给学校自己就没有教育责任了,没有认识到家长在引领孩子认识自我、探索社会、规划未来方面的重要作用。学校若认为孩子梦想的培养是家庭的事,教师只需要对学生的成绩负责,就会造成学生学习动力的缺乏。越位则表现为家庭、学校或社会在合作过程中出现的权利僭越现象。在实践过程中经常会发现,有些家长在参与学校事务的过程中失度,他们以家校共育为"契机",对学校的正常教育活动横加干涉,影响正常的教学秩序。或者正好相反,教师利用权威对家长"发号施令",要求家长和社会无条件配合学校工作或"让家长过多地进入班级代替自己的部分工作",无形中压制了家庭与社会实现自身权责的主动性。

(二)对策建议

为了平衡好主体关系,一个重要的前提就是要明确各方的责任边界。交叠影响域理论的外部模型告诉我们,家庭、学校与社区发挥的作用并不相同,它们之间可以相互结合也可以相互分离,划分基本的责任边界很有必要。具体来说,家庭能够起到引领

---

① 唐汉卫.交叠影响域理论对我国中小学协同育人的启示[J].山东师范大学学报(人文社会科学版),2019(4).

示范的作用,家长的参与合作可以帮助孩子发现自己的内在动机和优势潜能,家长的身份更应像是孩子行为的督导者和榜样。

学校是专业的教育机构,在家庭、学校、社区与学生本身相互关系的建立中应发挥主导作用。"学校有良好的规划、周到的实施、精心设计的活动和有针对性的改进,越来越多的家庭和教师可以因孩子这一共同利益体而相互合作。"社区的责任主要是"为学生的学业成功提供学校和家庭以外的各种资源",它在促进个体社会化,确保学生在社会各领域取得成功方面发挥重要作用。负责分工的协同,这样才能在助力孩子生涯发展过程中各就其位、各尽其力、各负其责。

二、建立平等协作关系

主体间平等协作是构建和谐的家-校-社关系,最大限度发挥合力的基础和前提。所谓平等协作,是指家庭、学校与社会在遵循平等原则的基础上进行协同合作。家庭、学校、社会是基于共同愿望而自主建立起来的教育共同体,彼此之间的关系决定着生涯教育的形态与作用力的发挥。

(一) 存在的问题

交叠影响域理论强调,学校拥有决策的主导权,但同时也强调家庭、学校和社区三者在合作伙伴关系中是平等的成员。平等与主导的关系很容易导致误解,即认为平等与主导是矛盾的,其实,二者并非对立。主导旨在表明因分工与作用性质的不同而表现出的一定的倾向性,由学校统领并推动生涯教育的整体发展。平等是指三者的地位和权利,在生涯教育过程中,没有哪一方享有绝对的优先权,从而要求他者服从或者隶属于另一方。平等协作的另一层含义是指主体参与的程度和广泛性。爱普斯坦通过调查发现,因阶层、经济条件、受教育程度的差异,在生涯教育实施中家庭的参与度呈现出分化状态,那些社会地位较低的家庭往往因被"边缘化"而缺乏合作的愿景与自信,表现出自我退缩的倾向。这样,弱势家庭参与平等协作的力度就不够。

(二) 对策建议

为实现全员参与,学校应致力于构建一个均衡的合作体系或合作项目,以增强所有家长参与教育活动的意愿与信心。如在开展专家讲座和培训时,注重对贫困家庭和隔代抚养家庭的教育指导,多听取他们的意见和建议,确保每个家庭都可以完成生涯教育任务;在对家长进行相关培训的过程中,既要多借用优势家庭的各项资源,请家长做好带头示范,也要多发现弱势家庭的特点或优势,让这些家长感觉自己也可以给孩子们带去独有的课程。这些无差别活动的实施,能消除处于边缘位置家长的顾虑与隐忧。

三、完善互动联结机制

构建一个以学生为中心、以学校为主导、家庭与社会共在共生为样态的交互式合作体系。从交叠影响域理论的理论模型可知,要形成持久且均衡的育人运行体系,离不开各主体之间相互协作、相互支持以及协调机制的完善。有效的生涯教育实施机制需要达到异质互补、同质共进、平等互融的效果,还需要有一定的机制支持和保证。

(一) **存在的问题**

从我国生涯教育的实施现状来看,当前还属于低层次的、松散的状态,没有真正形成合力。当前的家校合作陷入低效能困境,主要表现为多数家长仅乐于参加与子女学习表现有关的活动,对学校和教师提出的其他领域参与要求则颇有微词。尤其是刚刚兴起的生涯教育,很多家长还没听过,不理解、不支持。

(二) **对策建议**

为改变家校社协作的形式化、低效化、救急式困境,根据交叠影响域理论的实践模式,我们需要健全家校协作机制。首先,构造一种有效的双向交流机制,及时了解家长的教育需求,疏解家长的抵触心理,拓展家校合作的内容和渠道。学校可以开发体验式家庭教育课程,帮助家长在体验式的情境中学会帮助孩子深入了解自身特点,深入探索社会职业,做出抉择和未来规划等,提高家校之间的协作效能;也可以邀请家长以志愿者、家长代表的身份参与学校各类活动,如参与课程的开发、建设和实施,为学校管理提供志愿服务和职业资源等。其次,以家庭、学校与社会的行动实体作为组织保障,突出合作的计划性和策略性。家委会、校委会以及家长学校在运作时,需要作长远的规划,既要关注生涯教育成效的预设性,也要关注生涯教育过程中的生成性,确保工作机制运行过程的完整性。

第十五章 生态系统理论与应用

布朗芬布伦纳(Urie Bronfenbreneer)将生态心理学的理念应用到发展心理学中,提出了生态系统理论。他将个体发展的环境系统分为四个层次,即微观系统、中间系统、外部系统和宏观系统,这四个系统层层嵌套。另外,个体发展还有纵向的时间维度,也就是时序系统。这些环境系统与人的发展产生交互作用。将生态系统理论应用到中小学生涯教育中,可以从学校生涯教育与家庭教育相结合、学校生涯教育与社会活动相结合、学校在家庭与社会合作中的中介作用三方面开展。

第一节 时代背景

一、生态学、生态系统与生态观的演变

随着人类文明的前进,生态学的概念也逐渐发展。传统的观点认为,生态学是探索生命适应演化和自然界物质与生命相互关系的生物学分支学科[1]。早在19世纪60年代,德国生物学家恩斯特·海克尔(Ernst Haeckel)首次提出了生态学的概念,即生态学是研究动物及其有机及无机环境之间相互关系的科学[2]。进入20世纪之后,生态学所涉及的领域由动物学扩展到植物生态学,研究的内容更加广泛。20世纪30年代,英国生态学家阿瑟·乔治·坦斯利(Arthur George Tansley)首次提出了生态系统的概念。根据坦斯利的定义,生态系统是指一定时间和一定范围内,由生物成分和非生物成分组成的有一定大小,执行着一定功能,并能自我维持的自然实体中,生物成分与非生物成分之间,通过能量流动、物质循环和信息传递而相互作用、相互依存。任何

---

[1] 周道玮,盛连喜,孙刚,张喜军.生态学的几个基本问题[J].东北师大学报(自然科学版),1999(02).
[2] 吴鼎福,诸文蔚.教育生态学[M].南京:江苏教育出版社,2000.

一种成分或过程的破坏和变化,都将影响系统的稳定和存在。自然界中的生态系统多种多样,大至整个生态系统,小至微小细胞,都可以被认为是生态系统。① 这就将之前的动植物生态学的概念进行了进一步的扩充和发展,将生物和非生物成分相结合,形成了一个系统式的概念。

随着科学和社会的发展,生态学渐渐突破自然科学的学科局限,开始研究人与自然、社会的关系,开始了生态学向人类生态学、生态观的转向。生态观是生态系统的整体性观点②,是研究人与自然的普遍相互作用,是人们用生态系统的思维,去认识世界的一种理论视野和思维方式。

二、格式塔心理学流派的产生和进一步发展

19世纪末20世纪初,格式塔心理学流派渐渐形成。格式塔是德文"Gestalt"一词的音译,本意是指形式、形状或一种被视觉分离出来的整体。它有两种含义:1.事物具有特定的形状或者形式;2.指一个实体对知觉所呈现的整体特征,即完形的概念。③ 因此,格式塔心理学又被称为完形心理学。格式塔心理学受到物理学"场论"的影响,并尝试用这种思想对心理现象和机制进行解释。

格式塔心理学家勒温(Kurt Lewin)以整体性原则来研究人的行为和动力。他强调人与环境的关系和相互作用,突出人的情感、意志和人格会受到环境的影响。他的理论认为:人是一个复杂的能量系统,它在外部环境的包围与影响下,存在着一个由E(准物理、准社会和准概念的事实所组成的心理环境)和P(需要、欲望与意图等)构成的LSP(心理生活空间,也就是心理动力场)。④ 他认为,人的各种行为都是外部环境通过人的自我状态和心理环境两种力量相互作用所构成的心理动力场产生的。他提出了一个公式,$B=f(PE)$,即行为是个人和环境的函数。他强调,行为因个体和环境的因素而变化,不同的个体对同一环境可以产生不同的行为,同一个个体在不同情况下,对同一环境也可以产生不同的行为。⑤ 勒温在1944年发表了一篇题为《心理生态学》的文章,将心理活动与环境、生态的概念结合起来,引发人们思考环境、生态对心理学研究对象的影响。勒温提出的生态心理学的理念,是富有创新性的,给人们提供了

---

① 参见江迟.基于生态系统理论的中国高校社会工作管理研究[D].武汉大学,2017.
② 贺祖斌.高等教育系统的生态学阐释[J].黑龙江高教研究,2012(12).
③ Koffka K. Principles of Gestalt Psychology [J]. A Harbinger Book, 2005(5).
④ 刘宏宇.勒温的社会心理学理论评述[J].社会心理科学,1998(01).
⑤ 库尔特·勒温.拓扑心理学原理[M].高觉敷,译.北京:商务印书馆,2004.

一个不同的视角去看待人的心理和行为活动。

  勒温的学生罗杰·巴克(Roger Barker)继续了生态心理学的研究,提出了行为背景(behavior settings)的概念。行为背景是由行为和环境的持久模式组成的动态结构,它是自然发生的、整体水平的、一个环境的单位,同时又能够被参与其中的个体所感知意识到[①]。巴克强调行为与环境的交互作用,即环境的改变会影响一个人的行为,而一个人的行为改变也会反过来影响环境的变化。

  至此,生态系统的概念发生了泛化:从自然科学的视角来看,生态系统是一个生物学概念,指的是生物与非生物之间的联系和作用;从人文科学的视角来看,生态系统与心理学、社会学相结合,尝试以生态观的角度去解读人的个性、行为与其生活环境和生命历程的关系。

第二节 主要观点

一、生态系统理论概述

  发展心理学家尤里·布朗芬布伦纳(Urie Bronfenbrenner)将生态心理学的理念应用于发展心理学中,提出了生态系统理论(ecological systems theory)(又称人类发展生态学理论、生物生态学理论)。他认为儿童的发展受到一系列环境系统的影响,在这些环境系统中,不同的环境与个体相互作用,最终影响儿童的发展。与之前的生态心理学家不同,布朗芬布伦纳将环境进行了系统分类,认为不同的环境相互嵌套,一个大系统中包含了不同层级的子系统。个体的发展则是受到不同的直接环境或间接环境的影响,而环境与环境之间也会相互影响。

二、四个系统

  布朗芬布伦纳将个体发展的环境系统分为四个层次,即微观系统、中间系统、外部系统和宏观系统[②]。这四个系统层层嵌套,微观系统在最内部,其次是中间系统和外部系统,宏观系统在最外部。具体可见图15-1。另外,个体发展还有纵向的时间维度,也就是时序系统。这些环境系统与人的发展产生交互作用。

[①] 杨晓辉.生态心理学家巴克及其行为背景理论评析[C].//中国心理学会.第十三届全国心理学学术大会论文集.2010.
[②] 谷禹,王玲,秦金亮.布朗芬布伦纳从襁褓走向成熟的人类发展观[J].心理学探新,2012(02).

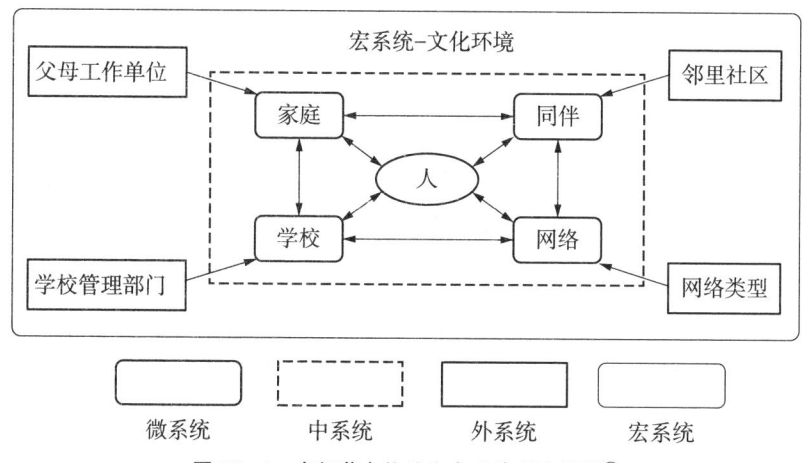

图 15-1 布朗芬布伦纳生态系统理论模型①

（一）微观系统

微观系统指的是包含个体在内的，与个体直接互动的环境，如家庭、学校、同伴等。比如，儿童的家庭是与儿童直接互动的环境，儿童可以通过与家长的互动影响家庭环境，而家庭环境也会对儿童的发展产生影响。微观系统与个人是一个双向的交互过程。

（二）中间系统

中间系统是指两个或两个以上多个环境之间的相互作用与联系。这些环境之间的联系与变化都会对个体的发展产生影响，可以说是微观系统的系统。如，家庭和学校之间的联系与变化，或者是家庭与同伴之间的联系与变化，会对儿童的发展产生影响。

（三）外部系统

外部系统与中间系统类似，也是由两个或两个相互关联的系统构成，但是与中间系统不同的是，它的范围更加扩大，至少有一个环境不是儿童直接参与的，如父母的工作单位、教育系统等。例如，某教育部门制定了相关政策，对学校的工作有了一定的影响，那么会间接影响到儿童的发展；又如，儿童父亲的工作单位取消了日常加班，那么父亲在家陪伴时间增加，也会影响儿童的发展。

---

① 刘杰,孟会敏.关于布郎芬布伦纳发展心理学生态系统理论[J].北京:中国健康心理学杂志,2009(02).

(四)宏观系统

宏观系统指的是主流的信念和意识形态,是整个文化或者亚文化以及社会价值取向。这也会潜移默化地对儿童的发展有一定的影响。

概括而言,生态系统理论把人的社会环境如家庭、机构、团体、社区等看作是一种社会性的生态系统,强调每个人的生存环境应该是一个完整的生态系统体系,即由一系列相互联系的因素构成的一种功能性整体。

同时四个系统之外还有一个时序系统,是一个时间的纵向维度,指的是环境社会历史事件、个体重大生命事件对个体发展的影响。

第三节 实践应用

在中小学生涯教育中,布朗芬布伦纳的生态系统理论可以在强调课题发展的时候,帮助学校去思考如何利用各个子系统,拓展学校教育的局限性,进而与各个子系统合作交流,构建一体化的学校生涯教育。

一、生涯教育中家校协同

家庭环境对学生的发展起着至关重要的作用。父母是孩子的第一任老师,家庭中的知识文化、父母榜样、沟通方式、教育策略对学生生涯观念的形成有着奠定基础的作用。学校与家庭合作开展生涯教育,培养家长的生涯教育意识,充分利用家长的生涯资源,对学生生涯的发展有很强的促进作用。

学校与家庭开展合作,一方面可以通过不同的家校沟通模式,提升家长的生涯教育意识与能力,另一方面可以通过家校活动,如家长生涯课、家长职业访谈等,让学生了解家长工作的辛酸苦辣,同时引发学生思考自己的职业方向。

案例1 跟着父母去上班[①]

(一)活动目的

活动的目的不仅是为了增进亲子关系,更在于给孩子一个机会来了解自己父母所从事的工作,使孩子有机会接触到成人的世界,了解真实的社会如何运作,理解劳动的价值与意义,同时也打开孩子们对自己未来的想象之门。

---

① 本案例由上海第二工业大学附属龚路中学陈研老师提供。

通过本次活动,孩子们能够在体验父母的工作生活的过程中,对父母的职业有一个初步的了解,为将来的生涯发展方向奠定基础。

(二) 活动主要内容

在寒假或暑假中任选一天跟随爸妈(或其他家人)去上班,并记录下相关内容,如:上、下班时间,工作内容,职位,上班花费的时间和使用的交通工具等。

假期结束后,将学生的职业体验记录下来,并将优秀作品进行分享和发表。

(三) 学生活动后感悟

学生一:

这次活动使我感触很深,让我体验了生活和人生以后的道路,虽然工作量不大,可每天都要承受的事情却数不胜数,每天起早晚睡使得父亲有着浅浅的黑眼圈和红血丝。每星期还要进货,每晚还要把整间理发店清扫一遍,最后才能关门睡觉。在跟父亲工作的这一天中,我感受到了父亲一天的辛苦和付出。在这一天里,我跟父亲学会了如何去洗头、如何去吹头和如何去剪头。我知道了使用剪发工具的方法,我还体验了一次帮假人剪头发、吹头发和洗头发,知道了一些不同的染发膏的颜色和款式。我学会了如何经营一家店。

学生二:

在过年前寒假作业里有"跟着爸妈去上班"的活动,我与妈妈商量好,第二天我和她一起到她的单位上班。早上9点钟,我们到达了目的地——她的美甲店。到了店里,我帮妈妈打扫卫生,30分钟后我就觉得腰酸背痛了。打扫完卫生,妈妈给我安排了一张桌子让我开始招待客户,帮她们挂好外套,准备好她们想要喝的茶水。因为是新年前,有很多姐姐阿姨们过来装饰她们的美手,我刚照顾好一个客户很快就来了第二个,几乎是络绎不绝。

我本想妈妈的工作肯定是比较轻松的,但是,在跟妈妈上班的这一天,我看到的是她不停给客户做美甲美睫,连中午饭都不能及时吃。看妈妈这么忙我就拿起她的手机帮她以及同事点了她们喜欢的中饭,也给我自己点了个披萨。吃着手中的披萨,我不仅感慨父母赚钱的不易,也深深觉得我更需要把我自己的本职工作也就是学习做好,将来可以有一份自己喜欢热爱的工作,不仅可以报答父母,也可以为我们这个社会做一份自己的贡献。终于到5:30了,我可以下班了,但妈妈今天生意特别好,估计需要加班到22点。妈妈辛苦了!

案例分析:父母的工作单位对儿童青少年来说是其发展的外部系统,对其发展有潜移默化的影响。在日常生活中,学生很少有机会接触到父母的工作环境,该活动给学生一个机会,让其了解社会,更加了解父母。该活动让学生走进家长的工作环境,帮助学生初步建立职业的概念,是家庭教育与生涯教育的融合。

在活动中,学校要求学生将上、下班时间,工作内容,职位,上班花费的时间和使用的交通工具以及具体感悟记录下来,有助于学生反思自己家长职业的各方面要素,了解真实的社会工作是如何开展的,同时理解家长工作的价值与意义所在。

案例2　　　　　　　　　　　"爸爸妈妈进课堂"[①]

(一)第一步:广泛招募,积极动员

为充分挖掘家长资源,发挥家校合力,创新生涯体验活动的形式,我们在全校范围内开展了"生涯导师"招募活动。

学校在全校范围对家长进行招募,每位家长都收到了一份真挚的邀请函。邀请函里我们告知家长组织这个活动的目的是什么,生涯教育的内涵是什么,家长参与进来的意义是什么,动员家长们积极投入该项目。邀请涵一经发出,就有百余位家长加入到生涯导师的行列。

(二)第二步:培训家长,提升实效

首先,我们请家长给自己的课程取一个有童趣的名字,如《程序"猿"的生活》《叫我律师,别叫我包包大人》《和世界各地的人一起上班》《医生是怎样看病的?》《宜家的钱管家在管啥?》《神秘的空中交警》《比买东西更有趣的是卖产品》《我的使命是为你留住美好瞬间》《爸爸妈妈为什么要上班?》等等。

由于家长们没有上课经验,因而我们设计了一个结构化的框架,要求家长的每节课都包含三个要素:一天职业生活介绍、一次职业技能体验、一个职业故事分享。家长按照这样的思路去备课,能够使学生对这一种职业产生更深的理解。

(三)第三步:组织学生,自主选课

为了充分尊重学生的兴趣,提高学生的参与度,我们把传统的由一位家长给一整个年级一起做讲座的形式改成多位家长导师同时到学校,学生可以根据自己的兴趣进行选课的形式。这样,每堂课的参与人数在三十人左右,可以提升学生的体验性,也照顾到学生的个体兴趣差异。

我们将家长们的课程主题安排到相对合适的年级,并提早几天告知学生课程菜

[①] 本案例由上海市静安区第一中心小学汪珮琪老师提供.

单,邀请学生根据自己的兴趣进行自主选择。

(四)第四步:家长反馈,颁发聘书

课后,我们组织家长们进行了热烈的讨论,并进一步达成共识,促进家校合作。

家长们表示自己对这种形式的教育感触颇深,很高兴能有这样的机会和孩子们分享。比如,有的家长说:作为一名大学老师,我看过太多学生除了"上大学"就没有别的理想了,这也造成进入大学后学习动力不足,除了吃喝玩乐,不知道自己想干什么、能干什么、会干什么,而我们学校这次借助家长开展的生涯启蒙教育特别及时,特别有意义,可以使孩子们对未来充满期待和幻想,开始逐渐认识自己,了解自己的兴趣、能力和机会,甚至开始关注、探索职业的意义和未来的发展。

家长们回去后总结撰写了对这项活动的感受和思考,学校通过微信公众号对此活动进行了详细的报道,以便让更多的家长了解这项工作,并愿意参与进来。

为了保证家长生涯课程能长期有品质地开展下去,对于这些热心家长,我们向他们颁发了"生涯导师聘书",以确保长期的合作关系。

(五)第五步:学生反馈,促进完善

每位学生在课后会填写一张学习反馈单,从中我们可以了解学生的实际需求以及对该活动的评价。

通过反馈单我们发现,学生对家长课程的满意度非常高,对这种形式的课程很感兴趣,100%的学生都表示还愿意参加这样的家长生涯课程,甚至有学生表示"希望每星期都能上一节这样的课"。同时,学生们也提出了自己的想法和改进建议,比如,"希望能播放一些该职业工作状态的视频"、"我希望时间再长一些,了解更多内容"、"希望多一点实践"、"多一些互动环节"、"多讲一些小故事"。

案例分析:"爸爸妈妈进课堂"就是将家长的人生经验通过这一途径传达给学生们的一个过程,讲述者就是学生家长,学生在听讲的过程中感觉更亲切。

利用家庭这个生态系统中的角色,将家长请进校园,拓宽了学校的教育资源,开阔学生眼界,增长学生的见识,让学生能更好地认识社会。在生涯教育中,因为职业是多种多样的,每种职业要求的能力也各有不同。作为学校,为了能让学生更加充分地了解外部世界和社会,就要利用多种资源开展活动。家长成为学校的"生涯导师"这一形式,充分利用了资源,家长各自的经历和职业非常丰富,既弥补了学校教育教学资源的不足,也弥补了教师生涯视角不宽的短板。

学校组织"爸爸妈妈进课堂",也丰富了家庭教育的内容,让学生在职业生涯教育的过程中更多地留下父母参与的足迹,同时让学生在这一过程中更加深入地了解父母、促进亲子沟通交流。

二、学校生涯教育与社会活动相结合

社会环境泛指学校和家庭以外的企事业单位、社区等。提前让学生深入了解各个职业的现状,有助于学生对社会职业有一定的了解,反过来也会促进学生的自我认识,有利于学生生涯规划的形成。社会资源是对学校生涯教育的有益补充。利用好校外的社会资源,学校可以有更多途径去开展活动,让生涯教育更加贴近社会实际,获得更好的效果。

学校充分利用社会资源,可以将校外资源请进学校开展交流互动,也可以将学生带到校外开展实地参观体验。学校还可以利用学校周边与学校有关联的、有特色的社会资源,设计有特色的生涯活动。

案例1　　走进医药行业,体验白衣精神——进入中职校职业体验[①]

(一)探寻:合作模式

为探寻与职校生涯合作模式,上海市罗山中学相关负责老师走访参观目标学校,了解上海市医药学校历年开展职业体验的组织形式、活动内容,以及取得的成效等,并精心挑选学生职业体验的模块,初步确定活动方案。

(二)组织:策划宣传

根据每期的主题,编辑发文内容,由德育处下发文件,要求班主任做好学生宣传动员工作,组织预备和初一年级学生自愿报名参加。

(三)认知:医药行业

每次体验活动之前,先让学生接触医药行业的理论知识,加深理解和认识。体验活动之后,进行感受分享,促进学生的感性知识得到进一步升华。

1. 优秀学子分享会:邀请目前仍在上海市医药学校就读的罗山中学优秀毕业生,为同学们开展讲座,介绍自己的求学经历,分享自己的梦想。

2. 专业介绍会:由上海市医药学校负责招生就业的老师为同学们带来了精彩的专业介绍,包括学校的办学特色、专业设置、课程内容以及招考办法等。

3. 视频学习会:观看学校宣传片,视频中介绍了一片药丸的生产加工过程,丰富

---

① 本案例由上海市罗山中学周丹妮老师提供.

学习形式,通俗易懂,增加学习兴趣。

4. **班级分享会**:所有参与生涯体验的同学都要记录活动感想,并用班会时间分享,相互交流,促使学生进一步升华自己的理解,加深对社会和职业的认识。

(四)体验:白衣精神

主题	体验职业	体验内容
1. 制作新鲜奶片	工艺工程师	进入喷雾干燥实验室,了解制作奶片的原理和步骤,采用高温的喷雾干燥工艺,使液体的牛奶变成粉末的奶粉,并进入药物制剂实训室,现场观看压片机操作。
2. 口服液诞生记	药剂师	体验葡萄糖钙口服液的诞生,从原料配制、过滤、搅拌、灌装、压盖、消毒以及检验,每一步都遵循严格有序工艺,学会正规规范操作。
3. DIY 保湿滋润面霜	化妆品配方师	熟悉保湿面霜的主要成分,利用甜杏仁油、梨油、高分子玻尿酸、甘油精油等原料,依次按照比例和顺序融合,并进行搅拌,最后成型。
4. 我是听诊设计师	医疗产品设计师	知道什么是三维立体模型,了解3D打印机设计软件,亲自在电脑上设计图形,现场观看3D打印机是如何工作的,打印模型,组装耳件和胶管。

案例分析:上海市罗山中学结合学校周边的职校资源,把认知学习和体验学习有效结合,先让学生学习医药行业的理论知识,然后去参加体验活动,让理论知识与实践体悟相结合,加深了对医药这个行业的认识。

与学生家长的单位不同,学校之外的企事业单位对青少年来说很陌生。因此为了扩大学生的生涯认知范围,让他们能更了解社会,罗山中学充分利用了生态系统中的外部系统,让学生走出校园,去外面进行职业体验。通过组织学生到上海市医药学校进行现场体验和专业学习,让学生了解医药知识、医药行业,引导学生感受医药文化、体验医药的相关职业,并积极培养生涯规划意识和能力,为未来的职业选择提供了借鉴指导。

案例2　　　　　　　　　　模拟招聘会[①]

(一)活动目的

每年的大学生就业情况都会引起社会各方的高度关注,如何求职看似和中小学生距离很遥远,实则不然。学生如果能够知道企业在招聘选拔的时候,如何筛选简历,如

---

① 本案例由上海市川沙中学华夏西校冯超老师提供.

何考察一个人的能力,重视哪些能力,那么他们在今后的学习生活中将有意识地积累。在接触真实的职业之前,学生对于某种职业的印象可能来源于影视剧、身边人或是自己的理想化幻想,对于该职业有着不同程度的误解。而职业体验的目的就在于让学生能够真实地体验到职业实际的样子。

在这个活动中,学校联络校外资源先让学生进行现场职业体验,对于自己想要从事的职业有具象化认识,在体验的过程中也可以思考该职业所需要的能力。然后参加模拟招聘会,领取面试表格,总结个人经历优势,现场投递简历,参加面试环节。

(二)活动主要内容

1. 从入口处领取意向职位简历申请表(见表15-1),包括如演员、教师、医生、军人、银行职员等职位。

表 15-1 模拟面试简历表

姓名:	理想学历:
特长:	理想外语水平:
理想计算机水平:	
校园活动:	
奖励荣誉:	
技能技巧:	
兴趣爱好及其他:	
自我介绍:	
应聘原因:	

2. 学生根据职位要求以及自己的经历与情况填写简历表

3. 模拟面试

向面试官展示自己的优势以及与该岗位的匹配度;在意向岗位面前等候面试;接受面试,向面试官介绍自己的长处以及为什么选择该职位;听取面试官的反馈并向面试官展示自己的长处,了解该职业的能力要求,演员的模拟环节由面试官现场出题要求学生表演。

案例分析:将企事业单位的模拟招聘引进校园,是将儿童青少年生态系统中的外部资源拉近的一种方式。参加模拟招聘会,让儿童青少年对职场有了更深的了解,更清楚了社会对人才的需要,也让他们能够更加及时地思考调整自己的目标,为自己的目标做好规划与努力。

在上述案例中,学校引进周边的企事业单位招聘人员,设定几个目标性的职业,如演员、教师、医生、军人、银行职员,鼓励有意向的同学填写特定的简历表,投简历参加现场面试。填简历的过程就是对自我能力反思的过程,而参与面试的过程,则是与社会的进一步接触,促进学生的再次反思。

第四节 注意要点

一、要充分利用各种环境资源

儿童青少年的生态系统涵盖内容十分广泛,小至家庭、学校、同伴等微观系统,然后扩展至社区、企事业单位等交互的中间系统和外部系统,最后扩展至社会文化和意识形态的宏观系统,同时再加上纵向的时间维度。在生涯教育实施和开展的过程中,可以站在儿童青少年社会生态系统的视角下,去发现和思索可以利用的环境资源,开拓学校设计活动的思路和方向。学生的生涯教育不仅仅是在学校内,同时也可以通过各种途径,拓展到学校之外,渗透在社会的各个层面。

在儿童青少年社会生态系统的视角之下,学校生涯教育的局限性会打破,形成与社会融为一体的一体化学校生涯教育。

二、要注重资源之间的整合

除了强调个体发展环境的不同层次,儿童青少年的生态系统理论还强调不同环境系统之间的互动和相互关联。不同环境之间的联系与变化,都会对个体的发展产生一定的影响。例如,学校和家庭之间的联络与互动,可能会对儿童青少年的发展产生影响;又或者社区与学校的联系,也有可能会对儿童青少年的发展有一定的影响。

因此学校在开展生涯教育时,应当注意不同环境之间的有机互动,要注重构建各个系统之间的互动交流。例如,学校生涯教育可以和家庭教育相融合,同时学校生涯教育也可以走出校门,与外界的企事业单位合作。

不同生涯教育资源的整合,会开辟学校生涯教育的新思路,拓展学生生涯教育的范围和内涵,促进学生的社会理解、自我认识和生涯规划。

三、要重视学校在家庭与社会合作中的中介作用

家庭属于社会的有机构成分子,与社会有着千丝万缕的关联。社会中有很多资源,可以提供给学生丰富的生涯教育资源和活动场所。因此,家长积极地通过各种途径带学生走进社会,可以开阔学生眼界,促进学生生涯反思。

学校在家庭与社会合作中,可以有一定的中介作用。学校可以搜集一些社会中的公益生涯体验活动信息,如大学校园开放日、职校职业体验活动信息等,并将这些信息有效传达给家长,给家长提供更多的生涯教育途径。

四、学校生涯教育要与时俱进

生涯教育离不开社会大环境的变化。目前社会处于急剧变化时期,很多职业正在加速更新迭代。一些传统的职业在慢慢淡出,一些新兴职业在不断地涌现。同时,社会对学生能力的要求也在不断地变化,中高考改革对学生的发展也有了新的要求。学校在开展生涯教育时也要与时俱进,不断融入新的知识与理念,紧跟时代步伐,不脱轨、不落伍。

五、要以学生实际生涯需求为导向

生涯教育要以学生的需求为导向,学校在策划开展生涯教育之前,要考虑本校学生的认知水平和实际需要,并根据学生的实际需求设计活动。如在小学阶段,学生天真懵懂,可以尝试设计一些有关职业和生涯教育的初步体验活动和相关信息,扩展学生的生活经验,让学生对社会有初步的了解;而在初中阶段,要鼓励学生多进行自己的生涯探索,鼓励学生加深对自我和社会的认识,尝试形成一定的生涯规划意识;到了高中阶段,学生要进一步深入探索自己的能力兴趣和价值观,根据对未来升学和求职的想法,尝试形成自己的生涯规划。

同样,同一学段的不同年级也有不同的生涯需求,如上海的初中高年级面临分流,如果学生选择去职校,那么就要面临提前进行生涯决策的局面。所以学校也要考虑学生的实际生涯需求,有针对性地设计生涯教育活动。

六、要建立适当的保障机制

学校在开展生涯教育时,可以将一些优秀的活动保留下来,作为学校经典的、常规性的活动持续开展。这就要求学校要注意相关保障机制以及资料库的建立。例如,学

校在邀请家长参加生涯讲座活动后,将优秀的讲座视频和文字资料保存下来,形成学校自己的家长讲座资源库,每年积累,然后使更多学生受益;学校如果和一些企事业单位合作,开展生涯实践活动之后,可以签订一些合约,保证合作的稳定性。

不仅如此,学校也要注重活动的总结和宣传工作。在学生参与了生涯教育活动后,可以召开生涯教育的总结活动,让参与的学生分享自己的所感所悟;或者将学生的总结报告、访谈记录汇编成册,让没参与到这些活动的学生对生涯教育有一定的了解,同时也会让活动效果得到进一步的巩固。